Steineckert · *Das Schöne an den Frauen*

Gisela Steineckert

Das Schöne
an den Frauen

Das Neue Berlin

Meiner kleinen Familie

Mein herrliches Leben

Es begann schon so wunderbar, als meine sehr junge, arme und unwissende Mama nicht wußte, wie sie etwas wieder loswerden sollte, was sie wirklich nicht gebrauchen konnte: mich.

Sie hat viel heißen Rotwein mit Nelken getrunken, viele heiße Sitzbäder und Fußbäder gemacht, sie ist lange Strecken im Bus gefahren, ganz hinten, wo es so rüttelt, und sie ist noch mit dickem Bauch mit mir vom Tisch gesprungen.

Aber ich hielt mich fest, ich wurde geboren.

Mein Leben ging so vielversprechend weiter, als ich mich zum ersten Mal verliebte, aber das hab ich schon erzählt. Nein?

Er war Lehrling, und ich betete ihn durch eine dreckige Scheibe auf dem Hinterhof an. Er aber suchte nicht nach mir, sondern mit dem Zeigefinger in seiner Nase. Damals war ich acht Jahre alt, und innerhalb von Sekunden starb meine erste Liebe.

Aber mit siebzehn war ich barbarisch. Besonders an jenem winterlichen Abend im Jahre 1948, als ich sehr siebzehn und sehr barbarisch war. Da mußte Joachim abgeschoben werden, weil mir alles an ihm so peinlich war. Sein viel zu kurzer Mantel mit dem ewig fehlenden Knopf, daß ihm vor Hunger der Magen so laut knurrte und weil er beim Küssen auf der Straße eine feuchte Nase hatte und so schnaufte. Joachim weinte, was seine Nase nicht trockener machte. Wir standen am Zoo auf dem Bahnsteig, und die Uhr hinter Joachim zeigte, daß es bereits halb acht war. Ich wollte unbedingt um 20 Uhr zu Hause sein, um den großen bunten Funkabend mit dem Rias-Tanzorchester, Bully Buhlan, Rita Paul und den Travellers nicht zu verpassen. Die Zeit wurde knapp, und Joachim wollte auf mir beharren. Um unseren Abschied, auf ewig, zu beschleunigen, deutete ich ihm ein großes düsteres Familiengeheimnis an, von dem er

5

eines Tages alle furchtbaren Einzelheiten erfahren würde. Das interessierte Joachim nicht, also sagte ich, Joachim müsse begreifen, daß wir uns heute nur getroffen haben, um uns nie wiederzusehen, weil meine Gefühle für ihn einfach zu groß sind.

Dann rannte ich, so elegant und theatralisch wie möglich, aus Joachims Leben weg.

Ich, eine aufgedrehte dumme Gans. Aber ich sah mich nicht so, sondern spielte gerade meine Rolle als besonders hohe saure Traube. Und da mein schnippisches Getue die Männer meiner Generation eher anzog als verprellte, tat ich ihnen unentwegt weh.

Ich wußte da noch nicht, wie das Leben zurückschlägt, wenn man anderen leichtfertig die Haut vom Herzen zieht. Später habe ich das erfahren.

Und dann war ich vierzig. Damals schrieb ich: »Wahrhaftig, ich wäre jetzt alt genug, um mit Vergnügen jung zu sein.«

Vierzig, was war das, Anfang der siebziger Jahre für ein Alter? Auf der Bühne wird die Mutter von Shakespeares Julia immer als alte Frau dargestellt. Dem Stück nach ist sie zweiunddreißig. Da wäre sie heute gerade erwachsen, war aber damals eine Matrone. Vierzig, das war Anfang der Siebziger noch kein Alter. Aber mein Vergnügen hielt sich trotzdem sehr in Grenzen. Wenn irgendwo etwas passierte, was dumm ausgehen konnte, stand ich bestimmt in der Mitte.

In meinen Lebensjahren zwischen Zwanzig und Vierzig kam ich nie zu mir selber.

Als ich das ändern wollte, kam mir die Liebe dazwischen, genau auf der Schwelle zum beschlossenen schönen Egoismus. Es gab sie also, ich hatte das nicht nur behauptet, nicht nur als Erlebnis spüren dürfen, es gab sie, die auf Gedeih und Verderb, auf Tod und Leben. Sie ließ keinen Stein auf dem anderen und gab uns noch einmal eine, wahrscheinlich die letzte Chance.

Seine und meine Kinder waren aus dem Haus, naja, wir telefonierten ständig. Meine jeweils neuen Schuhe paßten allen Töchtern unterschiedlicher Länge und Dicke immer perfekt, von Pullovern, Schals, Schmuck und Accessoires zu schweigen.

Unsere vielen Töchter waren erwachsene Weiber, die sich nichts mehr sagen lassen wollten. Aber sie steckten ihre langen Beine am liebsten unter den Tisch, auf den Vater seine vielgerühmten herrlichen Mahlzeiten brachte. Das schränkte unsere Candlelight-Dinners natürlich ein.

Vorher hatte ich zwanzig Jahre lang täglich vier Mahlzeiten aufzutischen. Ich war immer arbeiten gegangen, habe mit dem Waschbrett gewaschen, bis die Knöchel bluteten, habe gebügelt, eingekauft, abgewaschen, geflickt, gebohnert, angestanden, Kohlen hinaufgeschleppt und Asche hinunter, habe getröstet und gesundgepflegt, bin meist zu früh aufgestanden und hatte immer zu spät Feierabend, und viele Jahre lang jeden Monat Angst vor ungewollter Schwangerschaft. Es gab für mich als junge Frau noch nicht einmal einen Staubsauger, geschweige Küchenmaschinen oder die Pille.

Manchmal nahm ich mir Zeit, mich im Spiegel anzusehen. Ich war häßlich vor unterdrückten Aggressionen, verletzt von fremden Händen, die dauernd mein Leben dirigierten, und ich war damals fast alles, was ich heute an Frauen nicht ausstehen kann. Frech und vorlaut, weil ich zuwenig wußte. Dafür wußte ich alles besser und gab mich ständig verzickt. Ich weiß, wofür ich mich schäme, wenn mir einfällt, wie ich versucht habe, anderen Frauen etwas wegzunehmen oder sie mit einer zugespitzten Bemerkung dumm dastehen zu lassen, denn ich war auf Siege aus. Wenn schon nicht genug auf solche über meine Beschränktheit, dann doch wenigstens in einem Disput. Ich war immer verliebt, immer aufgeregt, aber ich habe in der Tiefe meiner verzagten Seele wohl daran gezweifelt, ob ich lieben kann und jemals den Persilkarton abstellen kann. Mein Brimborium konnte mich nicht darüber hinwegtäuschen, daß mir fast alles fehlte, ohne das Liebe nicht geht.

Ich war nicht tolerant, nicht freundlich, ich gab dem anderen weder Ruhe noch Kraft. Zur Strafe dafür bestand ich an vielen Abenden aus Einzelteilen. Aus zu müden Füßen, aus zu lustlosen Händen, zu beladenem Kopf und einem zu sehnsüchtigen Herzen.

Was ich vor anderen überspielen konnte, das glaubte ich mir

selber nicht. Es fehlte mir an jener nötigen Einfachheit, die dem anderen die Chance gibt, sich ungestraft zu zeigen.

Nun war ich nur noch für ihn da, wie aufregend. Nicht mehr zum Telefon stürzen und lügen, der Anrufer sei falsch verbunden, den Briefträger nicht mehr abpassen, keine Ausreden mehr, keine sonderbaren Abwesenheiten, heimlichen Verzweiflungen, keine ungeheuerliche Verstellung um des lieben Friedens willen.

Der Natur konnte ich mich zuwenden und endlich bemerken, daß es der Vollmond ist, der mich manchmal nicht einschlafen läßt. Die Jahreszeiten waren mir inzwischen nur noch Postkarte. Ich hatte aber keine Angst mehr vor ihrer konfrontierenden Schönheit.

Eine meiner Unarten war, über Bücher zu reden, die ich nicht gelesen hatte, sowie über Materien, von denen ich nichts verstand, und es gab kaum ein Gebiet, über das ich nicht drei Sätze zu sagen wußte.

Es zeigte sich, daß er die wesentlichen Bücher gelesen hatte. Er konnte den einen Philosophen vom anderen unterscheiden, und auch der vielleicht ganz charmante Trick, gewünschte Aussprüche einfach Walter Ulbricht in den Mund zu legen, klappte ihm gegenüber nicht. Es wurde also unumgänglich, sich mit einigen Dingen ernsthaft zu befassen.

Dort lag das weiße Blatt, und es gab auch einen Stift. Ich hatte dies und jenes geschrieben, und im kleinen Land war leicht populär werden. Aber ein Buch unter meinem Namen war noch nicht erschienen. Eines Abends drückte ich ihm ein graues und ziemlich zerknittertes Kuvert in die Hand und lief aus dem Haus, allein und sehr aufgeregt. Ich dachte, wenn ich nach Hause komme und er lacht oder fragt, was das soll, oder ob ich ihn blamieren will, wenn die Welt erfährt, daß ich bei unserer Begegnung keine Jungfrau mehr war und mein Teil schon abgekriegt hatte, wenn er auch nur eins davon tut, dann werde ich keinen Vers mehr schreiben.

Er hat mich gefragt, seit wann ich diese Verse sammle. Etwa zwanzig Jahre, sagte ich. Er meinte, dann wird es aber Zeit. Es wäre gut, wenn andere Frauen erfahren, daß sie mit ihren Versuchen und Niederlagen nicht allein sind. Und was ihn angeht, er könnte sich die Gedichte auch für Männer denken.

Es wurde mein erstes Buch, und nachdem ich die Querelen um den Begriff »Weibergedichte« überstanden hatte, wurde ich mit einem Interesse konfrontiert, von dem ich nicht einmal geträumt hätte. Heute backt ja jeder Weibersemmeln, aber damals war tatsächlich etwas Neues daran, das eigene Visier zu heben.

Inzwischen sind es über dreißig Bücher, aber der Weg vom siebzehnten bis zum neunzehnten war einfacher. Der Augenblick der Entscheidung über meine Arbeit begab sich an jenem Abend, an dem mir ein kluger Mann den Mut gestärkt hat, mich zu stellen, mit all meinen Vorläufigkeiten. So gut hat er nicht immer auf mich aufgepaßt, aber so ist das Leben.

Es war auch ein stolzes Gefühl, erst in eine und dann in eine Funktion nach der anderen gewählt zu werden. Nur ehrenamtliche, und nur solche, die kein Mann freiwillig auf sich nahm. In den meisten war es so langweilig, daß ich lernte, Manuskripte zu schreiben, ohne hinzuhören. Es reichte völlig, wenn ich von Zeit zu Zeit den Kopf hob, zustimmend lächelte oder kritisch die Stirn runzelte. So oder so paßte es immer.

Aber zuhören lernte ich auch. Widersprechen noch nicht. Aufstehn und Widerworte geben wurde schwerer, als die Männer nicht mehr lächelten, egal, was ich sagte.

An einem heißen Tag im Mai wurde ich runde 50, und es war nicht zu übersehen, daß ich nun wohl doch zur Nomenklatura, oder nach heutigem Sprachgebrauch zur Lobby gehörte, etwa in der mittleren Ebene. Ein Baron und Freiherr, ein Generaldirektor, ein Minister, Verleger und viele Künstlerkollegen überreichten mir Gebinde, küßten mich und sagten nette Worte. Daß es ja weiter nicht schlimm ist und daß ich 60 Jahre jünger aussehe, oder so ähnlich. Aber sie ließen meine Hand schnell los, um zu anderen Gästen zu eilen, mit denen sie schon lange mal reden wollten.

Der Clou des Tages war nicht ich, sondern eine ständig aufgefüllte große »50« aus Negerküssen, von denen mein Mann nach Recherchen und Bestechung 200 Stück unter dem Ladentisch erbeutet hatte. Die Negerküsse gingen weg wie nix, mit manchem trotz des heißen Tages sogar in der Tüte bis nach Hause. Ach, da latschte unser Baron und Freiherr schon mit hochgekrempelten Hosenbeinen barfuß im Spindlerbrunnen am Spittelmarkt herum. Es war verboten, aber er war so friedlich, so betrunken und sang laut. Er feierte, aber was hatte ich zu feiern? Die Pfirsichhaut meiner jungen Jahre war mir abhandengekommen, aber auch das Kichern an der falschen Stelle und die Kälte weiblicher Schadenfreude.

Mein Leben war unbequemer geworden. Ich hatte nicht nur entdeckt, wieviel Arbeit eine Liebe macht, sondern auch, wie dringend ich andere Frauen brauchte. Sie gehörn ins eigene Leben, und wenn du selber keinen Verrat begehst, wirst du wahrscheinlich auch keinen erdulden. Ich war nicht mehr auf die dummen Gedanken der Frauen aus, sondern auf die Klugheit, mit der sich verbünden ließ.

Neunzehnhunderteinundachtzig und 50, das geht ja noch. Klar, du wirst wieder benutzt, weil du immer noch jedem seinen Buckel abnehmen willst, auch wenn er ihn nur eine Minute herzeigt. Das weiß die Welt, und du weißt es auch und du wirst das nicht mehr ändern. Wie denn auch? Dort zerbricht eine Ehe, dort wackelt ein wichtiger Singezahn, die reisen oder reißen aus, es wird kalt, drinnen und draußen. Auch draußen. Ein Paß, ein Visum, wie aufregend. Lesungen in kleinen Buchhandlungen, bei Genossen, Sympathisanten, Ähnlichdenkenden, Andersmeinenden. Die Linken spielten selber in der Verliererermannschaft, wußten aber genau, wie wir es zu Hause machen müßten, um ganz groß rauszukommen. In der Mehrheit wollten sie unseren Käse nicht teilen, nicht den in der Zeitung und nicht den aus dem Konsum, aber wie es gehen könnte, das wußte fast jeder von ihnen und jeder anders.

Wachsende Zweifel in der Brust, im Dunkeln Angst, Angst vor Krieg. Ganz neue Wörter, Solidarnósz, Charta – ein polnischer Papst? Das ist der Anfang vom Ende, sagte er, der Pessimist.

Damals lasen wir jeden Schnipsel, den man abonnieren oder reinschmuggeln konnte, was mir anatomisch unmöglich und dem langen Mann neben mir ein leichtes war. Wir lasen die Zei-

10

tung und die Periodika, die alten Philosophen und die Neutöner, wir hörten in der Versammlung zu und schüttelten auf dem Heimweg den Kopf, wagten auch Zwischenrufe oder kluge Mutproben. Das heißt, wir analysierten die Lage fast täglich und taten eigentlich nichts.

Da sammelt sich in der Brust ein Tumor. Man weiß nicht, ob der gutartig ist und ob er es bleibt. Anfang der 80er dachte ich, wenn das hier meine Barrikade ist, dann muß sie unterminiert sein, unterschwemmt ist sie jedenfalls. Ich fühlte mich alt, wieder einmal. Aber da wußte ich schon: Ab zwanzig kommt und geht das Alter einer Frau, je nachdem, wie es ihr geht. Wenn sie gefallen will, fällt sie sich selber wieder ein. Immer dann verändert sie sich, auch äußerlich. Aber die Kosmetik kann nie das Vergnügen ersetzen, das die Mundwinkel hebt und die Augen blankputzt.

Es kam eine Zeit, als mich meine Lebenserfahrung warnte. Vor der Gefahr, abzuheben. Nicht mehr zu wissen, wie es ganz normalen Leuten im Alltag so geht, was sie nur schwer oder gar nicht mehr ertragen, oder nicht länger ertragen wollen, weil es ihnen bis zum Hals steht.

Ich hatte ja alles. Jedenfalls nach unserem Zuschnitt. Raus aus der Altbauwohnung in der Schönhauser Allee, im zweiten Stock mit Blick – und Hörkontakt zu jeder vorbeidröhnenden U-Bahn – rein in die Platte. Ich habe sie geliebt von der ersten Nacht an, die eine Sturmnacht war, in der ich mich frei und sicher fühlte, mit den jagenden Wolken, dem Himmel, den ich nun statt meiner drei Bäume vom Bahndamm sah. Ich habe mich keinen Tag in dem seither vergangenen Vierteljahrhundert wie in einem Arbeiterschließfach gefühlt. Das versteht aber vielleicht nur, wer die Behausungen meiner Kindheit kannte, die selbst nach dem Bombenkrieg, obwohl erhalten geblieben, nicht mehr bezogen wurden. Ich habe mich nicht einmal gefürchtet, als bei einem Erdbeben das Haus wackelte. So gehts einem nur zu Hause, und das bin ich hier. Gut, man konnte im Winter die Heizung nicht abstellen. Da haben wir eben das Fenster aufgemacht, war ja auch nicht teurer. Aber zum ersten Mal in meinem Leben kam warmes Wasser aus der Wand. Auch kaltes durch die Decke, das stimmt, aber man kann eben nicht alles haben.

Raus aus dem Trabant, rein in den ersten Moskwitsch. Das war ein Idiot, ein Montagsauto, wie die Männer sagen. Er ließ uns fast immer im Stich. Ein lustloses Auto, aber es hatte einen Vorteil. Der Wagen war so groß, daß mein Mann darin sitzen und ihn sogar fahren konnte. Also mußte er aufhören, mir zu erklären, wie er ein Auto fahren würde, falls er darin sitzen könnte.

Mehr als drei Jahrzehnte nach meinem tränenreichen Abschied aus meinem Dorf der Kindheit durfte ich meinem Mann endlich zeigen, wovon ich ihm sonst nur erzählt hatte. Ins Innviertel und nach Salzburg wollten wir, und meine Mama in Hamburg hatte einen Schein spendiert für die kühnsten Träume: beim Tomaselli Kaffee trinken, einmal mit der Kutsche durch Salzburg und hoch auf die Festung. Aber mitten in der Mozartstadt ließ uns der Moskwitsch wieder stehn. Wir wurden also nicht von Pferden gezogen, sondern schoben das Auto in die Werkstatt, zur Reparatur, bei 21 % Mehrwertsteuer.

Der Fachmann suchte und suchte, es war unsere Zeit, die da verging, aber endlich hatte er es gefunden: »A Schniiipsgummi. Jo, wer ko denn wissen, daß de Kremlkuah an Schniiipsgummi drinhat.«

Im Blumengeschäft wollten sie uns a schenne Schleifn geben, im Schokoladenschächtelchen gaben sie uns gleich ein Dutzend Schnipsgummis. Aus der Traum vom Kaffeetrinken, von der Festung, ein bißchen Beschämung voreinander und ein Weilchen bis zum befreienden Lachen.

Wir hatten alles, und andererseits fühlte ich mich wie eingeknüpft in einen Teppich, der sich nicht zu seinen empfindlichen Knoten bekennt. Da ging etwas den Bach runter, vielleicht nur meine Sucht nach Harmonie und Dazugehörn, vielleicht aber auch eine Jahrtausendchance.

Es war kühler Mai, wir waren ausgerissen nach Aurich, in Aurich ist es schaurig und traurig, sagt man in Aurich. Nun war ich sechzig, Rentnerin mit zunächst 679 DM monatlicher Rente für 41 Beitragsjahre. Ich war aber nicht länger eine DDRsche, sondern eine Deutsche. Zum Geburtstag bekam ich die Burgen am Rhein, die Bestürzung über unsere vorherige moralische und industrielle Verkommenheit und die einmalige Chance, auf mein ganzes bisher gelebtes Leben in hohem Bogen zu spucken. Ich behielt meine Spucke bei mir, mein Mann aber leider nichts von dem Geld, das sie uns nun doch nicht 1:5, sondern 1:2 umgetauscht hatten. Wie es in der DDR üblich war, kamen Nachauflagen irgendwann, meist Jahre zu spät. Die Bücher wären vorher unter dem Ladentisch weggegangen, aber nun wollte sie niemand mehr haben.

Nur er, er hat sie alle und für das ganze Geld aufgekauft.

Aus zusammengebrochenen Westverlagen, die plötzlich von der Pipeline DDR abgeschnitten waren, aus Armeebeständen und aus vielen Buchläden, die sich vorher über zu geringe Zuteilung beschwert hatten.

Er wollte nicht, daß auch nur eins in den Container, unter den Traktor oder auf die Jauchewiese ging. »Und wenn ich sie mir alle unter oder auf dem Bett staple«, sagte er.

Die Bücher sind weg, in Gymnasien und Frauenbibliotheken geblieben, bei Senioren und Freunden oder neuen Lesern. Jetzt stehe ich manchmal selber bei einem Basar vor einem Buch von mir und frage, ob sie den Preis ernst meinen. Das Buch hat früher 6,50 oder 7,60 gekostet. Sie sagen: Du mußt es ja nicht nehmen.

Wir beide wußten damals nicht, ob wir weiterleben wollten, oder könnten. Aber wir wußten, daß wir nie mehr Heimat empfinden würden. Heimat ist etwas, das gibt es außerhalb der eigenen Person nicht. Es ist nicht die schönste Landschaft, sonst würden wir ja alle an die Algarve oder an die Fjorde ziehen. Es ist nicht der Ort, wo sie dich am besten bezahlen, wo du gerecht gewürdigt oder am höchsten angesehen bist. Heimat, das bist du selber, für andere, wie sie es für dich sind. Heimat ist, wo du dich auskennst, weil du etwas eingebracht hast, deine Versuche, deine Irrtümer. Und jene Leute sind dort, die so ähnliche Erfahrungen haben wie du, die den Witz verstehen und deinen Kummer auch, nicht immer, aber oft. Heimat erleben wir uns, leben wir uns her. Du kannst dich woanders gut einrichten, dich wohlfühlen, zurechtkommen. Aber zu Hause stecken deine Wurzeln so tief in der Erde, die kannst du nicht einfach herausziehen und woanders mit bißchen Gießen und Zureden neu einpflanzen. Kannst schon, vielleicht, wenn man sehr jung ist oder andere Erfahrungen hat.

Wir sagten, wir wollten nie mehr Mitglied einer Partei werden, weil wir jetzt alt genug sind, um endlich unsere Fragen zu stellen. Nicht noch einmal einer Minderheit angehören, die immer schon die Antworten verkündet, ehe einer die Fragen gestellt hat.

Aber ich bleibe eine Linke. Obwohl ich darunter heute etwas anderes verstehe als früher. Ich fürchte mich nicht mehr davor, eine Meinung nicht zu teilen, suche auch nicht mehr nach einer als Gerade ausgegebenen Schlangenlinie.

In Veranstaltungen Geld sammeln für die Mütter leukämiekranker Kinder aus Tschernobyl, ohne Parade der Eitelkeit übers Fernsehen, auch ohne Protzbuffet. Von Obdachlosigkeit bedrohten Frauen dabei helfen, nicht unter die Brücke zu kommen, und bosnischen vergewaltigten Frauen einen Ort der Ruhe schaffen, wo sie mit ihrem ungewollten Kind erst einmal aus dem Schock kommen, das ist mir heute ausreichend als ehrenamtliches Tun und Herzeigen von Gesinnung.

Das tun andere auch, ich weiß.

Wenn ich siebzig werde, mache ich eine Demo. An Losungen wird es vermutlich nicht fehlen. Zu diesem Tag mache ich mich fein. Das heißt, ich möchte gern so klein und zierlich sein wie die meisten der Frauen, die in meinem Leben eine schubsende und prägende Rolle gespielt haben. Die meisten großen Frauen sind erstaunlich klein. Das wünsch ich mir für meinen Geburtstag, so daherzukommen wie die Marie Curie, die Frida Kahlow, wie die schöne Lise Meitner, die Sophie Scholl. Greta Kuckhoff ging mir kaum bis zur Schulter, dabei steht in meinem Paß »mittelgroß«. Und die Rosa, die war klein, und mit der würd ich ebenso wie mit der Kollwitz des Jahres 1914 auch lieber streiten als mich einzuschmeicheln.

Aber diese kleinen zähen starken Frauen, wie die Eva Klemperer, denen wäre ich gern ähnlicher.

Komm ich also an einem 13. Mai als letzte zur Demo, mit einem Knotenstock. Falls einer was Dummes sagt, ein Mann zum Beispiel. Aber es kommen ja eh nur die Klugen mit. Gehe ich ein bißchen zu schnell und bin schon wieder vorne dabei. Neben mir eine, die ich erst höre und dann erst angucke. Sie sagt, laß dich mal ein bißchen nach hinten fallen, es wird Zeit. Ich sehe ihre klaren Augen, mag ihr Gesicht und denke: Ja, sie hat recht. Lasse mich eine Reihe zurückfallen, noch eine, aber weiter nicht, falls die Frauen vorne doch noch mal rufen. Aber die haben ja recht, es wird Zeit. Andererseits ist meine Mutter über neunzig und gibt noch keine Ruhe. Lassen wir es also ohne Hektik, und einiger Dinge ganz sicher, auf uns zukommen.

Auf uns, das nimmt ihn mit, ob in die erste oder in die letzte Reihe. Er muß schon bei mir bleiben, damit ich bei mir bleiben kann.

Erinnerung

Nehmen wir an, wir beide wären in einem Zimmer, das keinen Laut nach draußen entläßt, und ich könnte zu dir sprechen, als hinge von deinem Spruch ab, was mein Leben zu bedeuten hatte.

Gehe hin in Frieden, könntest du sagen, fühle dich frei, du hast getan, was du konntest. Vor der Tür würde ich blinzeln, wegen der Helligkeit der Tagesmitte oder wegen Tränen. Die Macht der Erinnerung würde mich schon Sekunden später einholen. Du kannst das nicht verhindern, nicht zwischen sie und mich treten. Niemand hat die Kraft, mich vor jener anderen Sicht zu bewahren, die Erfahrung mit sich bringt. Sei es nur ein Augenblick eigener Niedertracht, er haftet dem eignen Leben an. Wie die Lieblosigkeit, wie all die Ausreden, die jede Schuld sich findet.

Nehmen wir an, jemand habe sein Talent nicht ausgeformt, weil ich es ihm erbärmlich gemacht habe, mit ein paar niederschmetternd nebensächlichen oder witzig gemeinten Worten. Sie sollten nicht den Menschen treffen. Nur den unvollkommenen Versuch, der nun steckenbleiben würde. Ich hatte kein Recht zu einem Urteil. Auch dann nicht, wenn mir der Versuch mit vorauseilender Herabwürdigung der eigenen Arbeit übergeben wurde, als wäre es ganz unwichtig, was ich darüber meine, über dieses schamhaft kleingeredete oder zynisch veralberte Talent. Vielleicht war es klein. Aber wäre es um ein kleines Talent weniger schade in dieser Welt, der es zunehmend an Begabungen mangelt? Ich kann die Stärke der Neigung und Gabe doch auch gar nicht beurteilen, weil ich versäumt habe, weiterzugeben, was mir selber einmal so nötig war: ernsthaften Einwand und ermutigenden Vorschlag.

Auch ich habe anderen Ungeduld oder Herablassung angetan und sie damit beschädigt.

Jener Schneiderlehrling hatte eine Kartoffelnase, die fand ich häßlich und mißachtete seine schüchterne Annäherung, die für ihn schon bei unserem zweiten Tanz Verliebtheit war. Er war doch kein Narr, und ich hoffe, er ist mit einem netteren Mädchen glücklich geworden. Aber mir bleibt die Erinnerung an mein Abtun seiner Gefühle, und an manchen Tagen schwemmt mir eine Welle eben dieses Bild von mir her. Ich will nicht hinsehen, aber es läßt sich nur vorübergehend verdrängen, und ich kann es auch nicht übermalen. Niemand gab mir das Recht, beim Tanzen über seine Schulter hinweg den anderen Mädchen Grimassen zu schneiden, als ob er rieche oder mich belästige. Dabei lag sein Arm leichter als der manches späteren Verehrers um meine Taille, und seine Hand hielt die meine vorsichtig. Das Kühnste, was er sich erlaubte, war ein Augenblick Wange an Wange, durch eine Drehung begünstigt.

Es bleibt unverzeihlich, daß ich mich mit ihm verabredete und einfach nicht hinging, was ich im Augenblick seiner Bitte und meiner Zustimmung schon wußte.

Hätte ich ihn doch unbeachtet gelassen. Aber meine Blicke lockten ihn. Ich verlachte ihn mit dem Mund und mißachtete ihn im Herzen, mit keinem anderen scheinbaren Recht als dem der Unreife früher Jugend. Vor mir lagen, wie in einem Basar, alle echten und unechten Glücke der Welt. Ich konnte wählen, jedes stand mir zu. Sie würden gar nichts kosten oder im Preis zu drücken sein. Man würde mich drängen, doch zwei davon mitzunehmen, Ersatzglück wie Ersatzreifen.

Das erste Angebot der Herrlichkeiten könnte ich auch gänzlich ausschlagen, in sicherer Erwartung des nächsten Basars mit noch größerer Vielfalt des Angebots, noch preiswerterem Gold und Silber. Ich dachte, es reicht, hübsch zu sein, hochnäsig zu tun und oft genug Nein zu sagen.

Jene Stunden später, nahe dem Tod durch jugendlichen Leichtsinn, schienen mich klüger zu machen. Das Gleiche ist anderen widerfahren und sie würden die Strenge meines Urteils rügen. Aber sie gilt, auch so lange danach, nicht der Lage, in die ich geraten war, sondern der Fahrlässigkeit des Umgangs mit meiner Unversehrtheit. Da ich aber mit dem Leben davonkam, gab es bald wieder Aufregenderes als solch bittere Lehre.

Nehmen wir an, es gibt den Verursacher jenes frühen Unglücks noch, und ich hätte das Bedürfnis, ihn für seinen Mangel an Teilhabe und Mitgefühl zu strafen, indem ich ihm die nötige Scham und seine damalige Feigheit ins Bewußtsein rücke. Aber das nähme mir meinen eigenen Anteil am Mordanschlag auf mich nicht ab.

Mag sein, dergleichen oder Vergleichbares erlebt jeder Mensch. Der Schaden am Ende ist größer als das Glück am Anfang. Das läßt sich schwer vermeiden, wenn wir zu jung sind, um uns Endgültiges vorzustellen. Wir spielen mit dem Leben herum, als hätten wir es zum Üben, und das eigentliche, das zweite, käme hinterher. Es könnte sein, daß wir an den Tod erst dann glauben, wenn wir ihn wahrnehmen als den eigenen, als unser einmaliges wirkliches Sterben.

Vorher können wir uns ein unabwendbares Ende nicht vorstellen. Wir versuchen es, aber wir umkreisen den Gedanken, um jemanden zu bestrafen, den wir anders nicht tief genug verletzen können. Unsere Verlierbarkeit soll der letzte und höchste Trumpf sein. So holen wir uns jemanden zurück, der seinen Fuß schon erleichtert auf der Straße hatte, uns schon hinter sich glaubte. Er wird uns retten, das bringt der Schreck mit sich. Aber wenig später fängt er an zu überlegen, wie er uns von seiner Jacke abpflücken könnte, ohne noch einmal in die Falle der Erpressung zu tappen.

Wenn wir jung sind, versuchen wir nicht nur vorenthaltene oder verlorene Liebe zu erpressen, sondern immer die Eltern und ständig die Lehrer. Ihre Schuldgefühle liegen um so eher auf der Lauer, je weniger sie ihrer Liebe sicher sind. Dann gelingt es auch, sie so schlecht zu behandeln, daß sie ganz ungelassen werden und ihnen kein natürlicher Ton mehr gelingt. Sie werden an ihren Kindern oder Schülern schuldig, weil sie scheinbar die Macht haben und nicht zugeben wollen, in Wahrheit die Unterdrückten zu sein. Es klingt simpel und irgendwie matschherzig, aber es ist meine Erfahrung: Nur die Liebe findet Zugang. Auch sie nicht immer, aber am ehesten. Ein ruhiges Lächeln kann den gelangweilten Schüler ermutigen, seine Bitternis auszusprechen, die Hand im Nacken des Partners kann mehr bewirken als die sofortige Ahndung seiner Nervigkeit.

Vollkommene Eltern gibt es wohl nicht, aber die meisten sind als Großeltern besser, weil weniger ehrgeizig und eifernd.

Mann und Frau wollen aus geliebtem Du und selbstverliebtem Ich ein neues Wesen, einen aufregenden Mix, also ganz wie du und ganz wie ich. Selbst eher als unschön anzusehende Individuen beglücken sich bei dem Gedanken, sich zu vervielfältigen, und strahlen, wird das Kind ihnen ähnlich genannt. Es sieht schon ähnlich, mal dem einen, mal dem anderen, aber es gehört nur bestürzend kurze Zeit seinen Eltern allein. Dann wird es zur Nervensäge. Ein Wesen, das um Eis und Gummibärchen plärrt und durchdreht, wenn jemand seinen Teddy anfaßt.

Manchmal geht es trotzdem gut. Da entstehen Episoden, die später belacht werden. Aber manchmal auch wird das ein immer fremderer Mensch, der unser Leben in Trümmer schlägt und das eigene erst gar nicht erfindet. Solch ein Kind haben wir nicht gewollt, und es hat uns so überfordert, daß wir uns von allem Eigenen zu weit entfernt haben.

Wir haben fast immer Anteil daran. Meist erkennen wir zu spät, ob es sich um eine Hochbegabung handelt, um einen Spätzünder oder einen Versager. Auch der kam aus dem Bauch seiner Mutter, auch der hat neun Monate lang ihr Blut und ihre Gefühle geteilt. Wir wollen das so nicht hinnehmen, halten uns vielleicht zu lange für den einzig richtigen Umgang. Das Trödelkind brauchte aber manchmal mehr Druck, als wir parat haben, und Grenzen, hinter den unseren gesteckt, wollen wir nicht gelten lassen. Haben wir nun gar ein genialisches Kind, sind wir erst recht nicht vorbereitet. Solch Wesen zahlt die überdurchschnittliche Fähigkeit mit Schwachstellen, an denen wir kaum etwas ändern können. Es grübelt und läßt alles rumliegen. Es erfindet oder malt, hat seine Heimlichkeiten und das Gehirn voller versperrter Türen, aber wir denken, wir helfen ihm beim Leben, wenn er immer schön wegräumt, was er durchaus im

Auge behalten will, auf die richtige Zusammenstellung der Kleidung achtet und auf Gongzeichen gerannt kommt.

Dieser Mensch wird uns was husten. Wenn er alt genug ist, wird er mit zwei verschiedenen Schuhen durch den Tag laufen und wird lieber 100 km fahren, als selber ein Farbband zu wechseln. Shaw hat das getan, aber das war eben Shaw, so skurril muß man sich ja nicht verhalten.

Wir malen uns unser Kind aus, und dann platzt es in unser Leben. In jeden intimen Morgen, jeden eben anklingenden Abend, jeden eigenen Gedanken. Es beschlagnahmt uns ganz, bis es mit scharfen Nägeln am Nestrand kratzt. Das macht uns Schmerzen, besonders, weil unsere erschöpfte Kraft gerade nicht reicht, sich eigenen Aufflug zu träumen. Sich von einer Geburt zu erholen, dauert wohl zwanzig Jahre. Ja, glückliche, ja, schwierige, ja, hergegebene, ja, reiche. Aber die Zeit ist weg und der Partner auch nicht mehr, was er einmal schien. Er war stärker in unseren Armen, beherrschter am Abendbrotstisch, dankbarer für Dank, einsichtiger gegenüber den unvermeidlichen Veränderungen des Lebens.

Nehmen wir an, für das meiste Unglück seien wir selber verantwortlich. Es ist durch einen Fehler entstanden, der irgendwann zugelassen wurde.

Nehmen wir an, auch das wissen wir. Wenn wir nach Krisen dastehen wie geplünderte Weihnachtsbäume, dann suchen wir den Rückweg bis zu jener Kreuzung, von der aus wir in die falsche Richtung gelaufen sind.

Wahrscheinlich geht das nicht. Und wenn doch, dann müßte der Rückweg an vielem vorbeiführen, das wir so deutlich auch nicht wiedersehen wollten. Eigene Schuld, die kann zu groß sein für ein lautes Bekenntnis, und zu gefährdend. Solches abzuwenden ist sie ja entstanden, die Schuld. Aus den Zusammenhängen holen und den eigenen Anteil annehmen, das ist schmerzhaft und macht alles wirklich, zu wirklich. Die Zeiten waren es? Soll ich mir länger glauben, daß ich nur zurückgeschlagen habe, nur den Angriff abgewehrt? Und außerdem nehme ich doch nicht jede Schuld an, nur weil sie mir zugeschrieben wird. Und war ich nicht oft mutig, manchmal sogar wagemutig? Hab ich mir nicht die Oberkleider zerrissen aus Trauer, nicht laut bekannt, daß ich hier stehe und nicht anders kann? Nicht oft genug, denn nicht immer. Wagemut und auf der Lauer liegende Einsicht hielten sich die Waage. Wenn die Argumente gegen sie sprechen, muß ich mich der Kühnheit nicht aussetzen. Und mich dennoch nicht feige nennen lassen. Ich denke ja anders, also muß ich nichts tun.

Ich habe geglaubt, daß Jan Pallach 1968 in Prag verführt wurde, sich einem ungefährlichen Filmtrick auszusetzen. Man habe ihm eingeredet, er solle sich mit harmloser Flüssigkeit übergießen und scheinbar in Flammen setzen. Alles würde schneller gehen, als die Augen der Beobachter die Show erkennen könnten.

Er ist verbrannt, und es war mir leichter anzunehmen, er sei reingelegt worden, als das Entsetzen über den wohl wahren Hergang auszuhalten. Das ist nur ein Beispiel. Vieles war anders und manches genau so, wie es erzählt wird.

Wenn wir älter werden, denkt sich einiges noch einmal neu. Wir müssen uns Zeit nehmen, zu überdenken. Dann findet sich, kann sein, ein Trost im Verständnis. Es war eben nicht ganz anders, es war leider keine himmlische Macht, sondern nur die eigene Grenze, es war, weil ich so war, damals, oder weil ich so bin, noch immer.

Manchmal mutig, manchmal großartig, aber das reicht mir nicht. Durchschnittliche Courage ist viel, aber es könnte mehr sein. Hätte mehr sein können. Manchmal bin ich schwach. Das ist auch ein Menschenrecht.

Nur bei Verrat schlagen die Uhren anders, im Weltgeschehen wie in der Freundschaft und in der Liebe. Verrat ist in uns selber unheilbar, und in der Sache, für die wir uns einsetzen. Der Rückweg vom Verrat muß sofort gegangen werden, oder er bleibt auf ewig verstellt.

Manchmal wollte ich Berge stürmen – meist jemandem zuliebe – aber schon dicht über der Erhebung ging mir der Atem aus. Wenn das ein Beispiel braucht: Ich war »für« Gorbatschow und habe mich dazu bekannt, als das bei uns noch nicht gern gehört wurde.

Nach dem Lesen einer fast klassisch schönen Rede, die er vor Künstlern gehalten hatte, kamen mir Zweifel. Etwas stimmte nicht, war unecht, paßte nicht zusammen. Was der Politiker ablehnte, kam wie auf Gesetzestafeln klar heraus. Aber was er statt dessen wollte, dafür fand ich außer schönen Wörtern keinen Ansatz.

Das habe ich nicht laut eingewandt, als die Rede von Hand zu Hand ging, um so zuverlässiger, als sie in der Zeitung nicht gedruckt wurde. Ich hätte es sagen können, das hätte mir spätere geistige Blamage erspart, aber ich wäre mit meiner Bekundung ziemlich einsam herumgestanden, und eben dies deutete sich mehrfach ohnehin an. Es fehlte mir zudem nicht nur an Kraft, sondern auch an Argumenten.

Was ich wirklich fürchten gelernt habe, ist die Reue. Du kannst annehmen, daß ich dafür Gründe habe. Reue empfinden und erdulden wir, wenn wir etwas nie mehr ändern können, was doch im Bereich unserer kleinen Macht gelegen hätte. Ich bin alt genug, um das meiste im Leben für möglich zu halten. Nehmen wir an, von daher kommt der Mut, auch Zusammenbrüche zu überleben und in ihnen einen neuen Anfang zu suchen.

Das Große Aufräumen

Er hat gesagt, morgen kommen die Stores dran. Höchste Zeit, daß die mal ordentlich geschrubbt werden. Sind ja quittegelb. Und dann raucht hier drin keiner mehr.
Ich hab gesagt, ich rauche nicht.
Er hat gesagt, riechst aber abends immer so. Wahrscheinlich rauchst du heimlich auf Arbeit, und dann kommst du nach Hause und atmest das ganze Zeug auf unsere Stores.
Das glaubst du ja selber nicht, hab ich gesagt, aber ich sage es nicht, weil ich schon weiß, was du dann sagst und was ich dann sagen muß.
Er hat gesagt, höchste Zeit, daß dieser Haushalt mal vom Kopf auf die Füße gestellt wird.
Ich habe gesagt, na gut. Aber wenn du morgen Arbeit findest, dann läßt du alles aus zehn Ecken Vorgekrempelte einfach stehn und liegen und bist heilfroh, wenn ich es stillschweigend wieder zurückräume.
Kaum! Er! Zehn Topfdeckel, wo wir die Töpfe schon in der Jugendzeit wegen Anbrennen weggeschmissen haben? Hast ja damals immer alles anbrennen lassen. Und die Fuzzelteile von einem Staubsauger, ne Wunderwaffe aus der zowjetischen Produktion? ham wir gar nicht mehr, aber die Aufsteckteile, die sind alle noch prima erhalten. Und einhundertundacht Weckgläser ohne Gummi, aber mit solchen verrosteten Krampen? Du hast doch inzwischen die Religion alles ohne Zucker und alles ohne Fett erfunden, was willst du denn da jemals noch einwecken? Nix. Und den Kaninchenmantel mit Krimmerkragen für eine zaundürre Person mit abgeschabten Stellen?
Ich hab gesagt, ich bedaure dich unendlich, daß es hier keine abgeschabte Person mit zaundürren Stellen gibt.

Die Ärmel! Er wieder! die Ärmel sind doch kahl wie Napp.
Wie wer?
Das ist doch jetzt egal. Wie Napp oder Nupp.
Ich hab gesagt, Babettchen kann für ihren Tröldelmarkt alles
gebrauchen. Fürn Zehner?
Er hat gesagt, für Blamagen hatte ich schon immer eine ausge-
prägte Vorliebe. Und für Koffer mit geplatzten Boden und abge-
rißnem Griff. Setz dich rauf, der geht zu, setz dich rauf. Klar,
vorne war er ja dann auch zu. Is ne schöne Erinnerung, wie er
da hinterm Zoll auf meine Blusen geglotzt hat, und du hast 100
Meter weiter weg gestanden und dich halb totgelacht ...
Und warum ärgerst du dich darüber grade heute? Ich.
Weils ihm grade einfällt und weils dran ist.
Halt! Aus, aus! Rote Karte! Es droht ein mittlerer Hausse-
gensbruch. Wegen einem alten Koffer, werde ich vor Gericht
sagen, Herr Rat, wegen einem ...
Sag das! Sag das! Er. Sechs Stück haben wir von den alten Din-
gern. Und warum hast du einen Föhn mit abgebrochener
Schnauze aufgehoben? Und die Faschingskostüme aus FDJ-
Fahnenstoff von den Mädels? Und die verrosteten alten Pud-
dingformen und Kleiderbügel ohne Haken?
Gott, da kann man ja einen Haken reindrehen.
Sicher. Er! Mußte bloß n anderen Kleiderbügel für kaputt-
machen.
Wir haben immer alles aufgehoben, hab ich gesagt. Jeden plat-
ten Fahrradreifen aber auch, jedes Weihnachtspapier haben wir
glattgestrichen, und aus den Westpaketen, da haben wir es gebü-
gelt und in den Schrank gelegt, für nächstes Jahr, und die
Schleifchen auch, nicht wie heute, in der Mitte vom Zimmer
steht der große blaue Müllsack und alles rein, das ganze teure
Zeug. Alte Schrauben haben wir noch bis ins Jahr 2020, und
den Lenker von deinem allerersten Fahrrad durfte ich unter
gar keinen Umständen wegschmeißen, naja, wenn einer mal
Hörner braucht ...
Du klingst zänkisch. Er!
Ja, sicher. Warum denn nicht? Als ich zu Hause bleiben mußte, hab ich weggeschmissen. Deine Kleistertöpfe Marke Mar-

mor Stahl und Eisen bricht, aber unser Kleister nicht, deine Tapetenreste aus der ganzen Ehe, Fitzelchen und Brettchen und Leisten und unsere allererste Kaffeemaschine, das Eisending, das immer übergekocht ist, der Stahlfilter saß fest, wenn er nicht sollte, aber du wolltest das Ding noch mal reparieren, was ich gleich für unmöglich gehalten habe, nun ist es endlich weg, und du hast nicht danach gefragt. Wir haben immer alles aufgehoben, weil nie was wiederzukriegen war, und nun ist neu billiger, und wir können nichts mehr davon gebrauchen.

Er hat gesagt, du antwortest jetzt immer so lang. Hast du früher auch nicht gemacht. Kaum bringst du mal alleine das Geld nach Hause und unsereiner versucht zu Hause ein bißchen Gemütlichkeit zu schaffen, schon kriegt man aufs Maul. Weil man jetzt eben die Beine unter den Tisch von Madam stellen muß. Da hat man gefälligst zu kuschen. Sonst kein System und keine Ordnung. Außer, er muß kuschen. Da is Prinzip drin.

Wegen meiner ABM? Du mußt wegen meiner ABM kuschen?

Gib nicht so an, bei uns wars früher auch gemütlich.

Ja, oben hui und unten pfui. Bei uns im Keller wars gemütlich?

Ich hab ihn ne ganze Weile angeguckt, und dann hab ich gesagt: Laß stecken! Ich mach uns was zu essen. Dann gehts wieder aufwärts.

Steht schon lange in der Röhre. Er! Wenn du nachgeguckt hättest, könnten wir am Tisch sitzen und es gut haben. Aber du mußt dich ja immer erst abmeckern von deinem anstrengenden Job. Ich ruh mich hier den ganzen Tag bloß aus. 21 mal zum Container, alle Weingläser poliert, alle, das hat seit unserer Hochzeit keiner gemacht.

Ich hab gesagt, da hat ja auch seit unserer Hochzeit keiner draus getrunken. Nun können sie wieder in aller Ruhe einstauben.

Er hat gesagt, so bist du. Was in aller Stille heimlich einstaubt, das macht dir keine Träne, aber wenn das Blumenwasser mal einen Tag ... Ach! Und bei Aldi war er auch wieder, aber das ist und bleibt ihm peinlich, wie er da als Lumpensammler ... und dann den ganzen Tag das Telefon! Deine Töchter! Ob ich auch weiß, wie ein Hahn zugedreht wird, und ich soll die Finger von der Waschmaschine lassen und mich schön ausruhen, bis du nach Hause kommst ... die halten mich für blöde!

Ich hab gesagt, ich nicht, ich rühme dich ... was gibts denn zu essen?

Norwegischer Fischtopf mit Krokellini und Zumpatsalat.

Ach! Und du hast die Büchse ganz alleine aufgekriegt?

Nix Büchse! Originalrezept, frisch gekocht, nicht wie gewisse Personen, die immer in den Topf reinschmeißen, was sie gerade zufällig in der Hand haben.

Tja, du bist eben begabt. Du kannst Koch werden.

Wo? Er!

Übers Arbeitsamt. Kriegste zwar keinen Job, aber vielleicht ne Lehrstelle.

Nie! Er hat gesagt, wenn er wieder Arbeit hat, wird er dreimal überlegen, ob er hier noch je etwas ißt, geschweige, daß er hier je noch was kocht.

Aber was ist Zumpatsalat, hab ich gefragt. Warum essen wir auf einmal Zumpatsalat?

Er hat gesagt, das weiß er nicht. Steht auf der Folie drauf. Du bringst doch nichts nach Hause, ohne daß sie es dir dreimal in giftige Folie einwickeln.

Wie bitte? Das steht da drauf? Zeig mal her. Zum Blattsalat, das steht da! Zum Blattsalat reichen Sie am besten ... das andre haste weggeschmissen. Werden wir nie erfahrn, was man am besten zu Blattsalat reicht. Da kannste mal sehn, wie schnell man im Haushalt verblödet.

Er hat gesagt, wenn er keine Arbeit hat? Kann er doch ruhig verblöden, merkt gar keiner. Aber du! Siehst jetzt immer so schick aus. Bei ihm gehts ja auch aufwärts. Kann er nicht leugnen. Mit dem Rheuma! Er ist eben verschlissen, reicht nur noch zum Gnadenbrot von der Gattin.

Und was einem Mann sonst noch alles widerfahren kann, hab ich gesagt. Eine Beule! Im Blech! Im Blech von seinem Auto!!

Waas? Ihm sind beinahe die Augen rausgefallen.

Ist es passiert, ja? Darauf habe ich die ganze Zeit gewartet. Totalschaden, stimmts? Und wo ist das Auto jetzt? Im See, die Leiche von dem Überfahrenen gleich mit weg?

Nein, hör auf, es ist überhaupt nicht passiert. Ich wollte bloß mal sehen, ob der Kollege Lebensgeist noch in dir wohnt.

Er hat gesagt, und da fängst du von dem Auto an? Das interessiert ihn doch überhaupt nicht mehr, seitdem du das, wie soll mans nennen, fährst. Hat ein ganz anderes Gesicht gekriegt. Guckt anders, spricht anders, summt anders, das hat er längst abgeschrieben. Fahrs ruhig in Klump, auch egal.

Oder wir machen ne Kneipe auf. Ich! Du kochst Zumpatsalat, und ich singe Operettenmedleys.

Er hat mich angebrütet. Du weißt, das ist die schlimmste Drohung in der Familie, wir machen, was sie will, oder sie singt. Aber sei du nur immer schön übermütig. Du wirst ja gebraucht.

Klar, hab ich gesagt. Ich hab mir ausgerechnet, wenn sieben Mal ein Wunder geschieht, wenn ich mich sieben Mal irgendwo reintricksen kann und unterm Strich nur 5 Jahre arbeitslos bin, dann könnte ich mich bis in die Rente schleichen. Guck her, so sehen Siegerinnen aus. Zehn Jahre älter müßte ich sein.

Er hat gesagt, du nimmst immer gleich alles so persönlich. Und zehn Jahre älter? Noch mehr Haarfarbe und Hormocenta und Wunderschlanker. Laß dich doch nicht immer gleich so unterkriegen. Bis jetzt gings uns doch, da wird es auch weitergehen. Wir haben uns, das haben andre schon mal nicht. Zum Beispiel olle Holzen. Der hat zu Hause ne Megäre, die hat jetzt das Niederwild auf ihr Panier geschrieben, und damit will sie in den Landtag. Da haben wir dann Lusemie mit ihrem Niederwild in der Weltpolitik.

Und Zumpatsalat, hab ich gesagt. Den mußten wir 40 Jahre lang entbehren.

Er hat gesagt, er kann sich morgen vorstelln. Sieht nicht schlecht aus. Aber du laß ja deine ollen Karten im Schrank. Legs nicht aus, sonst wird nichts draus. Aber wenns mit der Arbeit klappen sollte, und es sieht nicht schlecht aus, dann wird er, also nicht nur am Wochenende, das machen ja viele, und er hat eben gemerkt, daß er einige Dinge wirklich gut kann, nicht bloß so Handlanger, nein, er wird, und morgen sind erst mal die Stores dran. Die werden morgen geschrubbt.

Gut, hab ich gesagt. Vielleicht kannst du die Küchenfenster mit schleudern? Heute hab ich deine braunbeigen Schuhe wiedergesehen.

Wo? Er! Elektrisiert.

Das ist eine Geschichte für sich. Ich hab ihn beim Tanzen kennengelernt und er hatte so Mörderschuhe an, mit Schnürsenkeln, Mafiaschuhe, braun und beige, potthässlich, und die hab ich nachher weggeschmissen. Ohne ihn zu fragen. Das hat er mir jahrzehntelang innerlich nie verziehen und nun waren sie wieder aufgetaucht. Im Schaufenster, hab ich gesagt. Der letzte Schrei. Original wie deine, genauso häßlich. Bloß 230 D-Mark. War ich gerührt, unsre ganze erste Zeit ist mir wieder eingefallen, als wir uns immer so wahnsinnig gekracht haben und manchmal auch vertragen. Lauter schöne Gefühle. Ich wollte nur noch zu dir.

Und da hab ich gesehn, der hatte bloß noch eine Angst: Die hat doch nicht etwa die Schuhe gekauft und ich soll mich in den Botten morgen bei meinem neuen Chef vorstellen?

Ich hab ihn den ganzen Abend grübeln lassen. Wenn er nicht fragt? Natürlich habe ich sie nicht gekauft. Aber einen dunklen Punkt in unserer Ehe haben wir damit endgültig begraben. Mit den Schuhen kann er mir nicht noch mal kommen. Die sind abgeschafft. Und was immer der von früher haben will, seine braunbeigen Mörderschuhe sind es jedenfalls nicht.

Das Schöne an den Frauen

ist, wie sie mit dem Groschen knausern und mit dem Herzen verschwenden. Sie treiben sich ungeduldig bis an ihre Grenzen und darüber hinaus, aber dann wieder können sie lange, zäh und sogar vergeblich einfach warten. In der Arbeit kommen sie schnell auf den Punkt und brauchen weniger Zeit, weil sie weniger Zeit haben. In ihren Irrtümern verharren sie lange, in deren variantenreichen Wiederholungen kaum kürzer.

Frauen haben andere Lebensphasen als Männer und also eine andere Vorstellung vom Glück, empfinden auch Druck anders. Von Hirngespinsten wenden sie sich ab, nicht ohne sie vorher in ihrer Phantasie ausschweifend zu genießen.

Frauen kämen nicht auf die Idee, fremde Gebiete zu besetzen und dabei das eigene gänzlich aus dem Auge zu verliern oder sogar dessen Existenz zu riskieren. Kampfhandlungen zu Boden, zu Wasser oder in der Luft, das erzwingt Siege, die sich Frauen nicht einmal vorstellen wollen, oder können. Die Mehrheit von ihnen will weder den Boden eines anderen, noch seine Macht. Nur wenige haben ein Lustgefühl dabei, sie auszuüben, aber wenn sie Macht haben, neigen sie wie die Männer dazu, sie auch zu mißbrauchen. Frauen sind keine zu kleingeratenen Männer, auch keine Sklaven, und sie taugen nur als Ausnahme zum sogenannten Helden, etwa im homerschen Sinne. Abschlachten von anderen Menschen ist nicht ihr Ding, wenn auch nicht zu leugnen ist, daß Krimhild oder Lucrezia oder Katharina dergleichen aus Rachegelüst befohlen haben sollen. Die abgewiesene Salome als Todesengel mit Schleiertanz ist hoffentlich eine Erfindung. Wenn, dann von Männern, die sich ja auch den Vamp ausgedacht haben, den dann meist Schauspielerinnen mit starren Gesichtszügen miserabel gaben.

Was Frauen nicht sind, spielt leider nur eine untergeordnete Rolle, weil sie jede ausfüllen, von der sie glauben, das Leben verlange ihnen eben diese gerade jetzt ab.

Frauen kehren auf herzzerreißendem Umweg endlich weiser, faltiger, ein bißchen dünner oder dicker, gelassener, manchmal auch härter zurück zu dem Wesen jenes Mädchens, das sie einmal waren oder immer schon einmal sein wollten oder nun endlich werden können.

Sie fangen wieder an zu sticken, überall reinzureden, alles besser zu wissen und vielleicht sogar eine Nacht lang durchzuschlafen.

Sie haben niemanden mehr zu versorgen, und die Hoffnung darauf, jede Freude, die sie gaben, werde mit Suppe in ihr Herz zurückkehren, die haben sie erst gar nicht zugelassen. Das sind Illusionen von Generationen vorher, oder so sind Volkslieder.

Ein Stück ihres eigenen Lebens zeigen sie dann nur noch ihren Enkeln, die sie lieben, so, daß ihre Kinder ihre Kinder beneiden. So war sie zu uns nie, sagen sie, und es ist die Wahrheit.

Frauen können sich gelingen. Wenn man sie läßt. Wenn Mann sie läßt. Wenn man sie in Frieden läßt. Wenn Mann sie im Frieden läßt.

Männer sind an sich das Schöne in unserem Leben. Sie haben dieses Einsteinsche, Lambarenehafte, dieses: Aus mir wäre ein guter Indianer geworden. Jeder von ihnen ist der geborene Robinson, der seinen Freitag sucht, obwohl er die Wildnis auch ganz allein bewältigen könnte.

Im Alltag sitzt der Mann mit seinem Airbag vor und seinem Handy neben sich und rast dem nächsten Kampfplatz zu. Aufgehalten von einer Frau. Die fährt zu weit links, ordnet sich nicht unter, springt einfach nicht auf die Kriechspur, den Fahrradweg, ins nächste Schaufenster, und er hat leider keinen ausfahrbaren Landsknechtspieß, um sie aufzugabeln.

Solche Fahrerin gefährdet den ganzen Wettbewerb bis zur nächsten Kreuzung. Noch schlimmer, sie hatte die Vorfahrt.

Frauen am Steuer, nun gut, wenn auch schlecht, aber generell ohne Vorfahrt, so müßte das geregelt sein.

Kluge Männer nehmen sich gern eine schöne Frau, denn Verstand haben sie selber. Aber nicht solche Beine, Blicke, solchen Busen.

Der schöne Mann nimmt sich oft eine Kluge, die ein kleines bißchen häßlich ist, denn er liebt das Geraune: Wie hat die das gemacht? Den, so wie der aussieht? Die, so wie die aussieht? Das sagen aber nie die anderen Männer, das sagen immer die anderen Frauen.

Männer neigen zur Ehrlichkeit. Das bereichert ihre Attraktivität zusätzlich. Statt aber eben deswegen die Beine in die Hand zu nehmen, rechnen Frauen ihnen das hoch an. Er säuft, nun ja, aber er betrügt mich nicht, und er sagt mir ehrlich, wie er mich bewundert, daß ich ihn aushalte, wenn er mal nach einem Bierchen duftet oder nach dem zweiten die Contenance verliert. Oder: Von Anfang an hat er ganz ehrlich gesagt, daß er sich nie scheiden lassen wird, weil seine Frau das ganze Geld hat, oder es ihm abnehmen würde, oder weil sie sehr krank ist, oder ein hilfloses Dummerchen, das nicht einmal weiß, wie man den Videorekorder bedient. Oder weil sie sich umbringen würde. Und vor allem natürlich, weil er die neue Liebe neben seiner alten Ehe nie in die Gefahr bringen möchte, eine alte Liebe zu werden.

Männer sind schön und machen Frauen Kummer. Weil sie, die Frauen, dumm genug sind, einen schönen Mann auch gleich für einen klugen zu halten und einen ehrlichen für einen uneigennützigen.

Frauen dürfen es sich nicht zu leicht machen. Auch diese blonden, kirschmundigen, sternäugigen, perlhäutigen mit den langen langen Beinen und der hohen Taille sollten schon ein bißchen schreiben und lesen können. Deswegen müssen sie ja nicht gleich als Persönlichkeit unterwegs sein. Dazu gehört mehr, das sieht man ja an X und Y, bei denen es allerdings schon reicht, alle anderen unter den Tisch zu saufen, um als schwierige, charismatische genialische Künstlerpersönlichkeit zu gelten.

Mehr oder weniger schöne reiche alte Männer können noch mit über achtzig Jahren ein eben erwachsenes Mädchen freien und der Welt verkünden, sie hätten vorher gar nicht gelebt. Mit dem letzten Lebensodem zeugen sie noch, und wenn sie aus kokainverseuchtem Leib wie Phoenix aus der Asche steigen, haben sie der Menschheit einen großen Dienst geleistet und werden entsprechend geehrt. Es gibt sonderbare Paare, aber an die große Liebe würde ich erst glauben, wenn ein schönes reiches Wessimädchen sich einen armen alten Ossirentner nimmt. Was ich aber noch nicht gesehen habe.

»Und was will uns die Dichterin eigentlich sagen?«

Ich will klagen. Über Unfreiheit, Ungleichheit und Ungeschwisterlichkeit. Alle Menschen werden Brüder? Ich auch, ich werde auch ein Bruder?

Brüder, zur Sonne, zur Freiheit? He, ich will auch mit, soll ich zuhause bleiben, und wohin des Wegs? Das wißt ihr nicht? Ich weiß es auch nicht, und das wenigstens stellt uns einander gleich. Aber: So legt euch denn, ihr Brüder – was wird mit der kranken Nachbarin? In Gottes (sic!) Namen, auch ein Mann. So ein Durchschnittsweib wie ich müßte zehn Minuten nach ihrer Geburt in die Karriere starten. Um dreißig Jahre später zu wissen, daß es ihr ohne Umweg über den Mann nicht gelingen wird, eine zu machen. Zumindest brauchen wir ja die bösen Erfahrungen, um endlich kurz vor dem hundertsten Geburtstag aus ihnen zu lernen.

Obwohl, Ossifrauen sind im Moment IN. Nicht so wie Thailänderinnen, aber wir bringen den Vorzug der eingeborenen Muttersprache mit. Zwar sind wir nicht so schön wie die Thailänderinnen. Aber Ossifrauen haben etwas. Sind einerseits riesig, haben aber noch nicht alles gesehen, geschmeckt und angefaßt. Ja, da kann ein Mann noch als Big Spender landen. Die winken eben in Gizeh oder bei Tiffany nicht gelangweilt ab und lassen sie merken, wenn es ihnen schmeckt.

Diese Frauen für Dienstag bis Donnerstag können Männern, die am Wochenende ganz woanders gebunden sind, noch etwas geben, das hat durchaus Kick. Kein Mallorca und trotzdem ne eigene Meinung. Die Ostfrauen denken, und das hat auch was, daß sie genauso viel wert sind wie ein Mann.

Dabei hatten ja wir nicht mal ein Ampelfrauchen. Und das Männchen kennen wir nicht näher. Wer weiß, was das für ne mickrige Persönlichkeit ist, wenn der seinen dämlichen Konsumhut mal abnimmt. Und wo will er denn hin mit seinen kurzen Beinchen und Ärmchen?

Die Zeit ist reif für eine Ampelfrau, so eine Mischung aus Claudia Schiffer, Rosa Luxemburg und Jeanne d'Arc.

Zwei davon sind umgebracht worden. Das ist furchtbar, aber man kann als Frau nicht alles haben und zugleich alles behalten wollen. Der schöne Mann hat auch zu leiden. Dafür lieben die Frauen ihn. Nicht nur dafür, aber auch, weil die im Gegensatz zu uns den Nippel von der Dose kriegen, ohne ihn abzureißen.

Wir lieben den Mann, wenn wir seine Müdigkeit sehn, und manchmal halten wir uns zurück und fragen ihn nicht nach Gründen. Wir lieben an den Männern die Möglichkeit, uns selber zu lieben, weil wir uns annehmen, wie wir sind, wenn er uns gerade annimmt, wie wir sind.

Solange wir geliebt sind, ist die schwere Balancierstange über den Schluchten und Abgründen des Lebens irgendwie zu tragen.

Wir lieben euren Humor, Männer. Nicht jeden und nicht immer. Aber wir verstehen nur jeden zweiten Witz und können selber schlecht einen erzählen, aus Angst, daß keiner lacht. Solche Angst ist dem Mann fremd. Einer lacht immer, nämlich er, und wenn einer lacht, lachen alle.

Für ihre Ängste lieben wir die Männer mehr als für ihr überkommenes schreckliches Unerschrockensein. Wenn beide Angst haben und sie zeigen, das weckt den Mut gegen die Angst.

Männer brauchen jetzt keine Hinsinkende, immer halb Ohnmächtige, Bleichsüchtige, vom Mann überwältigte, keine Schwärmerin ohne eigenen Lebensinhalt.

Vor unserem Fenster gibt es eine reiche, harte tüchtige Welt, in der auch die Schwächeren, Ärmeren und Angeschmierten leben müssen. Auch solche, die nicht auf dem Weg nach oben sind. Wo ins Netz geschnitten wird, fallen Mann wie Frau. Für Zärtlichkeit gibt uns der Bäcker kein Brot, aber die Verhältnisse geben uns nie das Recht, daß wir aufhören, zu lachen und zu lieben.

Wir lieben euch Männer. Obwohl ihr seid, wie ihr seid. Sowohl eitel als auch feige.

Meine Freundin sagte: Du bist schön. Zu einem Mann. Er wurde nervös. Sag das ja nicht, wenn es jemand hört. Zu einem Mann kann man nicht sagen: Schön!

Sie legte ihr schönes Gesicht auf ihre schönen Hände und sagte: Nicht? Soll ich sagen, daß du stärker bist als andre, ein Durchreißer, daß ich mit dir eine Zwölf geschossen habe, weil du ein Mordskerl bist und einschlägst wie eine Bombe, ein Abräumer, eine Führernatur? Soll ich das sagen? O Nein! Du bist schön!

Er sagte: Das kann ich nicht auf mir sitzen lassen.

Sie sagte: Dann wirst du auch kaum auf mir liegen.

Aber er wird doch. Und bei seiner Meinung bleiben. Da kann sie lange von Gleichheit träumen. Erleben wird sie die nicht mehr. Jedenfalls nicht mit ihm. Aber das werden wir ihr nicht gerade jetzt sagen.

Das persische Let it be

Er hat gesagt, das war nicht irgendein Perser. Davon gibt es ja viele. Besonders in Persien. Das war sein erster Chef nach der Wende. Und naiv wie er ist, hat er ihn zum Essen eingeladen. Und du hast ja sogar Pfefferminztee in die Koteletts reingekippt, sollte persisch aussehen. Und seit der mit seinen Mohnpielenaugen hier rumspioniert hat, ist unsere Ehe nicht mehr dieselbe. Ihn hat er entlassen, und was er mit mir gemacht hat, das möchte er endlich mal genau wissen.

Ich hab gesagt, er hat nicht dich entlassen, die Firma hat alles eingesackt und ist verschwunden. Er hat ja auch seine Arbeit verlorn. Geht er mit Brigitte nach Kansas oder Kentucky oder was weiß ich.

Wenn du nichts weißt, woher weißt du das? Bist du sein IM? Da mußt du dir natürlich wenigstens seine Adresse merken. Wer ist denn euer Kontaktmann?

Seine Frau, hab ich gesagt. Brigitte ruft ja hier öfter mal an. Sooo! Ach? Und er? Ruft er auch öfter mal an?

Bis jetzt nicht. Aber kann schon noch kommen.

Na, das können wir ja dann mit Spannung abwarten. Die in Bonn haben schon wieder 5 Grad Plus, und wir kriegen grade den dritten Winter. Den ganzen Krieg bezahlt, und dann immer noch drei Winter.

Ich hab gesagt, wenn sie nach Berlin ziehen, haben sie ja auch drei Winter.

Ja, wenn sie! Er! Aber die machen einen Spagat, bleiben in Bonn und ziehn wie Willem der Zwote ins Exil, bloß nach Berlin. Siehste ja, Kohl ist lieber gleich ganz weg als nach Berlin. Alles gedeichselt, alles getrickst. Die sind doch nicht wegzukriegen von ihrem freien Blick auf die Alpen und ihrem Alaaf Alaaf.

Ich hab gesagt, wir sind an andern Stellen albern, wo die vielleicht nicht mitlachen können.

Er hat gesagt, Hauptsache, du kannst mir immer widersprechen. Und gleich prima die Kurve von Ali weggekriegt. Um deine ganzen Geheimnisse rum.

Welche? Ich! Hab ich heimlich drei Kinder gekriegt? Heimlich die Zunge deiner Mutter entschärft? Ist mir aber nicht gelungen. Heimlich dein Fernsehprogramm ertragen, deine schlechte Laune?

Er hat gesagt, in der Ehe sollte man immer die ganze Wahrheit wissen, auch wenn man sie vielleicht nicht erträgt.

Ich hab gesagt, ich bin dafür. Sag du mir das Thema, und ich sag dir die ganze Wahrheit.

Nie! Nie! Du bist doch ein ganz verlogenes Aas bist du. Wen hast du denn nun wirklich gewählt? Ich kenn jetzt schon vier Parteien, die du angeblich gewählt haben willst.

Ja, stimmt, hab ich gesagt. Jeder in der Familie wollte mich auf seine Seite ziehn, da war ich eben jedem seine persönliche Opposition. Und in der Kabine ist der Mensch mit seinem Gewissen sowieso alleine.

Er hat gesagt, du aber die längste Zeit gewesen. Nächstes Mal geht er mit rein und guckt mir auf die Finger. Sonst zieht sich hier ein immer tieferer Graben durch diese sogenannte Ehe.

Hörst du, wie ich rede? Lauter Bittersaft!

Ich hab gesagt, ich kann für nix und habe dich immer geliebt.

Nein, du hast mich oft nicht geliebt. Ich hätte ohne dich großartiger sein können.

Und ich vielleicht sogar einzigartig?

Er hat gesagt, wer will denn eine Einzigartige? Er nicht.

Bißchen treu und bißchen zuverlässig, das hätte ihm schon ausgereicht.

Ich hab gesagt, da sind wir also wieder bei der Sache mit Ali. Die Firma ist weg. Und ich war wie immer.

Nein, hat er gesagt, du warst nicht wie immer. Du hast so getan, als ob du wie immer bist. Aber er konnte nicht wissen, daß du so bist wie immer. Er mußte ja denken, du bist nur seinetwegen so. Also hättest du nicht so sein dürfen wie immer.

Kann sein, hab ich gesagt. Aber wir haben nie darüber gesprochen, und also kann ich das nicht wissen.

Das ist es ja eben! Er! Wenn er sich erklärt hätte und du hättest ihn anständig zurückgewiesen! So hätte das laufen müssen.

Ja, hab ich gesagt, das hätte besonders seine Frau hocherfreut.

Na, immer noch besser, als alles zu verschweigen und es in der Luft hängen zu lassen. Er!

Na und? Ich! Selbst wenn er vor Leidenschaft zu mir geplatzt wäre, hätte er in der Firma nicht mehr zu sagen gehabt. Und n bißchen Logik bitte! Wenns um uns gegangen wäre, da hätte er ja hierbleiben können und wir hätten dich ne Weile auf Außendienst nach Persien geschickt. Du weit weg und hier sturmfreie Bude. Da war nichts. Wir warn doch nie allein.

So! Das ist es also, womit du nicht fertig wirst. Na son Pech. Was hat er denn gesagt, als ihr getanzt habt?

Nichts. Da haben wir getanzt. Let it be. Vier Minuten und 36 Sekunden. Aber ich kann dir ja mal sagen, was du gesagt hast, als wir beide das letzte Mal getanzt haben. Da hast du mir erzählt, daß Hansens Hund jetzt Würmer hat, sooo groß, und nun wissen sie nicht, ob sie zum Tierarzt müssen oder ob das Hundehalsband, das sie gekauft haben, auch gegen Würmer wirkt. Das war unser Tango Argentino um Mitternacht.

Er hat gesagt, wenn du das so sagst, klingt das blöde, muß er zugeben. Er kanns aber erklärn. Das war, weil Hansens Hund Tango heißt.

Wie heißt der? Ich! Bingo.

Naja? Das ist doch so ähnlich wie Tango. Trotzdem blöde, na gut. Ist er auch bereit, sich zu entschuldigen. Weil er so ein Mensch ist. Wenn ihm mal ein Fehler unterläuft ...

Ja, hab ich gesagt. Laß gut sein. Es war nichts, und das Thema hat schon Schimmel angesetzt.

Ach so, ach so! Er ist also ein Langweiler. Und er hat noch Glück gehabt, ist nur seine Arbeit losgeworden und nicht auch noch seinen Klotz am Bein.

Lieber Freund, hab ich gesagt, wir haben uns vor zwanzig Jahren mal über die Gürtellinie verständigt. Der Satz eben war einen halben Meter drunter. Aber gut, es geht dir schlecht. Wenn eine Frau Pech hat, läßt sie sich trösten. Ein Mann nimmt immer erst mal Rache an seiner Frau.

Er hat gesagt, das war mein Chef! Fast ein Freund! Er war mein Freund!!

Er war dein Chef, er war dein Freund. Mein Freund, mein Schrank, mein Notizbuch, meine Eintrittskarte, mein Goldhamster, Tellerlein, Becherlein, Bettchen ...

Ha!! hat er gesagt, jetzt sind wir endlich bei dem Möbel, auf das es hier die ganze Zeit ankommt. Das ist dir rausgerutscht, das ist nicht zu entschuldigen. Bettchen! Du hast es zugegeben. Ali, Bettchen, Freudsche Fehlleistung! Und du hast ja Arbeit. Du kannst ja auf Wolke sieben rumkutschiern.

O Gott, hab ich gesagt, ich teil mit dir die Wut, deinen Dreitagebart und deine Angst. Die versteh ich, und die teile ich. Aber sobald du mit deiner Stullenbüchse und der ausgepuhlten Pampelmuse hier wieder morgens losrennst, wird doch fast alles sein wie früher. Handtücher im Bad auf der Erde, Seifenschaum am Spiegel, Marmelade auf der Tischdecke und Zigarettenstummel auf der Untertasse. Kaffee im Stehen, Magentablette hinterher – aber wenn dann wirklich alles genau so ist wie früher, dann werde ich aufstehn, aus diesem Zimmer gehn, aus dem Haus, aus dieser Straße, aus dieser Stadt. Ich werde barfuß gehn oder in Nagelschuhn, ich werde laut singen und tanzen, bis zu einem reichen alten Knacker oder einem knackigen jungen Body-guard ...

Er hat gesagt, oder bis nach Bonn? Da stehn viele über, die kannste alle haben ... Aber ich kenn dich doch. Du wirst gar nichts machen, du drohst ja bloß. Und wenn du nicht jedesmal so verträumt glotzen würdest, sobald im Fernsehen ein Typ wie Doktor Schiwago auftaucht, hätt er doch schon längst einen Schwamm über der ganzen Sache ausgedrückt, nie wieder was gesagt, ist doch gar nicht sein Stil. Weil ja angeblich nichts gewesen sein *soll*!

Nein, hab ich gesagt, da war nichts. Und war alles, was zwischen zwei Menschen sein kann. Guck nicht, als ob dir das noch nie so gegangen ist. Da schwingt was hin und schwingt was her, und man hat gar keine Lust, es zu erklärn oder zu erfahren. Gemacht, natürlich, gemacht haben wir nie was. Diesmal nicht und sonst auch nie. Dazu sind wir viel zu nett. Nette kleine Spießer. Ganz normal und ganz bekloppt. Aber Sehnsüchte hab ich noch. Und wie!

Er: Kitsch! Das ist alles Kitsch! Und du weißt es.

Kitsch? Naja, Kitsch, wie ein Sonnenuntergang am Meer, wie ne warme Semmel an einem Sonntagmorgen und Bruce Springsteen oder Joe Cocker singt, und niemand hat das Recht, dir was leiser zu stelln, oder abzudrehn oder wegzufressen. Mit drei Kindern und einem Mann bleibt ner Frau ne Menge über, was sie nicht kennt und was es irgendwo gibt. Und das will ich.

Hass – mich – aber – immegeliebt, ja? Hass du doch gesagt, immegeliebt!

Ja, hab ich. Aber manchmal war mir ne neue Couchecke auch wichtiger als die ganze Liebe.

Couchecke? Er! Was denn für ne Couchecke? Ach so! Kannst du haben. Aber nicht den Fernseher. Der ist meiner.

Ich hab gesagt, willst du nicht mal weggehen? Geh doch mal weg. Für hundert Jahre.

Pause.

Einverstanden. Aber erst morgen früh.

Gut, morgen früh.

Er hat gesagt, früher hab ich dich manchmal gehaßt. Wenn du wüßtest, wie.

Du hast mal gesagt, ehe mich ein anderer kriegt, würdest du mich umbringen.

Und das haste geglaubt?

Nein. Aber es war trotzdem schön. Du hast es gesagt, weil du es geglaubt hast.

Er hat gesagt, ich werde nie wieder eine Frau so hassen können wie dich. Aber du hast ja die ganzen Jahre nur an Scheidung gedacht.

Nie, hab ich gesagt. An Scheidung habe ich nie gedacht. Wenn, dann an Totschlag im Affekt. Und an Mord auch, aber der müßte perfekt sein, und so weit bin ich noch nicht. Außerdem muß ich los.

Er hat gesagt, das ist typisch, daß ich ihn jetzt mit der ganzen Titanic unserer Ehe alleine untergehen lasse.

Ja, das mach man, hab ich gesagt.

Und wo gehst du hin?

Bauchtanzen, hab ich gesagt. Heute ist doch Donnerstag. Man wird doch wohl noch bauchtanzen dürfen.

Er hat gesagt, klar, du darfst alles. Dabei ist das Ganze deine Schuld.

Das ganze Bauchtanzen?

Nein. Aber du hast doch solange auf den Osten gemeckert, bis er weg war.

Ach so? Ich war das? Na, dann versuch ich das mit dem Westen nochmal.

Rosenasche

Die erste Rose neben seinem Foto auf meinem Tisch sah er mit einem Lächeln der Rührung, das schnell wieder eingeholt werden mußte.

»Was machst du dann erst bei meiner Beerdigung?« sagte er, und ich sah nicht etwa einen Sarg vor mir, sondern ein langes gemeinsames Leben.

Später sah er die Rose nicht mehr, er hatte sich an ihre wundersame Verwandlung von einer angewelkten in eine frische gewöhnt, und als ich sie absichtsvoll eine Woche lang fehlen ließ, bemerkte er es nicht. Oder er wollte dazu keine Bemerkung machen, die als Frage unangebracht war. Vermeide jedes Thema, das zu Antworten führt, die keiner geben und keine hören will.

Am Anfang muß aber auch für ihn die Erde gebebt haben. Jeder drückt das anders aus. Er kam mit Prospekten, Halbfertiggerichten, die Flasche Wein war üblich.

Der Wein wurde getrunken, die Gerichte wurden gegessen, die Prospekte mal angeguckt, mal nicht. Für Reisen war nie einer darunter, so erübrigte sich die Frage: Wo wolln wir zusammen hin? In die Wüste mit unserer Liebe?

Einmal machte ich einen Vorschlag, wie wir unsere knappe Zeit überlisten könnten. Ein gemeinsamer Trip, sich etwas ansehen, was beide interessiert, und dann so bald wie möglich und lange ins Bett. Hast du Lust?

Er hatte Lust auf mich, aber nicht auf die Umstände. Als ich ihm die Lust wecken wollte, wurde er böse. Hör auf zu betteln, sagte er.

Ich hielt mein Lächeln fest und versuchte, vorsichtigen Rückzug mit nachsichtigem Blick zu verbinden.

41

Wir sind nicht gefahren. Selbst wenn er angefangen hätte, mich zu beschwören, wäre ich nicht mehr darauf eingegangen.

Er hat mir nicht gesagt, daß ihm gerade das Geld dafür fehlte, selbst für die Hälfte, für seinen Anteil. Er hatte eine größere Summe für seine Mutter bezahlen müssen. Warum, das sagte er nicht. Ohnehin wußte ich nicht, ob er viel, wenig oder gar kein Geld hatte.

Ich habe mich nicht in seine Arme geworfen, als eine schroffe Ärztin mir verhieß, in meiner linken Brust könnte etwas Unangenehmes sein. Ich solle bitte sofort aufhören, um fernere Termine für den nötigen Eingriff zu feilschen. »Wenn das stimmt, was ich vermute, können Sie alles andere sowieso vergessen.« Ich nahm mir vor, ihn damit nicht zu belasten, zumal es noch keine Gewißheiten gab, und Ängste hat jeder. Ich dachte aber auch, daß er sich abseilen würde, und er hatte keine Pflicht, sich solches Unglück aufzuladen. Hand in Hand mit ihm durch ein dunkles Tal zu gehen, das würde mich nur zusätzlich belasten, hämmerte ich mir ein. Schaffs allein, dann weißt du, wo deine Grenzen sind.

Du kannst es alleine schaffen, aber ganz verbergen kannst du es nicht. Er mußte mein Verhalten mißdeuten und fühlte sich abgewiesen, gekränkt wegen der Verweigerung von Streicheleinheiten auf gefährdetem Gebiet. Nicht ums Verrecken hätte ich ihm gestanden, daß meine Brüste für mich selber gerade vermint waren.

Ich schob also seine Hand weg, schweigend, möglichst unauffällig, und er ging, auffällig. Wenn man dich nicht mal mehr anfassen darf. Deine Zickigkeit wird immer schlimmer.

Denk das, aber nicht die Wahrheit.

Sag ich doch, launisch, sagte er, als die schöne Nachricht mich übermütig machte.

Nachdem er ein paar Abende zuvor verstimmt gegangen war, heulte ich wie eine Wölfin, die Tränen stürzten, die Dämonen aus Schmerzensangst und Todespein fielen über mich her. Nur da kam es mir so vor, als wäre es schon hilfreich gewesen, ihn entsetzter als mich selber zu sehen. Dann hätte ich ihm beistehen und mich einkriegen müssen.

Es war mir aber ein zugleich furchtbares wie auch genierliches Geheimnis.

Ich liebe eine alte angeschlagene Teetasse, die sehr groß ist. Um nichts würde ich sie hergeben, aber wenn ich am Nachmittag aus ihr trinke, drehe ich ihre Wunde weg. Schon immer, und so kam ich mir nach der bedrohlichen Diagnose vor.

Ist mit dir was? fragte er mich, aber es klang eher unwillig, und ich meinte schon aus dem Tonfall herauszuhören, daß er es lieber nicht wissen möchte, falls es etwas zu sagen gibt.

An jenem Abend, auf den dann der Tag mit der erlösenden Nachricht folgte, schien er mir ohnehin aggressiv, eher aufgedreht als lebhaft. Vielleicht ahnt er doch etwas, dachte ich und nahm es ihm zugleich übel.

Er hat mir nicht gesagt, daß für ihn eine wichtige Entscheidung ansteht. Sie würden ihn entweder zum Abteilungsleiter machen oder seine Stelle abbauen. Die Wahrscheinlichkeit sprach für die eine wie für die andere Lösung, und er konnte nichts für sich tun. Die Messen wurden hinter seinem Rücken gesungen. Zusammen hätten wir uns in die günstigste Variante träumen oder spinnen können, bis wir glücklichster Fügung fast sicher gewesen wären. Entschieden ist es bis heute nicht, das weiß ich auch nicht von ihm, sondern durch Zufall, jedenfalls zunächst.

Ich wußte auch nicht, daß er, zu früh, mit einer Bank über einen Kredit verhandelte. Er wollte sich eine Wohnung kaufen, um nicht ewig Miete zu bezahlen. Oder, wie er später sagte, »um an dieser Flanke Ruhe reinzubringen«.

Waren wir früher auch so? Ich weiß nicht, aber man kann nicht alles mit Monsun oder Wende erklären. Vielleicht waren wir nicht anders, und es fiel bloß nicht auf? Und nun kommt es eben auf mehr und anderes an, als wir einbringen können?

Heute abend kam alles auf einmal zur Sprache. Ich wußte, es ist alles zu Ende, oder alles fängt noch einmal an, zweite Chance, auch so ein abgenutztes Wort.

Was ein jedes von uns belastet hatte, geriet für den andern zum Vorwurf. Auch, wenn wir das so nicht sagen wollten, so zugespitzt auch nicht meinen konnten. Du hast nie gemerkt, wie es mir ging. Du interessierst dich nur für deine Angelegenheiten. Diese beiden Sätze ließen sich nicht wegschreien, nicht leugnen. Was war meine Krebsangst gegen die seine, er hatte auch eine sensible Untersuchung hinter sich, zunächst Vorsorge und Routine, dann Nachfassen und angstvoll erwartetes Ergebnis. Und gerade da, wie das Leben so spielt, hatte sein bester Freund gemeinsames Insiderwissen zu ausschließlich eigenem Nutzen hergenommen. Es war auch für ihn nichts dabei herausgekommen, dennoch war die Freundschaft zerbrochen, und nun wußte ich, warum wir so lange nicht zu viert essen gegangen waren. Rücksichtslos sprudelte er nun damit heraus, daß er schon die richtige Rache gewußt hätte. Der hängt an seiner Freundin »wie ein Kranker« – ja, das hat er so gesagt, und wieder einmal konnte ich denken, daß Anhänglichkeit gleich hinter Kranksein kam.

Tiefer hätte er den Verräter nicht treffen können. Die Versuchung war groß und die Frau schon lange nicht abgeneigt.

Aber da gab es noch eine andere, die war reifer, ausgeglichen, gelassen. Man kann mit ihr über alles reden, sagte er. Die hat Ahnung und vor allem Mitgefühl. Da kann man auch mal durchhängen. Sie geht einem nie auf den Docht.

Und da ist es passiert. Es ist ebenso unverzeihlich wie auch unsäglich, aber es ist passiert.

Die Schwester in der Rettungsstelle machte zu mir hin ein strafendes Gesicht, aber der Arzt hat abgewinkt. »Mittn auf die Pirne«, hat er gesagt, mehr fröhlich als besorgt. Er hat die Wunde gesäubert und zwei Stiche gemacht, das Überleben war gesichert.

Der rothaarige Arzt mit den vielen Sommersprossen und dem großen aufrichtigen Mund meinte noch: »Wenn ä Mann so was herschleppt, is ihm immer recht geschähn.« Dann hat er mir zugezwinkert, mir kurz die Hand auf die Schulter gelegt, und ich dachte, das ist einer von den wenigen, die man zur rechten Zeit treffen müßte, aber sie sind immer schon vergeben, haben ein Schüppel Kinder und meist eine Frau, die leicht weint und leicht lacht und die Bügelwäsche liegenläßt, wenn er dran ist.

Ich hätt so gern mit ihm gescherzt, aber leider paßte das nicht hin. So blieb er, wo er war, und ich ging hin, wo ich bin.

Falls mir nicht einer was auf die »Pirne« gibt, werde ich ihn kaum wiedersehen. Wie schade.

Verbissen brachte der Mann mit dem Pflaster auf der Stirn mich bis vor meine Haustür. Aber nur und wie immer, weil er denkt, daß die Kurden im wesentlichen hinter mir her sind.

Mit zu mir hoch, sagte er, kommt er nicht. Weil er auch am Leben hängt. Obwohl, fügte er hinzu, heute abend warst du ja mal ein richtiger Mensch. Gar nicht son Zombie wie sonst. Aber Furie, das ist auch nicht sein Ding. Ich ruf dich Pflaumpfingsten rum an.

Er hat es nicht genauso gesagt. Aber so gemeint. Ich ging mit meiner angeschlagenen Tasse in meine alte Badewanne und liebte ihn nicht mehr. Es ging mir besser als am Tag zuvor, aber mich liebte ich auch nicht.

Das Blaue vom Himmel

Sie war schon als Kind unfähig, äußere oder gar innere Wunden zu zeigen. Das Leben als erwachsene Frau änderte diesen Mangel nicht wesentlich. Sie gab sich meist stärker, als sie war, versprach mehr, als sie halten konnte, mogelte auch, um ein Bild von sich zu liefern, von dem sie dachte, es würde von ihr erwartet.

So war sie noch, als sie ihm begegnete. Sie nannte es nötige Keuschheit, kein Gebrechen erkennen zu lassen, alles andere sei unappetitliche Schamlosigkeit.

Nach behüteter Kindheit und viel erfahrener Tröstung sah er das anders und ging gegen ihre Haltung an, die er als verklemmt empfand und als Verunstaltung, die man aber nicht durchs Leben schleppen dürfe. Sie hatten deswegen schmerzhaften Zusammenprall, immer wieder.

Ihr Schutzschild bestand auch aus Erfahrungen. Er wollte an deren Stelle eben andere. Das lag an seiner Moral. Insgesamt entsprach er nicht dem Klischee vom unterdrückenden Mann, bei zweifellos dazu vorhandener Lust dazu. Er war ein bestimmender und starker Mann, der sich kleinliche Irrtümer nicht leisten wollte, meist wußte, wo es langgeht, der sich aber wahrscheinlich fürchtete, sich auf den Grund seiner Seele gucken zu lassen, weil dort Gedanken und Vorstellungen ruhten, auf die er keinen ausreichenden Einfluß hatte, obwohl er sie theoretisch ablehnte.

Sie waren beide nicht geduldig, und ihre Liebe wäre, zu früh der Ungeduld des anderen ausgesetzt, sicher gescheitert. Wenn sich zwei später im Leben den tiefsten Empfindungen überlassen, nehmen sie zuvor das Wunder beglückt wahr, aber etwas in ihrem Hirnkastel ist immer bereit, es zunächst als solches geschehen zu lassen und später unter die Enttäuschungen zu reihen.

Er dachte, er müsse ihr etwas bieten und etwas beweisen und suchte längere Zeit an den falschen Stellen danach. Und ihr ging es nicht viel anders. Sie bemerkten zunächst nicht, daß die überzogenen Ansprüche aus ihren eigenen Ängsten kamen und dem anderen unterstellt wurden.

Wie alle Liebenden wollten sie dienen und zugleich Besitz ergreifen. Sie wollten auch schützen, und sei es durch Unterlassen von Beichten, die jene Selbstbilder angetastet hätten, die gerade überirdisch leuchteten. Nicht nachkarten, nicht alles wissen wollen, wenn auch möglichst das Wichtige erfahren. Darin war er eifernder als sie, wohl gerade, weil er es kaum ertrug, daß sie vorher leben konnte und nicht immer allein. Er übertrug ungerecht auf sie, was er von anderen Frauen gehört oder durch sie erlebt hatte. Er wollte die Krone, und die Gewißheit, alles vor ihm habe nichts bedeutet.

Sie hatte sich zu lange ohne nennenswerte oder gar dauernde Hilfe durchschlagen müssen, da waren ihr solche Gedanken eher abhanden gekommen. Erwarte vom anderen nicht, daß er dich erlöst, wenn du selber keine Lösung weißt.

Sie war bereit, Vergangenes als Lehrjahre anzunehmen, und eher belästigt, wenn er sie drängen wollte, alles noch einmal neu zu werten, aus ihrer beider Sicht. Dabei kam es ihm zugute, wie sie dachte. Seine früheren Gefühle achtete sie wie ihre eigenen. Auf sein Vorher legte sie ihre Hände, sie duldete da kein abfälliges Urteil.

Wären sie sich früher begegnet, hätten sie sich vermutlich die Köpfe eingerannt, denn beide neigten in der Jugend eher zu Intoleranz und dogmatischer Meinung. Abwägen und noch einmal neu ansetzen, das lernten sie nun schwerfällig.

Zwei ältere Leute, so gehen sie nun die Straße entlang. Vor Jahren noch mahnte er, in den Bergen oder in belebter Einkaufspassage, zu schnellerem Schritt, der ihm mit seinen langen Beinen leichter fiel.

Das hat sich gelegt. Die Beine sind noch lang, aber die Schritte sind kürzer geworden, das Tempo hat nachgelassen.

Sie gehen nebeneinander, berühren sich, verhakeln manchmal die Finger, aber untergehakt gehen sie nicht. Nur wenn es ihr schlecht geht, weil ihr jemand auf die Seele getreten hat, oder sie müht sich aus anderem Grund um Gleichgewicht, schiebt sie ihm ihre geschlossene Hand in die seine, oder nur einen Daumen. Das ist Suche nach Halt, er versteht das.

Sie werden freundlich gegrüßt, aber er fällt mehr auf als sie, und zu ihm sind die Verkäuferinnen immer besonders nett.

Es gibt Menschen, die sagen, daß sie die beiden gut kennen. Die sind unzertrennlich, heißt es, wo der eine ist, ist der andere nicht weit.

Das hat mit der Arbeit zu tun, in der sie sich eng miteinander verbunden haben und mit ihrer wichtigsten Erfahrung: Das Leben ist kurz. Das Leben ist für eine Liebe viel zu kurz. Für eine späte Liebe ist jeder unwichtig gelebte Tag ein Verlust.

Nun kann man nicht immer großartig sein, nicht einmal danach streben, und ein Tag, an fantastischen Orten verbracht, kann ein unwichtiger sein, einer aus einer Reihe langer, einander ähnlicher kann die Wichtigkeit in einem Augenblick zusammendrängen, und außerdem muß man solche Dinge nicht dauernd denken. Nur manchmal, das heißt oft genug.

Es war zu spät für Kinder, für Studien, die ihren Talenten besser entsprochen hätten, als absolvierte Schulen, auch für Reisen zu weit entfernten Zielen, auf die beide vielleicht nur Blicke werfen wollten, aber dazu ist die Unternehmung zu aufwendig. Eine Weltreise in getrennten Kabinen auf dem Schiff und getrennten Zimmern in Hotels könnten sie nicht bezahlen, und es würde sie auch zu weit wegführen von Zuhause, wo das Leben aufregend und anstrengend genug ist.

Und schmerzhaft natürlich auch. Sie haben einen Epochenwandel erlebt, den sie nicht vorausgesehen hatten, obwohl an die Wand gemalt, oder prognostiziert, aber eben doch nicht so vorausgesehen, daß sie vorgesorgt hätten.

Es ging ihnen dann nicht um Schuldzuweisung, sondern um Erkenntnis, um Antwort auf die Frage, in welchen Zusammenhängen ihr Verstand nicht ausgereicht hatte.

Manches ausgesprochene Wort hat auch wehgetan, aber langweilig war es ohnehin in all den vergangenen Jahren nicht einen Moment.

Nur darum wären sie zu beneiden.

Wenn sie sich als junge Menschen getroffen hätten, wären sie wahrscheinlich der Gefahr erlegen, miteinander zu verschmelzen.

Sie denkt, ich hätte mich ihm so weit angepaßt, daß von mir nichts übriggeblieben wäre. Und der Mann, der er damals war, hätte das als Liebesbeweis wahrscheinlich auch gefordert.

Er denkt, sie hätte sich durchgesetzt, wie früher auch gegen jeden, und aus mir wäre ein Zombie geworden.

Wenn sie zurückdenken, schaudert es sie in der Erinnerung an die Machtkämpfe und die Lehren, die sie einander verschaffen mußten.

Vieles war falsch gehandelt, auch wenn sie es besser wußten.

Sie haben sich oft hineingesteigert in den Streit, maßlos übertrieben in der Beharrung auf dem eigenen Recht.

Nun endet ein Gefecht eher mit einem Zurückziehen ohne Niederlage, mit einem Lächeln. Die Paste zum Zuschmieren von Konflikten haben sie beide weggestellt. Nicht für jeden solchen weit genug.

In der Enkeltochter haben sie sich, bis auf Ausrutscher wegen unterstellter Verwöhnung des Kindes, in einer Liebe getroffen, die hat sich auf ihr gesamtes Leben ausgewirkt.

Durch das Kind haben sie gelernt, zurückzustecken oder auch mal den Mund zu halten.

Jeder für sich kannte Grenzen, die man in einer Liebe nicht übertreten darf. Nenns Gürtellinie, nenns Moral. Gefüllt mit hoher Meinung, haben beide sie übertreten, sie zertrampelt, sie hin und zurück passiert, sind weinend auf den Brocken zusammengebrochen, armselig allein noch hauchend: Ich habe doch aber recht.

So haben sie das Fürchten gelernt und erst allmählich, zu begreifen, wo die Eskalation beginnt und welche Verläufe sie hat. Wie andere auch haben sie es nicht geschafft, dem Streit vorzubeugen, aber inzwischen können sie besser mit ihm umgehen und bejahen seine gelegentliche Nützlichkeit.

Über das Kind erkannten sie sich anders und anders wert, geliebt zu werden.

Das Kind hat ihnen wegen besonderer Umstände auch Zeit genommen, die sie für sich allein oder für sich zu zweit gebraucht hätten. Es hielt sie ab von Zerstreuungen, Geselligkeit und von mehr, wonach ihnen manchmal gewesen wäre. Als Verlust haben sie das manchmal beklagt, aber nie wirklich empfunden. Denn eben dieses Kind gab ihnen die Chance, eine Kindheit und ein Heranwachsen zu gestalten, anders, als sie es als junge Eltern wußten. Jedes Stadium hatte seine Schwierigkeit, das rief ihnen Erinnerungen wach, und so wurden die erzählbar. Sie beobachteten den Umgang des anderen mit dem Kind, und es erwuchs ihnen eine neue Art von Respekt, auch voreinander. Von Anfang an war eine sichere Gewißheit, der Partner würde tun, was ihm möglich ist, denn er gehört nicht zu den Leuten, die ständig auf der Suche nach dem nächsten, weniger erschöpften Lastesel sind.

Ich kann mich auf dich verlassen, das stand nie in Frage. Sie hätten sich sieben Sekunden nach Mitternacht am letzten Kaktus verabreden können. Die Frage, ob der andere in der Wüste erscheinen würde, stellte sich nicht.

Mit dem Kindeskind gingen sie in ihrer selbsterfundenen Zuständigkeit wiederum manchmal zu weit und mißachteten die eigenen Nötigkeiten. Sie duckten sich vor keiner Verbocktheit und vor keinem Virus. Das hat Konflikte mit sich gebracht, aber die gehören zum Leben.

Es sei nicht zu vergessen, daß sie als junge Verliebte auch große Freuden erlebt hätten. Sie waren damals stark wie Raubtiere, rauften sich gern, genossen Einmischung und Aktionen und waren sehr auf Mittelpunkt aus, für sich selber und für jeden, der sich ihnen zugesellte. Sie hätten sich genießen können, in wilden Spielen, in Gier und Zärtlichkeit. Wahrscheinlicher noch hätten sie ihre Zweisamkeit überfordert und wären zu desinteressiert gewesen an Dingen, die außerhalb ihrer Beziehung lagen, oder zu kraftlos. Aber ihr tatsächliches starkes Interesse am Leben da draußen wäre nur zum Schlummern geraten. Allmählich hätte die Liebe sich bei unterschiedlichem Erwachen

normaler Beziehungen zur Außenwelt wundgestoßen, aufge-
rieben und, kann sein, verbraucht. Keins von ihnen hätte leisten können, was ein erwachsener Charakter für eine erwachsene Liebe braucht.

Das Wohlgefallen hätte sie lange gehalten, bei vermutlich
unglückseligem Ausgang.

Daß ihnen längerer Aufenthalt unter vielen Leuten eher lästig
war, weil sie viel Alleinsein nötig hatten, entdeckten sie erst,
als sie kaum noch die Chance hatten, auch so zu leben. Zwei-
sam, mit viel Vereinzelung. Aber da wußten sie schon, daß in
jedem Zuviel ein Keim der Einsamkeit steckt, vor allem in zer-
streuenden Begegnungen, in denen ihre Mitteilsamkeit über-
schätzt wurde. Einzelgänger sind immer mürrisch, wenn man
sie nicht allein läßt, wo sie von schöner Menge träumen mögen,
in die sie sich nie wirklich begeben wollen.

Als sie jung waren, hatten sie eine sentimentale Vorstellung
davon, was es bedeutet, jemandem zu gehören und sich mit
ihm zu verbünden. Sie glaubten, der Partner müsse Besitz werden, durchschaut und einklagbar.

Das denken sie nun nicht mehr, die beiden älteren Menschen,
die da auf der Straße gehen, selten einfach so, meist einem Ziel
zu, von dem sie baldmöglichst wieder heimkehren, um wieder
zu ihren Büchern, Arbeiten und ihrer Ordnung zu gelangen. Sie
beginnen immer etwas, das zeitlebens nie ein Ende haben wird.
Das hat keins vom andern verlangt, sie sind allmählich, jedes
für sich, so geworden. Auch daß sich zwei Lebenswelten ergeben haben, wurde nicht verabredet. Es ergab sich. Sie würde
nicht an seinem Leseplatz lesen, er nicht an ihrem Arbeitsplatz
auch nur eine Quittung unterschreiben.

Nur in der ersten Verliebtheit hatte sie mal die Kopfkissen ver-
tauscht, sein Handtuch benutzt und ihm ein Stück Kochscho-
kolade weggenascht. Sie hielt es für Spaß, als er sie deswegen
ernsthaft zur Rede stellte. So banal, so lächerlich das Beispiel
war, sie hatte seine Grenze übertreten, und erst, als sich ihr die
eigenen zu erkennen gaben, lernte sie es zu schätzen, daß er
immer wieder Abstand brauchte, um entstandene Distanz zu
überwinden, denn ohne die gibt es keine Annäherung. Meine

Seife, meine Lieblingstasse, meine Fernsehzeitung und mein
mürrischer Morgen, ohne dein Tirrili, meine geschlossene Zim-
mertür, mein spätabendliches Träumedunkel, meine Reiseta-
sche, die ich selber packe, meine zehn Extrabücher, die ich dir
nur leihe, mein Gekränktsein und Wiederauftauchen. Das alles
erlaubt die Liebe, und es hilft ihr beim Gedeihen.

Es blieb ihr unangenehm, Schmerzen zuzugeben. Eine ver-
wundbare Stelle zu zeigen blieb ein Sprung über den eigenen
Schatten. Seine Ängste dagegen konnte sie hinnehmen ohne
Abwertung, ohne Verweis auf die Ratio. Seine Ängste ließen
sich bereden, dadurch mildern, oder verloren ihren höllischen
Brand, wenn sie geteilt wurden: Ja, da hast du recht. Das ist
zum Fürchten.

Im Lauf langer Zeit glichen sich ihre Befürchtungen, das machte es nicht leichter, aber weniger dämonisch. Nur die Art von
Witz, die blieb ganz ihm zu eigen, männlich, sarkastisch, mit
weniger Scheu vor Tabus.

Manchmal waren sie in einer schönen Kirche, einmal, um zu
beten. Das gaben sie sich erst hinterher zu. Lange nach dem
Gespräch über beider völlige Ungläubigkeit und ihr Bekenntnis zu ausschließlich dialektischem rationellem Denken. Ach
ja, da lehnte er noch einen Weihnachtsbaum als Kitsch ab und
bestand darauf, daß in bestimmten Zusammenhängen Gefühle nichts zu suchen hätten, da zählten nur Fakten. Und sie
besonders sei ein Mensch, der die Gefühle immer übertreibe.
Stimmt, aber das wird sie nun auch nicht mehr ändern.

Ich kann gut allein sein. Das denkt sie, das denkt er.

Der Gedanke, beliebt sein zu wollen, liegt im Dunkel eines
Gesträuchs, das sie einmal fleißig gossen, nun ist es lange ver-
dorrt und hat, ehrlich gesagt, nie wirklich geblüht.

Einmal sagte ihr ein Arzt, zugleich ein Freund, mit bleichem
Gesicht, ihr Mann habe vermutlich Knochenkrebs. »Hast du
ihm das gesagt?« fragte sie. Nein, er wollte zuerst mit ihr sprechen. »Dann sag auch nichts«, sagte sie, ging ins Krankenzim-
mer zu ihrem Mann, der erdenklich schlechte Laune hatte, auf
die Ärzte schimpfte und sie anknarzte. Er war ahnungslos, und
sie hatte für sich eine andere Wahrheit, die sich bestätigte. Ein

Fehler auf dem Röntgenfilm, »... kommt alle hundert Jahre vor«.

Ihr Herz hatte sich nur für Sekunden wie in einer Gewürzmühle gedreht, scharf, schmerzhaft, unaufhaltsam scheinend.

Er ist ein Mann, und vermutlich denkt er immer noch, es reiche, ein bißchen was über sich und alles über sie zu wissen.

Aber sie ist eben auch nicht nur die Hälfte eines Paares, sondern immer noch, wie eine Frau eben ist.

Weh und Mut

Außer meiner gütigen Großmutter Maari habe ich in meiner Kindheit keine alten Frauen gemocht. Sie waren ihr Leben lang arm gewesen. Andere kannte ich nicht, nun waren sie eher noch bedürftiger.

Sie hatten gelernt, sich Hoffnungen zu verweigern, die sich ohnehin nicht erfüllten. Aus Angst vor Folgen machten sie den Jüngeren alle Genüsse ekelhaft. Wir haben ihre Nähe nicht gesucht, aber wir hätten sie auch nicht gefunden.

Vielleicht hatten sie noch Sehnsüchte. Aber ihr Leben, ihre Gefühle und ihr Denken waren geprägt durch den lebenslänglichen Mangel.

Geld macht nicht glücklich, das wissen wir, aber zu wenig Geld macht unglücklich. Und macht die Zärtlichkeiten karg und auch die Worte arm.

Mitten unter ihnen lebte, wie ein zusätzliches Familienmitglied, das Unglück. Es hieß Alkohol, und die Männer ließen diesen Mörder jeglicher Verläßlichkeit in die Familie herein.

An den Alkohol fiel das bißchen Geld, fast alle Freude auf das Nachhausekommen und jegliches Vertrauen darauf, daß dies meine Leute sind, zu denen gehöre ich, die haben mich lieb, auch wenn sie das nicht gut zeigen können.

Sie hörten immer zu, diese alten Frauen, am liebsten den verunglückten Seelen, die gaben ihren Meinungen recht. Das Leben war mies, und die Menschen sind schlecht.

Diese armen alten Frauen meiner Kindheit gaben sich weise, aber ich habe sie eher als schadenfroh und hämisch in der Erinnerung.

Was ihnen selber verschlossen blieb, gaben sie als unerreichbar aus. Den Töchtern anderer Frauen sagten sie gern ein böses

Schicksal voraus, »weil die schon so guckt«. Die wird sich mit dem erstbesten schlechten Kerl einlassen, das sieht man ihr heute schon an.

Für meine Ohren bestimmt sagte eine: Dem Armen seine Sau oder dem Reichen seine Hure, wo hat sie's da besser.

Sie waren in ihrer Kindheit geschlagen worden und gaben mit harten Händen an uns weiter, daß der Mann sich nichts sagen ließ und sie ohne Achtung und Zärtlichkeit behandelte. Sie zogen daraus nicht die Lehre, Schlagen sei würdelos. Als Hauswartfrauen fuhren sie uns mit dem Besen zwischen die nackten Beine und grinsten, wenn sie ein empfindliches Schienbein trafen. Das machte die eigenen blauen Flecke blasser, mag sein.

Die Männer stießen ihre Frauen immer wieder in die ungewollte Schwangerschaft und also in Abtreibungen, an denen sie fast verbluteten. Das war die jeweilige »Rettung«.

Sie waren heillos unheil, diese Frauen, schon mit Narben in der Seele geboren, kleine unfrohe Mädchen und ohne Glück geblieben.

Denen waren wir anvertraut. Solchen Frauen, deren einziger süßer Trost das Kino mit seinen unerreichbaren Männern und den begehrten Damen war. Ach, so gucken können wie Zarah Leander, so niedlich sein wie Lilian Harvey, so unnahbar wie die Sybille Schmitz, so wirbeln und neckisch tun wie die Marika Rökk.

Aber sie mußten nach der Vorstellung immer wieder nach Hause, die hungrigen Kinder schwiegen nicht, der Mann kam doch nicht früher aus der Kneipe, es war ein Elend, aber die Kinder waren glücklich, daß Mama wiedergekommen war und nicht für immer fort, wie sie es oft androhte: Ich zieh mir den Mantel an und lasse euch im Dreck sitzen.

Dreck war, wenn das schmutzige Geschirr solange in den unteren Küchenschrank geschoben wurde, bis es mit all dem Grünspan und Schimmel rausgeholt und gewaschen werden mußte, von uns »Mädels«. Mama mußte weg. Und die volle Schüssel mit den Strümpfen, laßt dann ja keinen auf den Hof fallen, sonst könnt ihr was erleben. Wir klemmten also alle Strümpfe angstvoll pedantisch an die Kante vom Kleinen

Schränkchen vor dem Küchenfenster, eine rutschige Aufbewahrung, zur Leine hats nicht gelangt.

Soviel Dreck auch unter den Betten, das war nicht unsere Schuld, aber wenn Mama uns wütend ansah wegen der großen Staubflusen, dann fühlten wir uns schuldig, und an den Wanzen auch. Die wurden mit dem Spiritusbrenner bekämpft, auch vergeblich. Obwohl das mit den eisernen Bettstellen schon machbar war.

Wir waren schuldig, weil es uns gab, und sonst hätte Mama viel besser leben können. Kein Tag, an dem sie uns das nicht sagte.

Auch diese harten schlagenden Frauen wurden älter, das Selbstmitleid machte sie weicher, und die Erinnerungen tauchten alles Geschehene in ein anderes Licht.

Obwohl die Worte verräterisch blieben, war es fast so, als hätten sie uns geliebt. Sie gaben unseren Männern Bilder aus unserer Kindheit, da hätten die fast denken müssen, jene Zeit wäre ein einziger Lachanfall gewesen. Lauter lustige Anekdoten, eine wünschenswerter als die andere. Aber nein, Mama, das hast du nie zu mir gesagt, daß du mich lieb hast, daß ich hübsch aussehe, daß du gewartet hast, weil ich früher kommen wollte.

Deine lästigen Kinder waren nun selber erwachsene Frauen, draußen im Leben, und dort hatten sie eine Erfahrung gemacht, die alles veränderte. Es gab Frauen in eurem Alter, die hatten es nicht leichter gehabt als ihr, aber sie haben das Unglück, das auf sie fiel, nicht in Härte weitergegeben. Sie hatten andere Helden als Viktor de Kowa, Hans Holt oder Luis Trenker, sie waren vom schmalen Pfad des Vorgegebenen abgewichen und hatten sich ein schweres, aber großes Leben gemacht, aus dem sie sich im Alter nur mühsam zurückziehen konnten, weil die Nachfrage nach ihren Erfahrungen groß war. Sie wurden immer noch gebraucht, auch wenn sie dessen müde waren und mit ihren Verlusten und Erinnerungen oft lieber allein geblieben wären.

Meine heutige Freude am eigenen Lebens-Alter verdanke ich alten Frauen, deren Wangen von Lachfältchen durchzogen sind, und die Kummerfalten sind ebenso sichtbar. Diese alten Mädchen können umarmen und tun es nur, wenn sie es wollen. Wenn sie von ihrem Leben erzählen, daß mir beim Zuhören der Atem stockt, dann könnte es sein, daß mir der Wunsch stirbt, auch solche Zeiten neben ihnen gelebt zu haben. Aber so geht es nicht vor sich. Oda Schottmöller möchte ich gekannt haben, und meine Zuneigung zu Eva Klemperer ist so groß, daß ich die ach viel zu seltenen Zitate ihrer Sätze aus den Tagebüchern von Victor herausschreibe, so treffend sind sie, und ich muß lachen, wenn sie zu einem Anfall von fast todessüchtigem Selbstmitleid bei Victor sagt: Damit war ich mit zwanzig durch. Sie sagt es in friedlichen Zeiten, in denen sein Wunsch eher dekadent erscheint, in der täglichen Nähe des Todes hilft sie dem Überleben anders auf.

Alles trotz allem Durchgestandene weckt den Wunsch, es möge nicht wirklich unerträglich gewesen sein. So wie dein Leben, Mama, das nur aus gräßlicher Naivität, aus Verdrängung und Leichtsinn immer wieder riskiert wurde. Wenn du gegangen wärst, auch mit uns vier Kindern, dein in mehrfachem Sinn Geschlagensein wäre beendet gewesen. Dann hättest du arbeiten müssen, das wohl. Lernen müssen, zuverlässig zu sein, auf die Uhr zu sehen, aus dem Bett aufzustehen, die Wäsche vielleicht mal selber zu waschen, dich nicht immer auf eine hinterrücks beschimpfte Schwiegermutter zu verlassen. Es wär gegangen, Mama, es wäre möglich gewesen, und hoffentlich hast du bis heute nicht unabweisbar verstanden, wie sehr wir als deine Kinder bereit waren, dich zu bewundern, wenn du nur einmal deinen hübschen Hintern aus der umfassenden Not geschwungen hättest.

Um im Alter geliebt zu werden, mußt du in der Jugend geliebt haben. Ich kenne zu viele, die dir aufs Haar glichen. Eure Bilder habe ich von der Wand genommen und hänge mir solche von Wahlverwandten auf.

Mögen diese alten Mädchen aus der Jahrhundertwende noch eine Weile leben. Mit ihrem Heidesandgebäck, das duftet wie früher, und sie haben es in Zeiten des Mangels vermißt. Wie anderes auch, ihre Seife, ein paar Tropfen Tosca-Duft.

Sie haben nicht gelernt, etwas wegzuwerfen. Wenn sie ein Buch aus dem Regal nehmen, dann geben sie es nicht so einfach in eine Hand, nicht, ohne mit ihren Fingern über den Umschlag zu streichen und es zu umfassen, ob es noch vorhanden ist und noch ihr eigenes.

In alten Pralinenschachteln und Alben verwahren sie ihre Fotos. Zwischen Seiten liegen getrocknete Rosen aus jenem Juni, den sie besser wissen als die Auskunft des Arztes gestern oder die Vornamen aller ihrer Enkel, Urnichten und Urneffen und Großkusinen.

Wir reden nur selten über die Zeit, die Jenny im Zuchthaus verbracht hat, ohne Nachricht über das Schicksal ihres Mannes. Sie war so jung damals, und sie hatte noch nicht gelernt, auf ihrem Weg zu gehen, sie ging ihn kurzsichtig, weil das nötig war. Ob sie ihn auch ohne jenen Geliebten gegangen wäre, das frage ich nicht, und sie könnte es nicht beantworten. Auch Jenny ging einmal artig in die Mädchenklasse, um dort zu lernen, was ein Mädchen braucht, ehe es heiratet. Vor allem Liebe zur Obrigkeit, von Gott abwärts bis zu Onkel Hugo, Eltern und Älteren und schließlich einem hoffentlich auftauchenden jungen Mann, der imstande wäre, sie zu ernähren. Wie sich das gehört. Vom Gesetz her dürfte er sie züchtigen und über sie bestimmen, und es war ihre ebenso gesetzliche Pflicht, ihm zu gehorchen und seine Bedürfnisse zu befriedigen. Ihren Kopf klüger machen mußte er nicht. Ach, Jenny.

Um die Jahrhundertwende erschreckte Freud die Manneswelt damit, daß er seine Entdeckung der Frau mit empfindendem Körper veröffentlichte. Wie unappetitlich, welche Vorstellung, es brachte Weltbilder durcheinander und ließ Schriftsteller den Vamp erfinden, denn wenn es Weiber gab, die ähnliche Bedürfnisse hatten, wie sie bisher nur dem Manneskörper zugestanden wurden, dann konnte es sich nur um absonderliche Wesen handeln, Dienstmädchen, Huren oder den Vamp.

Ich war in einem Verein von Frauen über neunzig, die älteste von ihnen ist hundertunddrei Jahre alt.

Seid ihr aufgeklärt worden? Nein, keine von ihnen. Das Thema hat es zu Hause nicht gegeben.

Hat der Mann je mit euch über das gesprochen, was im Bett vorging?

Ach, der Mann. Er war so jung, und dann ging er in den Krieg und blieb dort.

Diese Frauen haben sich alle aus der vorgegebenen Unterlegenheit befreit, sie wurden Buchhalterin, Lehrerin, eine war Rechtsanwaltsgehilfin, eine andere hatte eine eigene Schneiderwerkstatt. Die zweite Heirat hat sich nur den wenigsten ergeben. Es gab nach dem Krieg kaum Männer, und die meisten waren krank, auch in der Seele, im Hirn, sagen sie.

Sie haben ihre Kinder allein großgezogen und bis heute nicht aufgehört zu lernen und sich für die Ereignisse der Welt zu interessieren. Vor ihnen steht kein Kuchen, nur ein Glas Saft, zuckerfrei, sagen sie, und eine unberührt bleibende Obstschale. Sie sind schlank, und wenn nicht ganz, so halten sie sich in angenehmen Maßen.

Das macht heute keine Mühe mehr, sagen sie, das hat man gelernt.

Niemand hat ihren Müttern vorhersagen können, in welches Jahrhundert sie ihr kleines Mädchen gebären. Durch welche Armut und Schrecknisse sie ihren Weg suchen müssen, und daß die Todesnachricht über lange Zeiten alltäglich zu erwarten war. Es hat ihnen niemand gesagt, daß es weniger auf die Vermittlung der Kenntnis von Hohlsaumstickerei ankommen würde, als auf Wissen und Tüchtigkeit, wenn eine mit Kindern an der Hand übers Haff flüchtet oder im Bombenkeller die Kleinen beruhigen muß. Meist wurde im Zuhause ihrer Kindheit über Politik nicht geredet, das gehörte an den Stammtisch oder zur Zigarre nach dem Essen, wenn die Damen ihren Likör oder Kaffee tranken.

Aber das hat die Politik nicht geschert. Sie ist in das Leben der Mädchen eingedrungen und hat es bestimmt. Wars gut so? Diese Frage stelle ich nicht, aber sie drängelt sich vor. Wie hätte es sein können, sollen, werden müssen? Die noch einmal geheiratet haben, sind nun auch allein. Sonst würden sie nicht in diesem Verein die Nähe anderer suchen.

Aber in Teilen, sagen sie, war ihr Leben gut. Sie wollten lieber gearbeitet haben als müßig und reich gewesen sein. Allen ist gleich, daß sie sonst die »anderen« vermißt hätten. Drei dieser

Frauen waren Bürgermeisterinnen, in den fünfziger Jahren gewiß kein Job auf der Sonnenliege. Sie lachen, sich erinnernd, aber sie erzählen nur wenig darüber. War schwer, daß man alles unter einen Hut gebracht hat, bis man eben lernte, einen Befehl stumm anzunehmen und was ganz andres draus zu machen. Durfste dich bloß nicht erwischen lassen.

Gehts euch jetzt gut? Sie lachen wieder. Was noch geht, geht auch gut, sagt eine. Busfahrt Italien, Wanderung, langsam durch die Mark, ein Tagebuch entsteht, Erinnerungen werden aufgeschrieben. Bloß so für uns. Mehr Schlimmes oder mehr Schönes?

»Mischt sich.« Ich merke, die Männer sind fast vergessen. Zu lange tot, begossen und bepflanzt. Bei mancher ist es sechzig Jahre her, seit sie ihn zum letzten Mal gesehen hat. War furchtbar, damals. Aber man weiß nicht, wie man zusammen gelebt hätte. Ein bissel was hat allzu lange Einsamkeiten schon unterbrochen, auch bei denen, die nicht mehr geheiratet haben.

Die kein Kind hatten, bei denen dauerte das Alleinsein am längsten. Man hätte kein Kind gewollt ohne Mann und Heiraten, aber dazu war ja keiner da, und verhüten hätten wir auch nicht gekonnt.

Klingt alles ehrpusselig, entsagend, fast zu vernünftig.

Ach, Jenny, und die andern auch, so blitzen die Augen nach so herzärmlichen Leben? Das Lächeln erzählt was anderes, und wir kennen uns nicht gut genug, manches soll ich heute noch nicht wissen, und nicht, wenn die anderen dabei sind.

Ich kanns mir aber denken, ihr alten Mädchen. Wird schon was gewesen sein, auch wenns gegen eure Moral verstieß. Kam einer, ging einer. War verheiratet, war ein Schubiak, ein Bruder Leichtfuß, war zu jung, er hat nicht standgehalten.

Segen drauf. Hat Tränen gemacht, die brauchte es über den alten aus der Kindheit, über den Kriegstränen, denen der Enttäuschung, daß eine Frau sich dreimal so viel anstrengen kann wie ein Mann, und am Ende hat sie nur halb soviel davon. Und das noch ist geschönt.

Die Regeln, nach denen ihr euer Leben gestaltet habt, kamen in den Ermahnungen zu Hause und im Religionsunterricht nicht vor. »Leb nicht wie ich«, mögen die Mütter wohl doch manchmal gesagt haben, »aber geh nie zu weit«.

Sind sie aber doch gegangen, die Töchter. Und möge euch jeder den Buckel runterrutschen, der heute mit euch abrechnen will, warum ihr in diese Partei oder jene Organisation gegangen seid, denn warum fragt er euch nicht, warum ihr die Erde nicht in die Hand genommen habt?

Das Wort Vertrauensschutz hätten sie für ihr Leben nicht anzuwenden gewußt. Nun gilt es für die Rente. Mit der kommen sie aus, ist sogar mehr, als sie erhoffen konnten.

Jede dieser Frauen, die ich in ihrem Verein getroffen habe, hatte mindestens 46 Arbeitsjahre. Ich rechne den Haushalt, die Arbeit mit den Kindern und all die sinnlos versessenen Stunden in Versammlungen dazu, die Zeit auf den Ämtern, um eine bessere Wohnung, ein paar Bezugscheine, Kohlen zu bekommen, später wegen des Telefons. Aber zu einer Klage über zu wenig Zeit für sich selber sind sie nicht bereit. Das alles waren wir selber, sagen sie, das mußt du verstehn.

Aber wovon habt ihr geträumt?

»Ich hätt gern mal sein Grab gesehn.«

»Einen Garten, den hätt ich gern früher gehabt, kam aber erst, als ich mich wegen Arthrose nicht mehr bücken konnte.«

»Daß ich meiner Tochter das Richtige mit auf den Weg gebe. Sie ist mein Einundalles.«

Die Tochter hat die Mutter im Rollstuhl geschoben, hat sie hergebracht. Wie die Mutter das sagt, kommen ihr die Tränen. Das wird ein schwerer Abschied, Tochter, ich sehs, ihr seid am Ende angekommen, der Mutter gehts nach dem Schlaganfall schlecht.

Eine sagt, »ich wollt gern noch mal tanzen gehn. Wir haben so gern getanzt, aber den Krieg über wars verboten und nachher, alleine?«

»Ihr habt doch getanzt«, sagt eine andre.

»Naja, im Betrieb und so. Aber mal unter fremden Menschen, mal sehn, ob man aufgefordert wird, über Tischtelefon.«

Das brauchst du heute nicht mehr abzuwarten, sage ich. Wer tanzen will, steht auf und geht aufs Parkett. Das gibts nicht mehr, mit Verbeugung und darfichbitten. Da bleibt auch keine sitzen, sage ich. Ist auch abgeschafft.

»Ach«, sagt dieses dünne alte Mädchen neben mir und guckt auf ihren modernen engen schwarzen Rock. »Ist aber schade.«

»Wir sehen uns?«

Auf dem Nachhauseweg wird das Mögen so unbequem, daß ich froh bin, Waltraud bei ihnen zu wissen. Wie oft soll ich hingehen, daß ich mich von jeder verabschieden kann?

Niemand ist für alles zuständig. Und dieser große Blumenstrauß. Ich hätt ihn stehnlassen wolln, in der Vase. Waltraud, mach das nicht noch mal. Diese alten Frauen standen meinem Leben aus, ich brauchte sie mehr als sie mich.

Freunde fürs Leben

Gestern habe ich Jonny getroffen. Er ist eine sehr wichtige Person in unserem Leben. Leider kommt es nicht sehr häufig vor, daß ich Jonny treffe und wir in Ruhe über die jeweiligen Zeiten herziehen könnten. Meist rennt er nur an mir vorbei, hebt ein paar Finger, und ich gucke ihm hinterher, weil es wahrscheinlich brennt, oder das ganze Gegenteil, was sehr viel häufiger vorkommt. Aber diesmal habe ich ihn getroffen, weil er gegen die bekleckerte Hausflurwand gelehnt stand und wegen Fahrstuhl mit Rucksack auf einen Aneinandervorbeizug wartete. Jonny ist einer von den charmanten Berlinern, denen man nie oder nicht lange böse sein kann.

Ich konnte Jonny treffen, weil ich eilig Bioeier kaufen sollte, die mein Mann vergessen hatte, was ihm aber erst einfiel, als er schon mit panierten Händen in der Küche viele Krümel auf den Boden fallen ließ.

Jonny und ich, wir geben uns immer noch nach Ossimanier die Hand und fragen uns gegenseitig: Na? Wir kennen uns sehr gut, weil wir manche Seltersflasche, oder mit Saft aus dem Delikatladen, geleert haben, während wir Tapetenbahnen klebten, Deckenplatten anbrachten und Fußböden auslegten, immer in derselben Wohnung, in unserer. Jonny hat eine Art von trockenem Humor, den ich gern hätte. Ein Mann mit goldenen Händen, der ein Auge zukneift und dann auf ein My mit dem Nagel die Stelle trifft, wo das Bild hängen muß. Er kann sogar alles mit Strom. Ein wunderbarer Mann!

Früher hat sich Jonny über jede Panne im real existierenden Heimatland gefreut. Über Bausünden und die falschen Rohre, bis hin zur Vergeblichkeit bindender Terminabsprachen. Er hat viele Witze gewußt und sie auch immer erzählt. Sein

Widerstand gegen die DDR bestand darin, daß er nie froh war, eine besänftigende Erklärung wie ein Deckchen über einen Fleck zu breiten, er winkte ab und trat breit oder brachte es auf einen Punkt.

Das meiste hat er kommen sehen, und wenn er nicht wäre, wie er ist, hätte ich ihn manchmal nicht gemocht, sagen wirs mal so. Er grinste immer wie ein Detektiv, der die Beweise gefunden hat. Allerdings nur, wenn es nicht um menschliches Leben ging. Über einen Autounfall hätte er sich nicht amüsiert, selbst wenn ein Trabant der Verursacher war, die arme Krücke, er selber fuhr schließlich einen Wartburg.

Eines Tages war Jonny privilegiert und durfte seine Mama besuchen, die mit Eintritt ihres Rentenalters nach Westberlin gezogen war, wo sie erheblich mehr Witwenrente kriegte, was den Lebensstandard bei Sohn und Schwiegertochter und leider vor allem beim Enkelsohn hob. Jonny guckte erst mal in der Peepshow am Zoo nach, ob seine Mama zufällig dort war, aber diese Wißbegier hatte sich damit auch erledigt, wie so manches Neue, das als nahe Anschauung eher Enttäuschung brachte.

Jetzt stand er da nun so, und wir hatten Na? gesagt, und ich dachte, daß Jonny schlecht aussieht, und ein Drittel seines großen Schnurrbartes ist grau geworden. Ich sagte das Bedauern über sein müdes Aussehen nicht nur mir, sondern auch ihm. Er meinte, könnt er viel zu sagen, aber ob er dit so rausbringt, wie er dit weeß, dit weeß er nich.

Ich fragte ihn nach seinem Traumauto. Ein sehr gutes Thema, wenn man jemanden darauf vorbereiten will, daß die Tapeten nach der langen Reko neu geklebt werden müssen, und die Auslegware ist auch hin.

Jonny würde niemals sofort zustimmen oder vorschlagen, daß man schon immer nach einem Termin guckt. Er rollt die Schultern, guckt mir am Gesicht vorbei, grübelt über seinen weiteren Lebensweg nach, und ich kann ihm höchstens abringen, daß man mal sehn muß. Ob ich sehn soll, oder ob er sich erst mal den Zustand anguckt, das darf ich jetzt nicht wissen wollen. Das mag er nicht, dann fühlt er sich gedrängelt und kommt erst ein Jahr später. Irgendwann wird er klingeln, stumm an uns vorbeigehn, an den Wänden rumklopfen, streng und mißbilligend auf unsere Teppiche gucken und vielleicht noch meinen Mann anschnauzen, das hätte schon längst mal gemacht werden müssen. »Aba so sind se, diese langen Lulatsche, kriegen die Zähne nicht auseinander. Jaja, du bist jemeint.«

Dann wird er gehen, und dann bin ich wieder dran, mit bittenden Blicken und Seufzern. Aber Dämmtapeten und Naturkorktapeten drüber, da kann man nicht jeden ranlassen. Würden wir auch nicht, und das weiß er.

Jonny meinte, a propos, daß ich nicht vom Auto anfangen muß, wenn ich Tapetenkleister meine. »Is nich böse jemeint«, – sein ständiger Spruch – »aber dein Mann sagt, du hast darauf bestanden, daß alles mit Ostleim jeklebt wird, damals. Ob wir dit abkriejen?«

Ich habe damals auf gar nichts bestanden, und ich kann mich nicht erinnern, daß auf diesem Gebiet je einer meiner Hinweise berücksichtigt worden wäre.

»Nee, du hattest ja recht«, sagte Jonny unbeirrt, »dit war ja wirklich ville zu teuer. Aber man hat jedacht, dit isset nu.« Er hat gesagt, er hat die Totalreko nicht erfunden, und daß sich die Tapeten nun eben ablösen, in den andern Wohnungen ja auch, und überall derselbe Baudreck im Teppich, trotz Folie und so. Aber wäre denen damals der Ostleim als nicht klebrig genug vorgekommen, hätte ich lange reden können. Egal, und was machen wir nun? »Da kann man janüscht machen«, sagte Jonny grinsend.

Das war ein wunderbarer Satz, den kenne ich. Das sagt Jonny immer, ehe es losgeht: »Jeht nich, laß die Finger weg, faß dit nich an, hör uff.«

Jonny meinte, mit dem Auto fährt er sowieso bald nicht mehr, weiter als drei Hundebeine weg braucht er wegen Arbeit nicht, und nirgendwo ein Parkplatz für ohne Geld zu kriegen.

Als Hausmeister wußte er früher alles, jetzt weiß er gar nichts mehr und er hat auch keinen, den das interessiert. Einen werden sie kanten, ihn oder seinen Kumpel, der auch das Maul nicht mehr aufkriegt, und eigentlich sollen sie sich siezen. Sie dürfen sich auch gegenseitig nicht sagen, was sie verdienen.

Und dann ist der noch Nichtraucher. Hat er ein Plus beim Chef, weil der auch gerade versucht, sich das Rauchen abzugewöhnen. Sollte sich mal seine Anwesenheit abgewöhnen, knurrt Jonny. »Dabei kiekt doch heute jeder auf die andern, is doch normal. Früher ham wir ooch jekiekt, und so, wie wir jekiekt ham, so war die Sache. Aber warum heute eener kiekt, wie er kiekt, da kiekste nich durch.« Er kann jetzt für jede Stunde nach Feierabend ville mehr verlangen. Aber was früher eena jemacht hat, da müssen jetzt drei Aufträge geschrieben werdn. Und denn muß er nu selba auch dreimal soviel bezahln, wenn er wat haben tut. »Jeder braucht zwee Hände, um eene zu waschen, wozu soll dit jut sinn?« Drei Fachleute für eine Reparatur, und er darf die Scheine noch nicht mal unterschreiben, bloß ausfülln. Zum Unterschreiben brauchen wir dann den vierten Mann.

Ich möchte gern, daß es Jonny gut geht. Ich mag ihn nicht nur wegen Tapetenkleister, sondern weil er mich zum Lachen bringt. Es gibt wenige Menschen, die einen so in gute Laune versetzen können. Aber heute nicht.

Mir fällt kein wirklicher Trost ein. Dann soll er wenigstens Dampf ablassen. Mach doch alleine, sage ich. Du kannst es, und da bist du deinem Kumpel immer überlegen.

Der ist doch zu faul, sein Bier zu schlucken, behaupte ich, obwohl ich keine Ahnung habe, ob der überhaupt welches trinkt.

Jonny, möchte ich sagen, du bist der Größte. Und wann fangen wir an?

Jonny sagt, das ist alles vorbei, und er hat keine Zeit, er muß seppeln und seppeln.

Ich merke, daß Jonny Angst hat. Jonny meint, ohne Auftrag dürfte er nicht mal das Haus festhalten, wenn alle 25 Etagen umkippen. Angst? Wovor denn? Er hat doch keine Angst.

»Aber jeda schnauzt einen an, der früher einen Schreck gekriegt hat, wenn man ihm anjeschnauzt hat.«

Ich schmeiße mich ran und sage, daß er mich noch nie angeschnauzt hat. Obwohl ich ihm beim Skat damals die Zehn rausgeschnippelt habe. Nicht mal da.

Jonny meint: »Du hast ja ooch noch nie deinen Weihnachts-boom inn Müllschlucker jeklemmt und n Wasserhahn offenje-lassen, wenn de verreist bist.«

Ich sage, aber nur, weil mir mein Mann das nicht erlaubt hätte. Du weißt doch, wie er ist. Und nicht mal darüber lachst du?

Jonny teilt mir mit, er hat so schlechte Laune, er könnte »als Kaufhausdetektiv jehn und die Leute wat in die Tasche schmur-reln.«

Naja, früher ist er immer um 5 Uhr früh runter in sein Büro, das ist nun nicht mehr seins, früher war er auch manchmal bei ne nette Mieterin aushelfen. Da war man noch wer. Aber heute?

»Wenn heute eena uff Dienstreise jeht und hinter ihm fangts inne Wohnung an zu pladdern? Ja, früher, Türe uff, rin, Schlüs-sel hatte man ja von alle Mieter, Hahn abjestellt, nächste Maler-mugge kam auf einen zu. Heute lebste in ein Land, wo de jarnüscht abstelln darfst. Die Wohnung untersteht dem Grund-jesetz, meine Liebe. Und die neuen Mieter kieken einn bloß an. Die sagen nüscht, sag ick ooch nüscht.«

Aber du hast doch deine Christine. Deine Frau, die liebt dich.

Jonny sagt, die neuen Mieter jebn nich ihre Schlüssel. Als wenn-se denken, er würdese wat klaun. Und Christine? Kiekt ooch. Weil er manchmal eben ausrastet, wenn er abends seine Ruhe haben will, und sie will ihrn Frust loswerden mit ABM und bloß 80% von 80% von 80%. Mußta mal von ihr erklärn lassen, und dit soll allet gesetzlich geregelt sein.

Jonny kann ich nicht auf die Schulter klopfen, das würde sich zwischen uns nicht schicken. Er hat mich krank gesehn, im Bett gesehn, ich bin mit Huch ins Badazimmer abgehaun, weil ich nicht gemerkt habe, daß die Männer zusammenhockten, er hat mich auch getröstet, als die Ärzte im Krankenhaus meinem Mann eine Krankheit andichteten, von der wir am liebsten nicht mal den Namen aussprechen wollen. Aber sein Revier ist seins, und er betritt meins nicht. Ich kann nur in die Stimme so was Kumpeliges legen. »Wo ist dein Problem, Mann«, frage ich wie in einem amerikanischen Film, »was hast du für ein Problem?« Es ist mir peinlich, weil ich jetzt fast wie die Synchronstimme von Eddy Murphy klinge.

Jonny hat so eine Bewegung gemacht, die hab ich von ihm noch nie gesehn. Er hat allem auf einmal abgewinkt.

Ich versteh schon. Früher war er für Christine immer der große Zampano. N Fuffi fürn Shop hatte er immer in der Tasche. Da haben ihre Augen bei jedemLippenstift geglänzt, sie wollte immer den für 12,50. Nun kriegt sie den gleichen bei Woolworth für 6, 99. »Stell dir mal vor«, sagt Jonny, »ick komme heute mit ein halbet Pfund Kaffee nach Hause. Da sagt sie doch höchstens: Wat is denn mit dir? Und wenn ick dem Jungen heute eine Jeans ohne Markenzeichen anbiete, denn kieken se beede.«

Weil sie den Jungen unbedingt verstehen will, der ist eben blöde sechzehn, und sie wirft Jonny vor, daß seine Mutter und er den Jungen so verwöhnt haben.

»Früha hatt ick immer ein Draht zu ein weinroten Pullover, und von meine Muggen konnt ick Christine Riemchensandalen mit Silberabsatz koofen. Weil sie sich so freuen kann. Konnte, sagen wir mal. Nu kann ick nich mal hier weg. Länger als wie ne halbe Stunde hätt ick doch früher auf kein Mieter jewartet. Und nu kann ick nich weg.«

Ich hab gesagt, früher warst du so ne Art Bürgermeister für ein Dorf nach oben. Find doch mal raus, wer uns auf die Hintertreppe die Hakenkreuze schmiert, dann spieln wir High Noon. Jonny meint, nach seinen Merkmalen für seine Tätigkeiten darf er das auch nicht. »Wennse dir uffn Hausflur abmurksen und ick steh dir bei und mir passiert wat, denn steh ick janz alleene, ohne Anspruch.«

»Du sollst zusehn, wie sie mich murksen?«

»Ick soll mit mein Handy sofort Hilfe holn, nich selba dazwischenjehn.«

Neulich, sagt Jonny, ist er nachts raus, hat wieder getutet, und was findet er? Hat einer an den Schalter für Wasserdruck jepopelt. Is doch abartig, sowat. Da muß er im Freien draußen die kleene Treppe runter, vorn Haus. Und wie er da so steht, Taschenlampe im Mund, mit sein abjesicherten Schraubenzieher, da hat er, also ne Frau würde sagen, Angst. Der alte Judoheini, er hat doch keine Angst, kennt er ja gar nicht,

und auf einmal hat er Angst. Und nich mal ne Schreckschuß-
pistole.

Angst hat doch jeder, sage ich. In der U-Bahn, Im Dunkeln, Silvester. Wenn von hinten einer schubst, denkste sofort an dein
Portemonnaie, und an einem Schalter auf der Straße habe ich
noch nie Geld abgehoben und mein Mann macht das auch nicht.
Angst ist doch keine Schande.

Auf einmal gucken wir uns in die Augen, ohne Munterkeit, ohne
Mutterwitz, und ich denke, wie ich da beim Ostermarsch oben
auf dem Tribünchen gestanden und nach dem von der Gewerkschaft und vor dem Pfarrer geredet habe, da dachte ich, das wärs
jetzt, so könnten die Morddroher im Brief und am Telefon das
gemeint haben, jetzt könnten sie dich ...

In dem Moment fiel mir ein, daß mein Mann oben mit bematz-
ten Händen auf mich wartet. Ich werde nicht sagen, daß kein
Fahrstuhl ging, da hat er bestimmt schon rausgelauscht, ich sage
ihm einfach die Wahrheit: »Jonny hat mir zugesagt, hat natürlich n Moment länger gedauert.«

Und nun apropos. Wir streiften die Korktapeten ab wie Krümel
vom Tisch, ganz einfach. Dann fingen wir an, die Dämmung zu
lösen. Waren ja auch Bahnen, auch bloß geklebt.

Und da hat sich gezeigt, was in dem Ostleim steckte. Er hatte
sich in eine Million winziger Kaugummis verwandelt, und
wir haben zwei Wochen gebraucht, um den Beton millimeter-
weise freizukratzen. Die Männer bleiben dabei, daß ich das
damals so bestimmt habe.

Die Sache brachte nur ein Gutes. Jonny hat mich zum ersten
Mal nach so vielen Jahren gelobt. Ich hatte mit viel Wasser,
unter Opferung meiner Fingernägel und zweier kostbarer
Küchenmesser sowie ehrlichem Aussprechen extremer Flüche,
einen halben Balken freigeschabt, jedenfalls die Hälfte von
einer Vorderseite. Die ganze Familie hat sich aufgeopfert, denn
zurück konnten wir nicht, und vorwärts ging es nur als Horror-
trip.

Ich sagte, der Widerstand gegen Resignation beginnt in den alltäglichen kleinen Dingen.

Da waren die Männer gerade dabei, das Leben der Sklaven im

alten Rom in schillernden Farben zu preisen, und die hatten dann am Ende ihrer Kräfte auch noch die Chance, den Löwen zum Fraß vorgeworfen zu werden.

Oder den Löwinnen, sagte mein Mann, als ich mit meinem Satz in der Tür erschien, und für einen Moment sahen sie wie bereits vorgeworfene Helden aus.

Aber alles ging dann doch gut. Nur eben der Erwerbssinn in der neuen Wirklichkeit. Als bei uns alles fertig war, vermietete die Wohnungsgesellschaft unser Dach an Telekom, die haben dort oben ein Häuschen aufgestockt, nun haben wir eine Welt vol-ler Dauertöne, und es regnet durch.

Jonny sagt, da kann man janüscht machen. Det kommt noch viel schlimmer. Und die neuen Korktapeten, die kannste abschreiben.

Das sagt sich so leicht ...

... von ganzem Herzen. Ich wünsche euch von ganzem Herzen, oder: Mein Herz gehört nur dir allein ...

Wann mein Herz zum ersten Mal gespalten wurde, weiß ich nicht mehr. Das wissen andere auch nicht genauer. War es der Augenblick der ersten Gewißheit, daß mich niemand versteht? War es die Mutter, die den Vater im Herzen des Kindes töten wollte, war es der Vater, der sich einer anderen Frau zuwandte und damit eine unerträgliche Dimension wegführender Liebe in die Familie brachte?

Die Liebe zu ihm mit der Mutter zu teilen, das war gewohnte Situation, nicht immer einfach hingenommen. Aber eine fremde Frau zu lieben und uns deswegen zu verlassen, das stellte alles Vertrauen zur Liebe in Frage. Oder hatte der Vater Sorgen und wurde mit denen nicht fertig, sondern fing an zu trinken, und niemand wußte vorher, wie grob, laut und unflätig er sein konnte, wenn nicht alles glatt lief?

Die ersten Zeichen seiner Loslösung aus der Verantwortung kamen trotz aller schlimmen Vorfälle plötzlich und unvorbereitet. Es gab die Zeichen, und es gab, was unverzeihlich in kindliche Seelen gesenkt wurde, aber erst im nachhinein war deutlich, wie er sich losgerissen hatte. Weil er überfordert war, aber das ist auch schon wieder eine Entschuldigung.

Das Kind hatte bis dahin die Eltern nicht immer als einzelne Personen gesehen, sondern sie geliebt wie einen Menschen, und so auch brauchte das Kind sie. Aber nicht einzeln und nicht zusammen hatten sie bemerkt, was alles das Kind bemerkte.

Wieviele Fasern des Herzens hast du behalten, erste unerfüllte einseitige Liebe? Sie hat einen Ansturm von unerprobtem feurigem Leben gebracht, diese erste Erfahrung mit Niewieder oder Niewiederso und eine viel später erst erkannte Wahrheit: Wo jene Liebe so wehgetan hat, da bleibt eine tote Stelle.

Das schien nicht so. Was lebendig war, wollte atemvoll bleiben und geriet dennoch zu einer Stelle nie mehr betretenen Bodens. So nicht, so nie wieder. Magma ist auch mehr als ga nichts, aber das verändernde Feuer ist erloschen.

Unser Herz fliegt dem Kind zu, das ist Fleisch von unserem Fleisch, Blut von unserem Blut. Aber die geborenen sieben Pfund gehen auf in allem, was im Leichtgewicht oder der üppigen Person hinzukommt.

Wir können unser Herz aber nicht zurückholen, und wenn, ist es entsetzlich. Ein wenig Schutz suchend, fallen wir auf, wenn wir nicht mehr so verfügbar, so leicht zu übertölpeln sein wollen. Da wird es aber abverlangt, um neu verletzt zu werden, achtlos hinterlassen, sobald sich Spannenderes bietet.

Das ist das Leben, so waren wir selber auch.

Das Herz versucht schlau zu sein. Es will einer Sache nur dann dienen, wenn das Hirn sie für glaubwürdig erklärt. Das Hirn will, daß du dich einbringst, auch etwas empfindest, aber es sagt, laß dich nicht vereinnahmen. Die Sache dagegen will dich ganz. Gerade weil sie unvollkommen ist, sucht sie sich durch deine Hingabe glaubwürdiger zu machen.

Wenn das Hirn bemerkt, daß die Sache sich in ihrem Wesen trotz deiner Mühe und Einwände nicht beeinflussen lassen wird, kann das Herz der beflissene Agitator sein, der verhindert, daß du der Vernunft folgst und dich abwendest.

Die Sache macht sich aus dir persönlich nichts, aber sie macht sich über dich her, mit ihrem bewährten Pathos, so, als hinge von dir und deinem Tun ihr Untergang oder Aufstieg ab. So benimmt sie sich, so handelt sie nie. Aber es fällt trotzdem schwer, nüchtern an die eigene Ersetzbarkeit zu glauben und Taktik zu sehen, wo doch Vertrauen und Zugehörigkeit angeboten werden.

Es dauert lange, bis die Falle weit genug aufschnappt, daß du entkommen kannst, gebeutelt, ernüchtert, von dir selber enttäuscht.

Du hättest dein Leben für die Sache gegeben, und die Sache hätte es genommen, aber sie brauchte es gerade nicht, sondern dein Ansehen, deine verdammte Ehrlichkeit, deine Courage und deine Gläubigkeit.

Glück gehabt, nicht geschafft, das ganze Leben wegen der Sache umzudeuten, in andere Maßstäbe zu lenken, am Verstand vorbei in schöne Gefühle. Dabei warst du brauchbar, weil Mißlingen von dir immer auf das eigene Schuldenkonto gesetzt wird und weil du es dir nie abgewöhnt hast, dich für andere zu schämen.

Nun mußt du dich wieder annehmen, obwohl oder gerade weil dir das passiert ist, vielleicht nicht zum ersten Mal. Ehe du draußen aber neue Teilnahme suchst, gehst du den Weg des Vergessens und der Verdrängung, kaum den, dir den raren Sirup aus all diesen Rüben zu pressen. Du gehst einen anderen Weg, wieder einen langen, der dich näher an die Freiheit, deine vor allem, heranführen soll.

Freiheit kennen wir nicht. Vielleicht würden wir sie nicht einmal erkennen. Freiheit braucht Unabhängigkeit, und ist auch mit der noch keine, sondern erst einmal das Ende einiger Unfreiheiten. Kann sein, daß dies der Anfang von Freiheit ist, wenn man neue Gedanken zuläßt, Arbeit hat, und mehr Geld in der Tasche als früher. Auch ein paar falsche Freunde weniger, unerfüllbare Wünsche sind aufgegeben, wenigstens ein paar. Jede Gebundenheit, selbst die für ewiges Leben erhoffte, schränkt die eigene Freiheit ein.

Das ist so. Wenn ich mich erst abstimmen muß, ob ich mich wo einbringe oder zu meinem größeren Nutzen außen vor bleibe, ist es nicht ganz meine Entscheidung.

Wir haben also beschlossen, daß ich mich losreiße – oder daß ich mich einlasse auf ein Risiko. Wenns gutgeht, haben wir es wieder einmal geschafft. Gehts schief, liegt die Verantwortung bei mir, und ich weiß es, ich weiß es in dem Moment, in dem ich mich für die Unbequemlichkeit des Risikos entscheide. Ich erringe unseren Nutzen, ich begegne meinem Schaden. Nehme mir also die Freiheit – welche? Die des Vogels? Ich bin keiner, also ist mir seine Freiheit nicht gemäß. Ich kann keine

wählen ohne beschwerlichen Hinweg, und ohne zu wissen, daß
es vielleicht keinen Rückweg gibt.

Versuch doch, einmal nur an dich zu denken, wie andere.

Die junge Verkäuferin bei Ostrowski händigt mir mein Land-
brot erst aus, nachdem sie zur Kassiererin hinübergerufen hat,
was »die«, die nicht anwesend ist und die ich nicht kenne, jetzt
für Sprüche abläßt. Die will bloß noch für sich leben, endlich
mal was für sich selber tun und so ...»Son Scheiß hat die jetzt
drauf.« Die Kassiererin winkt ab.»Wird se ja weit mit komm'«,
sagt sie und zählt Wechselgeld.

Vielleicht will die andre versuchen, was sie nicht kennt. Sie
kann nicht besser erklären, daß sie auch einmal im Mittelpunkt
ihrer ganzen Schufterei stehen möchte, und daß auch ihre Stul-
le mal mit der Butter nach unten auf den Teppich klatschen
darf, ohne daß sie sofort nach Wischundweg rennen muß.

Vielleicht ahnt sie sogar, daß dies die blumige Seite der Einsamkeit ist. Und sie sagt es, weil sie nicht daran glaubt und es
eh nicht ertragen könnte, für niemanden mehr da zu sein, heftiger als für sich selber. Ihr Herz wird nicht mitmachen, es wird
nach Atem ringen und von Ängsten bedrängt werden. Vor allem
von der, nicht gebraucht zu werden. Tu ich weniger für dich,
könnte ich mehr für mich tun. Dazu muß ich dich weniger lieben, und mich mehr. Aber ich liebe mich nicht. Nicht mehr,
oder noch nicht, oder ich habe dies in meinem Leben nicht
gelernt, so wenig, wie chinesische Schriftzeichen zu deuten.

Weil ich es mir wert bin, sagt ein Werbespruch. Meine Generation mag die letzte sein, der das undenkbar ist, für die Regel,
als Ausnahme wird es beklagt. Die Eigenliebe gab nur diese
Obacht her und ließ zu wenig von dem, woraus Liebe besteht,
die für die anderen. Ohne Entsagungen gibt es auch keine Liebe und ist die Eigenliebe nicht perfekt.

Wir Nachkriegskinder haben früh teilen gelernt und es beibehalten, als es nicht mehr so gebraucht wurde. Wir haben uns für
die Ordnung im Haus geschunden – und für die große Ordnung
auch. Dafür müssen wir uns nicht lieben, es sind nur Prägun-
gen, wie Brandzeichen.

Wenn mein Herz müder wird, springt mein Mitgefühl an mit

dem, der es nun mit meinem gerade mal müderen Herzen zu tun kriegt. Das hilft auf. Die Fähigkeit zum Mitleiden haben uns Zeiten ins Herz gelegt, in denen unser Herz weichstes Material war.

Damals war Winter. Ich holte jeden Abend die Briefe von der Post ab, um siebzehn Uhr, wenn der Bus sie gebracht hatte. Einmal war für die Mirzl ein Brief dabei, solche hatte ich schon gesehen. Er würde nach ihrer stolzen Trauer um den Schosl verlangen, und ich hielt das Ende ihrer Hoffnung und den Ausbruch ihrer Trauer in der Hand. Die Mirzl war Magd und hatte keine Aussicht auf einen Hof. Der Schosl war Tischler, und wenn er sie nicht heiratete, würde sie Magd bleiben müssen, denn ihr Besitz bestand aus einem »Koastn«, einem Schrank. Es war kalt, doch ich traute mich nicht nach Hause, wollte den Augenblick aufschieben, und dann flüchtete ich mich in den Gedanken, daß er vielleicht »nur« vermißt wäre, wie der Karlbauer auch, da könnte die Hoffnung bleiben und genährt werden, bei der gemeinsamen Arbeit auf dem Feld und wenn ich zu ihr in den Stall ginge.

Ich wußte über meinen Körper fast nichts. Aber das Herz, das hatte ich schon oft gespürt. Wie in süßen Wein getaucht, also trunken und ein bißchen unachtsam, wenn mir der Hermann in die Augen guckte, oder wenn der Oberlehrer mich aufrief und ich wußte, ich kann es und deswegen darf ich jetzt nach vorne. Das Herz ließ sich nicht hinunterdrücken, wenn es in den Hals flog. Es nahm keine Befehle entgegen, es war ein völlig anderer Teil von mir als der Kopf, dem ein Wille aufzuzwingen war.

Auch das Herz hat lernen müssen. Warum es Schläge einsteckt, wenn es allein die Macht übernehmen will. Es hat auch bei hohlen Worten und Hoffärtigkeit geschmerzt, und tut es immer noch. Die Gründe dafür haben sich nicht geändert, und es sind auch nicht weniger geworden. Auch das Herz, nicht nur der Kopf, hat nach Aufklärung gedürstet.

Nun ist die Zeit gekommen, sich zum Verlust zu bekennen, um den zu trauern ist, oder dem mit leichter Hand zum Abschied gewinkt werden soll.

Es gab aber keine Zeit, die ein bleiernes Ganzes gewesen wäre, auch für meine Generation nicht. Die Steine auf dem Weg waren durchzogen von Gold wie von Verfall, es waren glatte Steine, schön schrundige unscheinbare und auch sehr spitze. Nun trauere ich auch um den Baum, der eilig für eine Straßenverbreiterung gefällt wird, die dann unterbleibt. Früher hätte uns das Geld dafür gefehlt, denke ich, und das ist auch nicht wahr. Für Frevel hat das Geld immer gelangt. Und was soll diese übertriebene Empfindsamkeit? Ich stelle mich ja auch nicht neben die herrlichen Bäume des Regenwaldes und stand nicht schützend vor dem Dschungel, als der vergiftet wurde, nicht nur in Vietnam. Besänftige dich, verlangt das Herz. Du hast doch etwas getan, das, was dir möglich war. Wenn es aber nichts genützt hat, dann habe ich nur mein Gewissen beruhigt und so gesehen gar nichts getan. Das menschliche Hirn ersinnt für alles Lebendige immer grausigere Vollzüge. Wenn die Gründe einleuchtend sind, kann auch das Herz übertölpelt werden. »Der hat die Todesstrafe wirklich verdient. Die haben selber schuld« – wo endet es? Bei immer neuer Machbarkeit, die erzwingt, daß die Grenzen weitergesteckt werden.

Die Grenzen für Verantwortung, die ein Mensch tragen kann. Das ist etwas anderes, als sie übernehmen, ohne sie tragen zu können, oder nicht wirklich, oder nur so lange, wie sie nicht angetreten werden muß.

Ich hatte einmal ein Spielzeug, das heute kaum noch ein Kind beachten würde. Es war ein Wunder, gebaut als Kaleidoskop, mit bunten Glassplittern auf dem Boden, wenigen, so daß sie sich bewegen konnten. Wenn man die kleine Röhre drehte, entstanden immer neue Bilder.

So tut auch das Herz. Es setzt aus gleichen, sogar aus denselben Teilen immer neue Bilder zusammen. Manchmal sind sie frühzeitig zu deuten, manchmal hinterher, zu spät. Durch die Liebe versuchen wir die Bilder des anderen wahrzunehmen und zu verstehen. Manchmal gelingt uns das. Manchmal auch nicht, dann tun wir unserem und dem anderen Herzen Schaden.

Das Herz kann auch brechen. Ich habe das schon gesehen.

Niemand hält sich an gar nichts

Er hat gesagt, jede Krankheit ist ein Vorbote des Todes.
Obwohl, bißchen was kann er jetzt schon wieder riechen. Vielleicht wars ja wirklich bloß n Schnupfen. Darf man auch nicht
mit spaßen. Nasenkrebs geht jetzt sehr um bei Männern.
Nasenkrebs? Hatten wir auch noch nicht. Wenn du nun erst
noch ne Frau wärst. Kannst du dir das vorstellen?
Er hat gesagt, um Gottes willen. Stiebelt dir ewig einer hinterher, will Küßchen schenken und alles rauskriegen, und dann
ist ja ... also ne Frau ist offen. Das ist das Schlimmste, was sich
ein Mann vorstellen kann. Wenn er eine Frau wäre, würde er
sich als erstes zunähen lassen. Übrigens, der Hausarzt ist der
Mörder, den Film ham wir auch schon dreimal gesehen. –
Da kommt ja gar kein Hausarzt drin vor. Ich! Da ist ein psychopathologischer Prostituiertenschlitzer unterwegs. Du wolltest doch den Film unbedingt sehen. Jetzt hab ich deinetwegen den dritten Mord nicht mitgekriegt.
Er hat die Blonde gemetzelt. Deswegen ist die doch schon die
ganze Zeit vor der Kamera rumgetänzelt. Die Tante wars. Kannste wissen. Apropos Tante. Wir hätten längst mal wieder sollen
in die Pilze gehen.
Ach ja? Sicher, Pilze wegschmeißen haben wir auch schon lange nicht mehr gespielt.
Wieso? Die ganzen Pfifferlinge und Maronen haben doch sehr
gut geschmeckt.
Die Pfifferlinge? Einen haben wir gefunden. Den haben wir
weggeschmissen, weil wir nicht wußten, was man mit einem
Pfifferling macht, und die Sache mit den Maronen ist doch nur
deshalb gutgegangen, weil Tante Edith reingeschneit kam, die
wollte Abendbrot, aber wir wollten ihr keins geben, weil wir

ihre Geschichten nicht hören wollten, da hatten die Maronen Zeit, grün und schaumig und glasig zu werden.

Er hat gesagt, so? Da hätten wir doch sollen Tante Edith paar abgeben. Erben müssen wir jetzt auch lernen, wir doofen Ossis.

Ich hab gesagt, nun liegt wieder eine Leiche rum.

Das ist der Polizist. Den haben sie jetzt gemurkst. Wirste sehn!

Ich hab gesagt, hättst du mal die Pilze gegessen, da hätt ich mir jetzt in aller Ruhe den Film ansehen können.

Auch nicht. Auch nicht. Er! Die sieben Plagen sind unterwegs zu uns, der Regenwald pff, die Berge kullern runter von den Mountainbikes, die Wasser treten über ihre Ufer, und die Scheibenwurzler purzeln schon vom Hingucken um. Die Pilze warn nicht giftig. Als Hobbykoch hat er dafür einen Blick. Und Sonntag macht er die erste Lammkeule. Premiere!

Mit grünen Bohnen.

Soll ich die Kinder einladen?

Er hat gesagt, von Lammkeule war die Rede, nicht von Dinosaurierkeule. Und er will von der ganzen Mischpoche keinen mehr sehen. Die machen ihrs, wir machen unsers. Über neun Jahre jeden Tag eine Großnachricht. Wer soll das verkraften? Er nicht. Er will nie mehr eine Neuigkeit hören. Merk dir das. Silvester 2001 könn' die mal vorsichtig klopfen, da guckt er durch den Briefschlitz, um seinen Enkel zu sehn. Und bis dahin will er über die nichts mehr hören. Keine Neuigkeiten.

Ich hab gesagt, von mir aus. Aber deine Mutter hat trotzdem Geburtstag.

Hat sie ja jedes Jahr. Ist keine Neuigkeit. Und du nimm deine Grippe, nicht wie voriges Jahr schon wieder die Masern. Wir lassen sie schön grüßen und könn' ja auch anrufen, naja, das ist zu teuer, abern Blümchen ... sag mal, was machst du da?

Warum fummelst du mir die ganze Zeit mit diesem Riesenflickenteppich vor der Nase rum? Grün und rosa nebeneinander und rotkariert daneben. Was soll das? Violett kann ich sowieso nicht leiden.

Das wird eine Patchworkdecke für unsre Omi, hab ich gesagt.

Er: Huhu, wir sind hier ganz alleine. Warum sagst du »unsre Omi«? Das heißt doch sonst immer deine Mutter, dieses thüringische Hanghuhn. Wenn du ihr den geschmacklosen Altstofflappen schenkst, fahre ich nie wieder nach Thüringen.

Das brauchst du auch nicht. Omi zieht ja her.

Er hat gesagt, mal abgesehen von seinem tödlichen Schrecken, wer soll ihr denn verklickern, daß sich ihr Los so entscheidend verschlechtert?

Der Franz. Dein Liebling. Dein Enkel.

Franz ist drei.

Naja, ist er drei. Aber er kann schon wunderbar sagen: Omi, komm doch mit. Das kann der sogar 21mal hintereinander sagen. Dann kommen ihr die Tränen, dann sagt sie, würd ich ja gern, mein Engelchen, aber nach uns beiden gehts eben nicht, und dann haben wir sie in der Falle.

Und wer will sie dadrin? Was wird aus den wunderbaren 390 km, die sie weiter weg gewohnt hat?

Ich hab gesagt, du bist doch nie bereit, neu zu denken. Was früher gut war, muß heute nicht mehr passen. Hier sind vier Familien, die dringend eine Großmutter brauchen, und dort sitzt eine unterforderte Omi rum, die muß her.

Wer braucht die?

Also, Sylvie ist schwanger. Das weiß Omi. Ach so, na nun weißt du es ja auch. Und Babette? In ihrer Lage?

Alles hinter meinem Rücken. In was für einer Lage? Ist die auch hinter meinem Rücken schwanger?

Nein, ganz im Gegenteil.

Was ist denn das Gegenteil von schwanger?

Alleinerziehend. Da muß sie doch beim Arbeitsamt jemanden nennen für die Kinder. Wen außer Omi.

Omi bist du. Sie ist die Urgroßmutter.

Ach!

Wieso ist die Große alleinerziehend? Hat doch ihren Jens. Die ist doch verheiratet.

Jens hat wieder angefangen zu saufen.

Alles hinter meinem Rücken. Da hat sie ihn doch beim ersten Mal so prima verdroschen. Wo er über Nacht beinahe weiße Haare gekriegt hat. Führerschein weggenommen und Bein hochgezogen, Hausschlüssel hat er bis heute nicht wieder. Wo er gedacht hat, sie haben ihn überfallen, aber er konnte der Polizei nicht mal sagen, welchen Weg er nach Hause gegangen ist. Hat doch prima geholfen. Soll sie noch mal machen.

Ich hab gesagt, das geht einmal. Zweimal würde gegen ihre Würde verstoßen. Jetzt fliegt er. Die Ehefrau wars. Den hab ich ja schon gesehen.

Alles hinter meinem Rücken. Wir wollten doch in der Not Fliegen fressen und ganz eng zusammenrücken. Was wird denn nun damit?

Das wird so. Wird. Man sorgt beizeiten vor, dann hat mans aus dem Ohr. Sieh mal, unsere Grabstätte reicht für drei Särge oder acht Urnen. Nach dem Grundgesetz muß aber der Stein, den wir in der DDR so schön billig mitgekauft haben – bißchen sieht er ja auch aus, als ob wir im 1. Weltkrieg gefallen wären, egal – der muß beiseite gehoben werden, weil er uns sonst während der traurigen Zeremonie auf den Nüschel fällt. Kostet dreitausend D-Mark, wer soll die bezahlen? Also, die Mädels, wissen Bescheid, bei den Schwiegersöhnen weiß man ja nie, ob sie es bleiben, also acht, jetzt kommt noch Omi, da könnten wir dann eigentlich gleich Opi ... wo gehst du denn hin ...

Er hat gesagt, er will sich mal die Urnen angucken, die unter meinem Bett vom Winterschlußverkauf, die preisgesenkten, in rot und grün und kariert, und seine wird wohl 'n paar Löcher haben, damit er dann immer rausrieseln muß, und wenn er die gesehen hat, dann geht er Zigaretten holen, für zwanzig Jahre und nimmt sich eine, die das Wort Erdbestattung noch nie gehört hat und auch gar nicht glauben würde, daß es was bedeutet. Weg ist er. Überfordert. Sind ja heutzutage fast alle Menschen. Ich werd ihm jetzt nicht erzählen, daß seine Jüngste nach Schweden macht. Die ziehn da hin. Haben Arbeit. Wir zittern jeden Abend vor Angst, daß er mal ne Biege macht, um Guten Abend zu sagen, und dann sieht er die ganzen Kisten. Wenn wir ihm das erzählen, wird er alles unternehmen, daß sie nicht gehen. Wenn wir es ihm nicht erzählen, sind die zwar gut weg, aber er wird uns zwanzig Jahre lang vorhalten, wie gerne er ihnen beim Packen geholfen hätte, wenn man ihm nur ein Wort gesagt hätte.

Und Babette hat jetzt einen andern. Jens fliegt ja. War schon immer son Schwachmatikus. Ihr Nachbar! Naja, Nachbar! Aus Zaire. Er hat schon gefragt, warum Franz jetzt schlechter spricht als vor einem Jahr. Warum der immer Mkwomo sagt. Was soll denn das heißen?

Sag ich doch nicht. Den aus München hat er ja auch nicht kennengelernt, zum Glück. »Ihre Tochter ist eine Prachtlady, gnädige Frau. Der sieht ma überhaupst nit an, daß ihr die Wölt so lang verschlossen war. Die konnt ja glatt aus Bayern kunnt die sein.«

Die Welt, hab ich gesagt, also die Welt, aber Bayern. Daß wir so lange abgeschottet warn von Bayern.

»Ach, gengans, jetzt, wos ihr a wieder Deutsche seids, mit unsan Göld und deutscher Tüchtigkeit, die Deutschen ham sich immer am eigenen Schopf wieder ausn Sumpf zogn und des Vergangene, wen interessiert denn dös noch, furwärts gehts jetzt.«

Naja, man darf nichts sagen, was man nicht genauso meint. Dafür hat er keinen Sinn. Obwohl, nich irgendson Schoki-Opi ... Die Augen, so ein Schnurrbart ... der hätt können als Model für Eierwärmer gehn ...

Mama, kannst du mir noch einmal verzeihen?

Nein, hab ich gesagt, ich verzeihe niemandem mehr irgend etwas. Bei mir gibts nur noch schaumige Maronen und einen Pfifferling für alle, und wenn du mir nicht heute noch meinen schwarzen Pullover zurückgibst, nehme ich dir deinen schwarzen Nachbarn weg.

Er hat gesagt, dein ständiges Preisevergleichen und dein hartes Nein an der Wohnungstür wirken sich auf die Ehe aus. Da kann man zusehn, wie der Stahl gehärtet wird. Früher, da warst du schmiegsamer ...

Als wer, hab ich gefragt. In welchem Leben war ich schmiegsam?

Wir haben herausgefunden, daß ich in einem meiner Leben ein Scharfrichter war, und da sind die Köpfe nur so gerollt, hat der Rückführungsheilkundige gesagt. Henna hat mich mitgenommen. Alles dir und deinem Chef zuliebe, aber nun weiß ichs, und von meinen anderen Leben will ich erst gar nicht reden. Scharfrichter, und die Köpfe... wolltest du noch etwas sagen? Ich war auch eine Märtyrerin, eine Heilige.

Er hat gesagt, und damit ist der ganze Schwindel enttarnt.

Er kann die Gänsehaut abbestellen. Sowieso kennt er mich besser. Der Abend wird zu kurz sein, um alles aufzuzählen, was ich nach seiner Meinung schon gewesen bin und zwar nicht im früheren, sondern in unserem gemeinsamen Leben. Er war im früheren Leben eine rote Karte, und die möchte er mir hiermit gezeigt haben.

Liebes Kind,

nachdem ich dir nun den Globus, das All und die Wunder der Erdbeere erklärt habe, und weil der Tag inzwischen zu kurz ist, um sich noch an richtig große Sachen ranzumachen, erkläre ich dir nun die Liebe. Über die willst du doch sicher was wissen. Wie sie entsteht und vergeht, wodurch sie sich auszeichnet und warum der Mensch immer wieder auf sie reinfällt, was er doch bei verbrannten Fingern anderen Ortes zu vermeiden weiß. Während ich hier die ollen Knöpfe an die olle Hose annähe, ist das abgehakt und das Thema dann vorerst gegessen. Was natürlich nicht ausschließt, daß dein zu erwartender Einzelfall als Beispiel die Sache wieder in ein anderes Licht stellt.

Die Liebe ist ein warmer duftender ofenfrischer Kuchen, dessen Rezept niemand kennt, obwohl alle Zutaten bekannt sind.

Die Liebe ist ein Paradies, das jeder betreten darf, sogar muß, sonst würden die Menschen aussterben, und die Erde kullert mit oder ohne Ozon und Stickstoff durch den Nebel.

In das Paradies darf bei freiem Eintritt jeder hinein.

Zunächst sind die Augen wie blind von dem buntesten Bunt, das jeden Katalog übertrifft. Unter den großen schattenden Bäumen ist gut liegen und ausruhen von all den verruchten Orten, die für das Paradies gehalten wurden und es nicht waren. Ob du da laute Klagelieder singst oder still in dich hineinweinst, weil du dir unerträglich leidtust, das bleibt dir überlassen. Auch du selber bleibst dir überlassen, das ist aber nur einerseits ein »Endlich«. Andererseits bist du ja nur in das Paradies gelangt, weil es jemanden gibt, der dir den Blick dorthin lenkte. Und so gesehen wolltest du nie vorher so wenig dir selber überlassen sein, wie gerade jetzt. Beziehungsweise dann nichts wie hinein.

Da ich nicht weiß, wen du am Bandel haben wirst, red ich nur von dir. Du betrittst Boden, der scheint unzerstörbar. Mindestens Felsen, oder wenigstens Marmor. Weil du ein Mensch bist, wie ich ja auch, kannst du schlecht mehrere Dinge auf einmal tun. So großartig zu fühlen schränkt großartiges Denken etwas ein. Du achtest nicht auf dein Schuhwerk, weil der Boden so sicher scheint. Aber er besteht aus lauter feinen, knickbaren Mooshälmchen, die zwar ein einzigartiges Bett und würzigen kostbaren Duft ergeben, aber feiner behandelt sein wollen, als du es dir gerade denkst.

Vorgenommen hast du dir auch nichts. Du warst dir, ich erinnere mich, sicher, daß du an diesen Ort ohnehin nie gelangen wirst. Nun bist du überwältigt und kannst nicht unterscheiden zwischen verheißungsvollem Humus und Marmor oder Felsgestein.

Wie sollst du nicht überfordert sein am ersten Tag unter den schattenden Bäumen, mit all dem Erinnern beschäftigt, oder deiner Abrechnung und den Schuldzuweisungen. Es sind Erfahrungen, die sollen jetzt in ihre Schubladen, und wahrscheinlich denkst du, daraus werden dann die Lehren, über die alte Frauen verfügen, weswegen sie oft eklig belehrend sind oder bitter, was auch kein junger Mensch aushält.

Alle Nächte sind warm besternt, kannst du dir das vorstellen? Schwerlich, weil Sterne ja als kalt gelten, aber die Nacht kann durchwärmt sein vom pulsenden Wind, vom eigenen Herzen und weil wir im Paradies sind. Da gleicht sich das Wetter den Bedürfnissen an.

Es gibt nichts, was es nicht gibt, und alles für umsonst.

Interessanter als jede Mattscheibe unten ist diese bleiche Scheibe da oben. Es kann doch unmöglich dieselbe sein, die dem Kind Angst gemacht hat und bei voller Beleuchtung den Schlaf raubt.

Der Dicke am Himmel ist für dich da, damit du sehen kannst, was deine Augen sehen wollen, damit dein Mund findet, wohin es ihn treibt, deine Hände sicheren Griff haben, von oben bis unten.

Du bist also angekommen bei den Göttern und Narren, dort,

wo sie gewesen sind, all diese unsterblichen Seelen, die Kriege anzettelten und auf dem Weg ins Paradies eher verreckt sind als besiegt zu scheinen, bei denen, die Liebe in Hexametern beschrieben oder als Küchenlied sangen – und sag mir nichts gegen diesen manchmal einzigen Ausweg bedrängter magdlicher Seelen, die den Teller im Küchenhandtuch drehten und ihre Sehnsucht anders nicht äußern konnten, nur als Mariechen, das weinend im Garten saß.

Um aber in dieses Paradies zu kommen, haben die Menschen untilgbare Schuld auf sich geladen, sie haben mit Blut bezahlt oder zahlen lassen, sie haben gestohlen, betrogen und verraten, sie wollten erzwingen, was die andern lächelnd und schlendernd und wie ohne Mühe gefunden haben, Zugang und Verbleib wie in Ewigkeit. Vielleicht für immer, und darüber auch wäre zu reden.

Ihr seid zu zweit, ihr habt das ganze Recht, ihr tretet ein, und schon achtet ihr, wie gesagt, des Bodens nicht.

Ihr liegt und steht wieder auf, und ihr redet. Zu laut wahrscheinlich, und ein jedes nur über sich. Ich, ich, ich. Ihr seid ganz Ohr und hört nicht zu. Schade, denn in diesen wortreichen Entladungen steckt alles, was ihr später beim ersten schmerzhaften Streit brauchen würdet, und über das ihr dann nicht verfügt, weil euch das Zuhören nicht obendrein geschenkt wurde.

Du hast alles gesagt, und er hat alles gesagt, nicht wirklich bewußt, sonst wäre die Überraschung zu groß gewesen, daß sich auf einmal soviel in Worte fassen läßt.

Du willst aber nur hören, was dich betrifft, er soll seine Person, auch weithin zurück, in Beziehung setzen zu dir, alles ohne dich soll zu wenig gewesen sein, und alles mit dir wird ab nun gelingen. Da aber auch im Paradies jeder Genuß mit Arbeit verbunden ist, könnte das sonst Unmögliche gelingen: Ganz genießen und ganz wissen, wie verlierbar alles ist und wie sehr nur Anfang, was doch ersehntes Ziel sein soll.

Du mißachtest nicht willentlich, was es da zu lernen gäbe.

Aber da es herausgehört werden müßte, sich nicht eben als dringliche Botschaft anbietet, pflückst du andere Trauben, die näher hängen. Das ist so, dafür kannst du nichts. Während du siehst, hörst, fühlst und tust, verschwendet dein Herz und sammelt nichts an Werkzeug. mit dem sich später, an kühleren Tagen, Feuer neu entzünden ließe, Wärme wieder entfachen. Die ganze Wahrheit ist das auch nicht. Du bist wie ein Blatt, das hört auch alles, aber viel langsamer als wir. Mag schon sein, daß sich mancher Satz, viel später, lösen wird aus seinem Zusammenhang im Ungestüm und sich wie von selber einordnet in alles, was vernünftig ist und zu gebrauchen, nicht nur in den festlichen, sondern auch in den ganz gewöhnlichen Stunden des Lebens, an denen sich niemand vorbeidrücken kann.

Aus der Erde im Paradies sprießen auch Hälmchen, die haben dünne Finger und sehn nicht besonders stabil aus, eher hinbiegbar. Eine Menge von ihnen ergibt zusammen ein Seil, oder es bleiben dürre Fäden im vertrocknenden Sand.

Die Experten schlendern an euch vorbei, sie haben den Ausweis für Zutritt und geben sich sehr gescheit, auch wenn sie eigentlich kein Recht hätten, ihre Nase in Lebendiges zu stecken, um daraus Papierenes abzuleiten. »Es muß im Bette stimmen«, sagt der eine, »alles andere richtet sich, wenns unter der Bettdecke stimmt.« Er weiß es, er kann sogar in Zahlen ausdrücken, was alles die Bettdecke richtet, zugrunde oder auf.

»Der irreparable multiple Schaden entsteht, wenn sie nicht die gleichen Normen anlegen und nicht dem gleichen höhergeordneten Prinzip folgen.«

Da du alles richtig machen möchtest, leuchtet dir das mit der Bettdecke ein, dafür läßt sich auch etwas tun.

Aber wenn der Zweite meint, ihr solltet die gleichen Lebensziele haben, dann drängen sich alte Fragen auf: Hat das Leben ein Ziel? Oder nur einen Weg? Wie sollt ihr in Übereinstimmung bringen, was keins von beiden bislang für sich besitzt? Das pure Erleben scheint verwirrend genug, auch muß man etwas vorhaben. Aber das Erstrebte muß kein Ziel sein, vielleicht ist es nur eine Haltestelle, ein Platz zum Ausruhen. Ist gemeint, beide sollten derselben Partei angehören, derselben Kirche, Gemeinde, Sekte oder Gewerkschaft?

Kann das genügend verbinden, und trennt es ganz, wenn eins von beiden noch gar keine »Sache« hat oder sie aufgibt?

Da hörst du vielleicht hin und hörst gleich wieder weg, wenn der Dritte verkündet, Mann und Frau seien inkompatible Wesen, die sich zwar in ihrer Halbheit suchen und vorübergehend heraushelfen, aber es gibt keine Dauer für Gefühle. Die Leidenschaft stirbt, die Liebe muß bleiben, wegen dem ganzen Sozialen.

Ohne die Leidenschaft kann es vieles sein, weißt du, aber die Liebe ist es nicht, und für einen Aufenthalt im Paradies wird es nicht langen.

Was über die Liebe zu sagen ist, steht schon in König Salomos Versen. Sie scheinen, als ob sie nur das Wohlgefallen beschreiben, nur die Sucht, die ein Teil der Sehnsucht ist und sein muß. Aber wenn ich auch dem tierischen Primaten, der unser Vetter sein soll, seine Gefühle nicht abspreche, auch weil ich gar nicht weiß, was hinter der niedrigen Stirn steckt, ich würde doch annehmen, die Liebe wie das Lachen sei dem Menschen vorbehalten. Daraus kann er kein Recht ableiten gegen alles andere lebendige Geschöpf, aber es ist sowohl gegeben als auch auferlegt, nun muß er was draus machen.

Im eifervollen Verzehr all der Neuigkeiten ringsum haben zwei die Verse von Salomo nicht gehört, und vermutlich werden sie ihnen nie ans Herz greifen. Sie werden sie nicht entdecken, so wenig wie Rilkes Schilderung der Maria Magdalena, ihrer Demut, ihrer gewaltigen Liebe zu Jesu und ihrer Unbeirrbarkeit darin.

Da hat der linkisch formulierende Experte schon recht. Wenns um gar nichts geht, als darum, den täglichen Bedarf an Nahrung und die gewohnten Streicheleinheiten zu kriegen, das ist zu wenig. Da muß etwas sein, für das beide entflammen können, nichts Gewaltiges vielleicht, nicht gleich die Menschheit von einem Joch nach dem anderen zu befreien, aber doch etwas, das über das eigene Leben hinauslangen könnte, denn anders ist die Unsterblichkeit des Weiterreichens nicht zu haben.

Aber vielleicht habt ihr noch im Paradies Ohrstöpsel, und ein jedes wiegt sich nach seiner eigenen Musik. So unterbleibt es, die Fremdsprache Du zu lernen.

Wer denkt schon an ein Schwert, inmitten herrlichster Befriedigung, inmitten kleinen Nachgebens und kleinen Rechthabens.

Es ist aber ein Flammenschwert, und euer Unglück vor ihm ist die Sprachlosigkeit. Ihr könnt nicht sagen, wie leid es euch tut, weil ihr für das Leidtun keine Wörter habt. Den anderen zu beschuldigen, er habe den jähen Hinauswurf durch seine Sturheit herausgefordert, das ändert nichts.

Ihr seid draußen. Ihr könnt sagen, es war nicht das Paradies. Ihr könnt behaupten, es war ohnehin langweilig, und es wird Zeit für ganz andere Sensationen. Ihr könnt pfeifend davonstaksen, endlich frei.

Und dann fangt ihr an, darauf zu warten, ob sich das Wunder noch einmal begibt. Auf hartem Asphalt oder auf dem Teutonengrill könnte eine zweite Chance auftauchen. Mag sein, du bist bescheidener geworden, hast vielleicht sogar etwas verstanden, das Schmerzlichste: Es war das Paradies, und das Gras wird von deinen unachtsamen Füßen keine Narbe behalten, wird sich aufrichten, als wär da niemand gewesen.

Aber so lange du lebst, ist die nächste Chance möglich.

Die Knöpfe sind dran, siehst du? Aber die passen nicht durchs Knopfloch. Da kannst du sehen, was es im Leben alles gibt.

Bridge mit Hänna

Er hat gesagt, hier bist du ja.

Ich hab gesagt, ich bin doch immer hier. Oder wo wohn ich?

Er hat gesagt, bei dir weiß man nie. Wenn man dich mal braucht, bist du nirgends. Stell dir mal vor, ich habe heute nacht geträumt, daß ich auf Hiddensee meine teure Lesebrille im Sand wiedergefunden habe. Na, Traumdeuterin? Was heißt das?

Ich hab gesagt, daß du dir endlich ne eigene Lesebrille zulegen sollst und dir nicht dauernd meine krampfen.

Vergleichsmieten und Lesebrillen gleichzeitig geht nicht, hat er gesagt. Und an deine Brille komm ich sowieso nicht ran, weil du dauernd schmökerst. Aber daß du mal die Steuertips verinnerlichst oder die Broschüren vom Mieterverein zum Tragen bringst, das hab ich noch nicht gesehen.

Ich lese das alles, hab ich gesagt, aber ich hab die Stelle noch nicht gefunden, wo sie einem sagen, wie man es machen muß, daß die einem pünktlich die Miete zahln und jedes Quartal die Steuern schicken.

Mußte eben mal persönlich hingehn. Er!! Dich mal wieder 'n bißchen chick machen. Aber die wunderschönen roten Naturhaare sind ja weg, haben ihn immer sehr angemacht. Konnt schöner gar nicht sein. Sind aber natürlich der neuen Konsumgeilheit gewichen.

Ich hab gesagt, das hättest du mir mal sagen solln, als es Henna aus Moskau oder aus der Drogerie für Pfennige noch pfundweise gegeben hat. Das war die ganze Natur.

Er hat gesagt, du verstehst mich nicht. Noch nie! Eine Frau ist ein ewiges Wunder oder eine ewige Wunde. Und wo sind die Streichhölzer?

Wo sie immer sind. Ich!

Nein, da sind sie nicht.

Liegen sie vielleicht zehn Zentimeter daneben?

Er hat gesagt, da hat er nicht nachgeguckt. Da gehörn sie ja auch nicht hin.

Was willst du denn jetzt mit Streichhölzern?

Na, ob er sie sich vielleicht als Stelzen an die Beine binden will?

Mit Streichhölzern kann man Kerzen anzünden.

Wieso? Ist Stromsperre?

Er hat gesagt, nein. Aber wir beide haben heute Hochzeitstag. Ich hab 22 Minuten dumm geguckt, oder eine halbe, und dann hab ich gesagt, ja, aber erst heute abend. Daß du aber auch immer die Zeit nicht abwarten kannst.

Er hat gesagt, diesmal hast du's vergessen. Nix gekauft, keine Blume, nix extra gekocht, rede nicht. Und renn nicht an deinen Blusenschrank, du willst bloß alles rausholen, was du für Weihnachten schon gekutet hast. Zur Strafe suchst du jetzt die Streichhölzer. Und lernst Bridge. Bei uns im Betrieb wuseln die Japaner rum. Überall gleichzeitig.

Und dabei spieln die Bridge? Mit mir?

Quatsch!! Also: Sein Abteilungsleiter ist nicht der Schlechteste. Es hätte viel schlimmer kommen können. Dem ham se ja nun die Buschzulage gestrichen. Und er muß Soli bezahln, wozu er auch keine Lust hat.

Ich hab gesagt, das müssen wir für ihn ja auch.

Er hat gesagt, ja, unsere paar Pfennige. Aber doch nicht solche Summen wie er. Nicht Tausende. Der möchte seiner Frau hier nun ein Stück Heimat schaffen, daß sie paar Wurzeln in die Erde kriegt. Zu Hause hatte sie ne Bridgerunde, die will er ihr hier auch aufmachen. Ob wir das Wort schon mal gehört haben. Bridge! Und da ist ihm eingefalln, du und Lusemie, ihr habt doch früher jeden Dreck ehrenamtlich gemacht, und nun gehts doch mal um was. Wir wolln nicht übertreiben, aber es kann viel von abhängen. Wenn sie nett zu ihrem Mann ist, dann ist er auch nett auf Arbeit und denkt, daß er jetzt den Fuß in der Tür hat. Das kann uns ja egal sein. Also hat er seinem Chef gesagt, ihr beide seid nicht sehr gute, aber fanatische Bridgespielerinnen. Begabt biste doch.

Ich? Früher hast du gesagt, eher zottelt Barbarossa seinen Bart aus dem Tisch, ehe ich mal die Karten oben habe.

Er hat gesagt, du wirst einen Mann eben nie verstehn. Wenn du mir ein Klasseblatt gibst, dann bist du ein Klasseweib. Aber du gibst einem ja immer nur Luschen, und so eine Frau guckt sich ein Mann natürlich ganz anders an. Wir Männer sind doch total überschaubar. Wien Gartenzwerg. Und das begreift ihr eben nicht. Ihr geheimnist immer ganze Kreuzworträtsel in uns rein, und dann nehmt ihr uns Männern übel, daß ihr sie nicht lösen könnt. Und das wollte er mir zu unserm Hochzeitstag mal ganz lieb sagen. Verstehst du?

Nein, hab ich gesagt, ich verstehe gar nichts. Ich habe beim Preisskat zu Weihnachten die Gans abgestaubt, und du hast dich am andern Tisch nur auf deine eigenen Kosten besoffen. Aber Bridge kann ich nicht.

Du packst das. Er! Die Abseitsregel hast du doch nach zwanzig Jahren auch verstanden.

Nein!

Was nein?

Ich hab sie nicht verstanden.

Wenn einer ohne Ballbesitz ...

Das weiß ich ja! Ich kann aber nicht wissen, ob der ohne Ballbesitz grade nach Hause rennt, weil ihm der Hosengummi gerissen ist, oder ob er übers Spielfeld wetzt in der Hoffnung, unterwegs trifft er den Ball und kann ihn gleich mitnehmen ins andere Tor.

Laß das jetzt, hat er sehr laut gesagt. Bridge ist, wenn ...

Eh, hab ich gesagt. Du willst was von mir, nicht umgekehrt.

Ganz anderer Ton, oder soll ich das alte Rednerpult aus dem Keller holen?

Er hat gesagt, zärtlich, wie nie gehört:

4 Personen reihum geben, je eine bis 13 Karten und dann wie Skat oder Lieschen kippelt auf dem Turm, bloß ganz anders. Kreuz ist nicht oben, sondern wenn Herz in der Mitte ist, dann zählt es 30 mehr und Piek liegt drunter, aber nur, wenn du auf die Honneurs geachtet hast. Und noch wichtiger ist Sansatou. Du mußt immer Farbe bedienen, aber du spielst mit denen,

die selber die höchsten Trümpfe haben, Kreuz unter Piek, falls Herz in der Mitte, immer ansagen nicht vergessen. Und was hast du bis jetzt verstanden?

Ich hab gesagt, alles. Kommt ja gleich hinter Schwarzer Peter.

Werden Farben oder Werte angesagt?

Beides, glaube ich, hat er gesagt. Oder je nachdem, ich meine, das ergibt sich doch aus dem Spiel.

Du weißt es nicht, du hast keine Ahnung. Gib mir mal das Buch, aus dem deine hervorragenden Kenntnisse stammen. Ich guck mir das selber an. Der werden wir die Dessous schon runterziehen.

Er hat gesagt, und damit kommen wir zum zweiten und noch viel wichtigeren Teil. Sieh mal, sie ist doch hier alleine. Und soll Heimatgefühle kriegen. Wir hatten doch früher so was wie Kultur im Alltag, son Taktgefühl könnte man es auch nennen, ne Art Sensibilität im Umgang miteinander. Die Menschen sollten sich wohlfühlen. Und wenn die sich nun wohlfühlt, dann ist sie sehr nett zu ihrem Mann, und dann hat der ja keinen Grund, nicht nett zu sein. Verstehst du? Laßt sie doch gewinnen.

Ich hab gesagt, das bring du mal Lusemie bei. Die sitzt jetzt im Landtag, die hat ne ganz neue Ehre. Das ist eine Immunperson, die läßt sich nicht bestechen.

Er hat gesagt, Lusemie ist kein Problem. Mit der hat er schon geredet. Die hat gesagt, wenns um Taktik oder Strategie geht, da ist sie immer dafür. Und wenns was bringt, dann wird sie schummeln wie verrückt, damit ihr verliert und die Frau ein gutes Gefühl hat.

Ich hab gesagt, wie heißt die überhaupt?

Hänna, hat er gesagt.

Was? Wie meine alte Haarfarbe? Wetten, daß die Hanni heißt, oder Johanna, oder Hannchen, aber nein, muß sie auch Hänna heißen. Die sagen ja Justn, wenn eine Stadt Huston heißt, und Eli, dann nennen sie ihn Ilei, aber Justenbonbon sagen sie auch nicht. Ich soll jetzt also jede Woche mit Lusemie zusammen schummeln, damit wir schon wieder verliern und die ihre Wurzeln in die Erde kriegt. Vielleicht hat ihr Mann ja auch noch ne

Wurzel unterzubringen, das könnt ich dann jede zweite Woche machen und in einem halben Jahr wirst du verlangen, daß ich gegen Henry Maske beim Freundschaftsspiel antrete, damit die sehen, wir brauchen gar keine Gegner, wir machen uns untereinander fertig.

Aber früher, ja? hat er gesagt, da hast du immer gejammert, daß die Holzens todlangweilig sind und wir gar nichts von denen haben.

Ja, das hab ich gesagt, man sagt immer was, aber gestimmt hat es nicht. Lusemie kannte eine Verkäuferin aus einem Stoffladen, die befreundet war mit einer aus dem Gemüsekonsum, und die hatte drei Finger im Fleischerladen mit Direktbezug aus der Käse-HO. Lusemie ist eine Nervensäge, aber sie hat uns immer Samtpullover mit kleinen Fehlern für die Töchter besorgt, Blumenkohl, Kneipenfries und sogar Ohropax, weil noch eine aus der Drogerie in dem Ring mit drinhing.

Wenn sie so ne große Beschafferin ist, hat er gesagt, dann kann sie mir ja meinen kleinen Reisetauchsieder wiederbeschaffen, der ist weg.

Nein, hab ich gesagt, der ist nicht weg, der ist da, wo alles ist, was hier verschwindet, in deinem Handwerkskasten.

Ach! Alles, ja? Er! Meine Haare auch? Und die Aktuelle Kamera, die ist auch in meinem Handwerkskasten? Und der alte Mietpreis? Frauen sind zänkisch. Wahre Freundschaft gibts nur unter Männern.

Ja, hab ich gesagt. Besonders an der Front. Da wächst und gedeiht sie. Wir werden euch einen 9. März einrichten, mit Großdemonstration und Plakaten, die werden wir mit Henna zusammen malen, denn du glaubst doch nicht im Ernst, daß wir uns ewig mit diesem dämlichen Bridge aufhalten. Mehr Männer in die Politik! Zeugungszwang macht Männer krank! Oder: Brecht keinen neuen Krieg vom Zaun, die Männer danken euch, ihr Fraun. Hänna in der Mitte schlendern wir dann hinter dir und fotografieren deine Kumpels, wenn sie dich sehen, mit Großbuchstaben: Mein Penis gehört mir.

Bißchen holprig muß es auch sein. Warte mal: Bei Kirche Kammer Küchen da wer'n wir uns verzischen.

Er hat gesagt, komm runter. Ich kenn dich. Das gefällt dir jetzt so gut, da machst du bis Abend weiter, und es ist dir egal, wem du auf dem Herzen rumtrampelst. Oder auf der Langeweile.

Ich hab gesagt, mit Herzchen und Blümchen oder Riesenfotos von besonders bekannten Unterdrückern.

Wie er? Waidwund.

Nein, natürlich nicht.

Ich hätt so gerne weitergemacht. Aber als Frau kennt frau ja ihre Grenzen.

Er hat gesagt, du bist doch eigentlich eine ganz hübsche Person. Das Häßlichste an dir ist deine Zunge. Daß du den Mund zumachen kannst und daß man sie dann nicht mehr so sieht, das hat dich im Leben bis hierher gebracht. Aber es ist so, als ob man ein Mordsblatt hat und aus Versehen nicht zwei, sondern bloß eine Karte gedrückt, und die andern haben die beste Laune vom ganzen Abend, weil sie das gesehen haben. So mußt du dein Schicksal mal aus meinem bescheiden Blickwinkel sehen. Oder nehmen wir mal deine Mutter ...

Da war ich in der Küche, hab jede Diät aus dem Fenster geschmissen und gedacht: Manche Tat kann man nur durch gute Butter sühnen.

Und Kartoffelpuffer mit guter Butter, wenigstens manchmal, haben auch ihren Teil dazu beigetragen, daß wir bis hierher gekommen sind.

Ich hatte recht. Erst wollte er Charakter beweisen und die diesbezüglichen Abschwörungen beherzigen, aber dann hat er die meisten Puffer gegessen, und also hatte er das schlechtere Gewissen.

Bei den Menschen
wie bei den Leuten

Wissen Sie, sagte eine in ihren Kreisen anerkannt schöne Frau zu einem faszinierenden egozentrischen undurchschaubaren Mann mit wahnsinnig zurückhaltendem Blick und langen skeptischen Grübchenfalten in den Wangen, so ein magerer angelebter, von dem man immer glaubt, das Eigentliche stünde ihm noch aus und man selber käme durchaus dafür in Frage, aber diese Unverwundbarkeit und gleichzeitig sensible Verletzheit zeugt davon, daß er betrogen hat und betrogen wurde, und beides ging ihm unendlich nahe.

Wissen Sie, um noch einmal anzufangen und nachdem sie die Speisekarte rauf und runter bestellt hatte, aus Angst, er könne sie für billig halten, und artig Kind verlangt nix und kriegt nix. Bescheidenheit kommt für einen interessanten Mann, der immer auch ein Egoist sein muß, um es zu bleiben, ich meine interessant und begehrenswert, gleich hinter Dorfdotsche, also eine, die nicht gefragt ist, aber das war sie doch, wenn auch leider überwiegend von Männern, aus denen sie sich nichts machte, weil die in ihrem Begehren immer gleich zum Appel mutieren, aber nun beunruhigte es sie schon, daß er ihr bisher kein richtiges Kompliment gemacht hatte, und von einer Appelwerdung seinerseits konnte nicht die Rede sein. Er versuchte nicht, an ihr herumzutatschen, trank nicht aus ihrem Glas, bot ihr das seine nicht an und machte gar nichts von dem, was eine bei dem Richtigen bezaubert und beim Falschen nervt.

Das Wetter mit seinen klimatischen Bedrohungen in allen vier Jahreszeiten war durchgehechelt, Bestellungen waren aufgegeben, Vergangenheiten gestreift, aber mehr als Lernzeiten und Berufsnöte, und er hatte gelächelt, genippt und nicht besonders begehrlich gewirkt, nicht aufgeregt, von keinem Windhauch des Schicksals gestreift.

Wissen Sie, – aber nun werden wir es erfahren –, wissen Sie, auf mein Aussehen lege ich keinen gesteigerten Wert.

Das war eine sehr fette Lüge, und wenn er nicht von vorgestern war und überhaupt schon einmal eine zurechtgemachte Frau mit dem Effekt davor – danach gesehen hatte, dann mußte er wohl bemerken, wie sorgfältig sie das Dezente gewählt hatte, wie bedacht die Farben vom Scheitel bis zum Schuh abgestimmt waren und daß sie weder aufgeputzt noch beiläufig wirkte.

Wissen Sie, sagte sie, für mich zählen die inneren Werte eines Menschen. Schön oder nicht schön, die Schönheit liegt doch immer im Auge des Beschauers.

Da haben Sie recht, sagte er, und seine Augen folgten mit Wohlgefallen einer Dame, die eben duftend am Tisch der beiden vorüberging, einen Herrn suchend, der bei ihrem Anblick sofort aufsprang, dabei sein Glas umwarf und sich deswegen wahrscheinlich in zehn Minuten erschießen würde.

Da haben Sie recht, sagte er, und vor allem darf man nicht einen Augenblick wegucken, sonst ist der Zauber hin, also das Hirn nicht überanstrengen, gucken und gucken, immer schön Auge des Beschauers sein. Dann kommt das mit der Schönheit eine ganze Weile hin.

Mit diesen Worten hatte er ihr mitgeteilt, daß sie heute beschissen aussah. Und so was sollte sie sich von einem ätzenden Kerl sagen lassen, der auch schon kahle Ecken über der Stirn kriegte, wahrscheinlich Magengeschwüre hatte, davon kommen ja solche Längsfalten, und besonders intelligent schien er auch nicht zu sein. Was er bisher zur Unterhaltung beigetragen hatte, wäre ihr auch beim Würstchenessen am Kiosk zuteil geworden. Gestern zum Beispiel, von einem, der zwar stank und lallte, ihr aber seine Bierflasche anbot und jedenfalls versuchte, sich zu verbeugen vor der »schönen Dame«. Der war vielleicht runtergekommen, aber deswegen konnte er ja eine bessere Erziehung haben als dieser langweilige Dämmel, der sich ein Lachen verbiß. Galt das ihr? Fand er sie lächerlich? Sie folgte seinem Blick und sah, daß der Mann dort immer noch auf dem Tisch rumfuchtelte und sich nicht beschwichtigen ließ.

Sie sagte, sie wolle sich mal eben die Nase pudern und ärgerte sich über diese zickige und denunzierende Ausrede, denn sie steht deutlich für das, was sie eigentlich vertuschen sollte.

Auf der Toilette rannte sie fast in den Spiegel, klar, ohne Brille, dann beschloß sie, drei Pfund abzunehmen, das Parfum und den Lidschatten zu wechseln und sich fürs erste generell nicht mehr, und mit diesem Mann nie wieder, zu verabreden. Lieber regelmäßig acht bis neun Stunden schlafen, darauf schwört die Loren. Keinen Alkohol und keine Zigarette mehr vor achtzehn Uhr, kann ich alles lassen, ich brauch eigentlich noch nicht mal die Männer. Sie sah sich nahe an, ganz unerbittlich, mit Brille. Dann dachte sie, als Frau könnte man ohne einen Kerl dick, faul und häßlich werden. Vielleicht nicht glücklich, aber das wird man mit denen auch nicht.

Den vernasch ich noch, dachte sie. Wenn ich schon sonst auf alles verzichten muß, will ich wenigstens noch diesen Dödel vernaschen.

Sie ging hinaus und behielt die Brille auf der Nase. Eine in weiten Kreisen anerkannt schöne Frau ging zu einem Mann, auf den sie nicht mehr die geringste Lust hatte.

Das Essen war gekommen, wie immer, wenn man mal für einen Moment weggeht.

Er sah ihr entgegen, nickte anerkennend. Na also, sagte er, mußt du nicht mehr so kneisten wie beim Bestellen. Iß jetzt.

Sie hatte keinen Hunger mehr, und aus Erfahrung wußte sie, daß mit vollem Mund oder auch spitz gabelnd schlecht arrogant aussehen ist. Er aß schon und deutete mit seiner Gabel auf ihren Teller. »Iß dich satt«, sagte er, »Nachspeise gibts nicht. Am schönsten siehst du aus, wenn du nicht so dummes Zeug redest. Du bist eine Kobra, das weiß ich. Und schmecken tuts auch nicht besonders. Eins ohne das andre wäre leichter zu ertragen. Warum lachst du nicht?«

Da sie eben ein neues und ernstes Leben ganz ohne ihn begonnen hatte, mußte sie sich in bestürzend kurzer Zeit entscheiden. Lächeln, lachen oder gehen. Die zickigste Variante wäre, ihm die Hälfte der saftigen Rechnung anzubieten. Sie brachte gar nichts zustande und wollte ihm etwas Bedeutendes ins Gesicht hinein sagen, aber da geriet ihr Blick in den seinen, und alles nahm seinen Anfang.

Als sie gingen, und sie gingen ziemlich bald, warf er ein Glas um und sie wäre beinahe mit der Serviette als Schleppe am Absatz losgestöckelt, aber das kriegten sie auch noch hin, gingen in die wunderbare Großstadtluft hinaus, fanden wundersamerweise sofort ein Taxi mit einem einzigartig schweigenden Chauffeur, dem der Mann vor ihren Augen ein zu hohes Trinkgeld gab, und dann verschwanden sie für eine lange lange Zeit aus ihren Kreisen. Es hätte sie nicht einmal gekränkt, zu bemerken, daß das lange lange Zeit niemandem auffiel, von dem sie geglaubt hatten, ihm unersetzbar zu sein. Paar Anrufe auf dem Beantworter, das war schon alles. Weil die Liebe zu Anfang ja immer alles Gras rupft, ehe sie ihren eigenen englischen Rasen wie für ewig und drei Tage sprießen läßt.

Die Welt in der Schüssel

Er hat gesagt, wenn die Desdemona nicht so dumm geguckt hätte, dann wär sie nicht erwürgt worden, weil ihr Mann dann nicht gedacht hätte, das Taschentuch mit der Erdbeere drin muß ihrs sein, so wie die kuckt und dann ist alles andere auch wahr.

Was hat er denn gedacht, was wahr ist?

Na, daß sie einem andern nicht bloß das Taschentuch überlassen hat.

Ich hab gesagt, es werden auch Frauen erwürgt, bloß weil die Mama von dem Mann früher gekuckt hat oder eine Schlampe war. Die Würgerei an den Frauen ist so alt wie die Menschheit.

Er hat gesagt, dafür müssen ja Männer schon fünfzigtausend Jahre das Gekochte von den Frauen runterwürgen. Wenn ich jetzt zu dir sagen würde, nu ist der schiefe Turm von Pisa umgekippt, dann würdest du erstmal erschrocken kucken, ob du nicht mit deinen dicken Hacken zu doll aufgetreten bist. Die Schuhe sehn aus, als ob dun Überlebensmarsch antreten willst. Machen kurze Beine. Früher Stiletto, das war noch was fürs Auge des Mannes. Jetzt unten anne Füße wien Söldner und oben wie ne Maus ohne Loch. Frauen kucken sich immer um, als ob ihnen einer den Hahn abdreht. Dabei sind sie Haie. Richtet euch doch ne Heldenstadt ein. Da könnt ihr jeden Tag gegen die Männer demonstriern. Oder geht mal wieder in Bettstreik, habt ihr auch lange nicht gemacht, ist ja auch nichts dabei rausgekommen. Worum gings, warum hast du heute morgen Zank angezettelt?

Ich hab gesagt, es ging um nichts, und bis jetzt hab ich auch noch nichts gesagt, und wenn du ein Mann von Ehre sein willst, dann läßt du jetzt das dritte Brötchen liegen.

Er hat gesagt, achja, ich bin dir ja zu dick.

Nein, hab ich gesagt, du bist dir zu schwer und dem Arzt ein Dorn im Auge, weil dein Knochenbau nicht für soviel Brötchen am Morgen und Bierchen am Abend eingerichtet ist.

Willst du sagen, daß ich abends hier betrunken rumtorkele?

Ich hab gesagt, ich will gar nichts sagen, und du hast mir meine Augen vorgeschmissen, und du hast Neigung zu einem Embonpoint, mal auf deutsch gesagt.

Er hat gesagt, dieses Wort hast du nur gegen mich auswendig gelernt. Das Leben mit all den Weibern in der Familie sorgt schon dafür, daß ihm der Bauch nicht in den Himmel wächst.

Weißt du noch, wie ich vor zwei Jahren wegen Babettchens blödsinnigem, saufendem Jens abgemagert bin zum Skelett?

Naja, was einer so Skelett nennt.

Er möchte immer noch von der Arbeit nach Hause kommen, angelächelt werden, was Unangebranntes essen, und dann in Ruhe rummachen, schön schlafen und nächsten Tag dasselbe. Hat man früher gehabt und darf man heute nicht zugeben, weil mans ja auch so nicht wiederhaben will. Es ging uns gut, aber es ging nicht so.

Ich hab ihn mir angeguckt. Am Bauch mag was dazugekommen sein, aber aus dem Gesicht ist was raus, das bleibt Falte und wächst nicht wieder zu, und es tut mir weh, wenn ichs sehe, weil er ja noch nicht das Alter hat, sondern mich, und da müßten es mehr Lachfalten sein und nicht solche tiefen neben dem Mund.

Ich hab gesagt, du mußt Arbeit haben, damit du von der Arbeit nach Hause kommen kannst. Und nach Hause kannst du nur kommen, wenn du vier Wände und ein Dach über dem Kopf hast, die bezahlt sind, sonst kannst du nicht nach Hause kommen, denn dann hast du kein Zuhause. Und du mußt ein netter Kerl sein, damit dir jemand freiwillig was zu essen hinstellt, aber ein netter Kerl bist du nur, wenn du Arbeit hast und die Miete ist bezahlt und die Kinder sind gesund und dein Enkel sitzt auf der Erde und spielt, und ohne Arbeit und Geld für die Miete läßt du dich nicht mal anfassen, geschweige denn kraulen und da kommts dann zu nix anderem. Rummachen mit dir geht nur, wenn du deine Arbeit gemacht hast, die Miete ist bezahlt, das Essen hat geschmeckt und Zeit war, und nur dann kannst du auch schlafen. Ich möchte auch so nach Hause kommen. Und alles. Arbeit hab ich genug, aber keine bezahlte.

Ich geb dir doch immer alles, was du brauchst – wenn ichs habe.

Ja danke, sehr nett. Ist mir aber fremd wer weiß wie sehr.

Er: Wenn was einzusehen ist, dann war er doch schon immer vornedran. Lieben wir uns nicht?

Doch, das tun wir.

Er hat gesagt, mal von allem anderen abgesehen, hat er sich immer auf mich verlassen können. Sowas ist mit Geld nicht zu bezahlen. Wo andere kreischen würden, fängst du an zu lachen. Wegen einem Krümel auf dem Teppich machst du groß Geschrei. Aber an andern Stellen, die will er natürlich jetzt hier nicht aufzählen, da war Verlaß. Geld schmilzt, aber Verlaß bleibt.

Ich hab gesagt, man möchte vielleicht so sein, aber wenn zu lange nichts fest ist, wohin soll man treten?

Treten, hat er gesagt. Ach so! Deswegen diese Treter. Willste nich Blumenbinderin lernen?

Nein, hab ich gesagt. Die haben schon für jede Nelke eine ausgebildet. Und Altenpflegerin auch nicht, und was anderes bieten sie auf dem Arbeitsamt derzeit nicht an. Nur Lehre ohne Arbeitsplatzgarantie. Laß mich mal machen.

Er hat gesagt, wenn er Kucken und die Treter und meinen jetzigen Ton zusammenzählt, dann riecht er, daß was im Gange ist, wovon ich denke, daß er das nicht will, und nun soll er durch den Reifen gejagt werden, bis sein weiches Herz siegt, und er einverstanden ist, daß ich auf dem Wochenmarkt oben Blutwürste und untendrunter Zigaretten, Kakadus oder Heroin anbiete. Wie Cosa Nostra, so'n Blick und alles andere war nur Tarnung. Das Jammern, der Mausblick und so. Treter sind Verräter.

Die Töchter, seine Mutter und Tante Edith stehen parat. Er wird zetern, mich erpressen, bis an den Rand von Scheidung, klar, aber wenn ich jetzt nicht aus dem Knick komme, gehe ich in die Knie. Wenn ich etwas kann, dann Torten backen, obwohl oder vielleicht weil ich kein Gramm davon essen darf. Babette entwirft die Schachteln, ich backe, und Tante Edith übernimmt die Werbung. Mein Vater war Bäcker, und ich hab einen Schriebs, sogar mit nem alten Stempel, daß er mich ausgebildet hat, das reicht für ein Gewerbe. Ich werde eine Tortendynastie errichten, und wenn er aus seinem Job fliegt, kann er die zuckerfreien mageren und die Sahnetorten liefern! Gründungsjahr 1999 wird eines Tages der Qualitätspaß heißen. Kein Laden, Manufaktur. Das zieh ich jetzt mal durch. Mit alten Kuchenformen, die heute kein Aas mehr kennt. Und wenn ich ihm dann einmal in der Woche ein Prachtstückchen serviere, mitten in die Diät, dann wird er der Sache geistig schon viel näher treten.

Und den Kredit unterschreiben. Wie kriege ich ihn dazu, daß er mitzieht? Da gibts zwei Möglichkeiten. Meinen Tod in sein Auge pflanzen, zum Glück dann Fehldiagnose! Oder auf Nervensäge machen, was sehr anstrengend ist. Bis ich ihn soweit habe, daß er alles unterschreibt, bloß damit er seine Ruhe hat, wart ich bis kurz vorm Europacup oder so. Sein Chef seine Ehehänna würde mir Kredit geben, die jiepert richtig darauf, dann hat ihr Leben auch Sinn, sagt sie, und ob sie mitmachen darf, aber ich möchte das nicht, weils grade ne Freundschaft wird, und die ist dann schon wieder im falschen Fahrwasser.

Ich könnte ja sagen, es war sein' Chef seine Idee. Den wird er nicht von der Seite anquatschen. Aber später, wenn alles gut geht, und warum sollte es nicht, dann wird er mir vorhalten, daß ich nicht alleine drauf gekommen bin und daß hinter diesem Jahrhundertwerk auch wie fast immer ein Mann steckt.

Das Backen hat noch gar nicht angefangen, da liegt einem schon wieder die ganze Welt in der Schüssel.

Melisande

Der Mensch ist gut. Der Mensch ist in der Lage, für einen anderen etwas zu tun, das dem nützt und ihm selber keinen sichtbaren oder abzurechnenden Vorteil bringt.

Wenn er nicht gereizt wird, nicht gepackt an einer Stelle, die seine empfindliche ist. Anderen wäre das vielleicht unbedeutend, genau dort angefaßt zu werden.

Aber so eine Stelle hat wohl jeder. Tritt ihm in die jemand hinein, mit Redensarten oder unehrlicher Teilhabe, erniedrigend oder einschränkend, dann brechen die Dämme, er verliert seinen Umriß, den er sich selber gegeben hat, und er wird Dinge tun, die hat er vorher nicht für möglich gehalten.

Der eine denkt, daß er nie wieder hochkommen wird, und sinnt, wie er diesem beschädigten Leben ein Ende bereiten kann. Der andere will Rache und verwendet seine Kraft darauf, die empfindliche Stelle des Gegners zu finden und tödlich zu verletzen. Solcher Ausbruch uralter Instinkte kann wegen eines Gartenzaunes erfolgen, aus Eifersucht auf eingebildete oder erfolgte Anderweitigkeit. Nur ein Satz kann die Waffe gewesen sein, die das Eigenbild durchschnitten hat.

Manchmal geschieht etwas, für das niemand kann, das auch niemand ändern wird und das dennoch über die Grenze des Erträglichen führt.

Sie kriegte ein Kind, weil sie sich eins wünschte, aber es war eins, wie sie es gewiß nicht wollte.

Der Mensch ist schon weniger gut, wenn sich ihm eine Wespe auf sein Stück Pflaumenkuchen setzt und er voraussieht, wie sie ihm in die Mundhöhle gerät und sticht, so daß er ersticken muß. Aber gut ist der Mensch schon. Inmitten von niedlichen, etwas unterdrückten Familienschäfchen, bei geordneten Verhältnissen, vor angenehm das eigene Leben konterkarierendem Fernsehprogramm kann er sich so richtig hineindenken, wie er an Stelle der agierenden Personen alles richtig gemacht hätte. Das Unglück betrifft ihn nicht, wenn er es auch bis zu einem gewissen Grad in die Nähe seiner Empfindungen gelangen läßt.

Mörder müssen gefaßt werden, Reiche sollen auch siechen und Verbrechen darf sich nicht mehr lohnen, als seine mittelmäßige Arbeit inmitten von Leuten, über deren Witze er lachen soll, auch wenn die Personen ihm stinken, seinen Kaffee wegtrinken, ohne je ein halbes Pfund hinzustellen, und ihn vergessen würden, sobald er den blauen Brief in der Hand zu drehen hätte.

Während eines ihn nicht überfordernden Liebesaktes ist der Mensch nett. Da sinnt er auf nichts Böses. Der Trieb ist stark genug, daß ihm dabei sogar mittendrin manchmal die besten Ideen kommen. Nicht nur die, wie man den Ablauf weit skurriler gestalten könnte, sondern auch die richtige Farbe für die Küchenbemalung oder eine Adresse, von der er sicher war, er habe sie vergessen.

Leicht hat es ein Mensch, der sich mit einem anderen zusammentut, ohnehin nie mehr. Er muß seine Wünsche abstimmen, wozu er fast nie Lust hat, und er verändert sich durch die Gegebenheiten, obwohl er eigentlich nur vom Partner dachte, daß der noch eine Menge lernen muß.

Eine Geburt tut weh, ob du die Freude deines Lebens gebierst oder ein Rutenbündel, das dir auf den Rücken geschnallt bleiben wird.

Die Entscheidung, es als Mutter und Vater auf sich zu nehmen oder sich damit hoffnungslos überfordert zu fühlen, ist jüngeren Datums.

Der Mensch kann eine alte Frau sein, auf deren Rente die ungesicherte Balance von Ausgaben und Einnahmen der Familie ruht. Oma kann mit dem Geld nicht viel anfangen, und es ist auch nicht, daß sie es unters Bett stecken möchte, damit die dann später lachende Erben sind. Sie würde es hergeben, um die nötigen Reparaturen am alten Haus vornehmen zu lassen. Das ist schwere Arbeit, zum Beispiel dieses Ausschachten, aber sollen die »Kinder« es nur machen, die zweieinhalb Meter in die Tiefe werden sie doch wohl zu zweit schaffen. Wo sie doch das meiste Geld einbringt, mit ihrer Witwenrente, und davon läuft der Laden. Die könnten sich ja sonst nicht einmal den Uralttrabant leisten, aber der muß bleiben, sonst könnte Oma nicht zum Arzt und zur noch älteren Schwester gefahren werden, zum Einkaufen und zur Sparkasse.

Es ist nie »alles wieder« gut geworden. Sie hat bei der Entbindung gedacht, daß die Schwestern und der Arzt so gucken, weil es so lange dauerte und sie so leiden mußte. Aber dann haben sie ihr Melisande in den Arm gelegt, ein winziges Bündel, wie ohne Haut. Niemand im Krankenhaus hatte dergleichen je gesehn, und die Schwestern wagten das Geschöpf kaum anzufassen, weil die Haut sich schon bei leichter Berührung ablöste.

Es war ein kleines Mädchen, oder war es eine bös verzauberte Seele, ein hilfloses Untier, und wie sollte es sich in den hübschen kleinen Ort fügen, der schon in den Vorgärten keine Absonderlichkeit duldete. Alles war geordnet, und wer hier vom Gewohnten abwich, haute besser gleich und für immer ab. Es hatte aber sein Leben, das Kind, und der Glaube verbot sogar den sündigen Wunsch, es hätte sein Leben besser nicht. Die Gedanken der Ärzte konnte niemand lesen, aber da sie nichts dafür und nichts dagegen tun konnten, streiften sie dieses Problem von sich ab.

Wenn der Mensch gut ist, so hat dieses Mädchen auf seinem Lebensweg davon kaum etwas erfahren. Sie erfüllte die eigene Mutter mit Abscheu, und so verschlossen oder gebildet war die nicht, daß sie die Schuldlosigkeit des Kindes an seiner Krankheit gewürdigt hätte. Unterlief dem Kind ein kleiner Fehler, wurde ihm »die Strafe« vorgehalten, die ihm der liebe Gott von Anfang an auf den Weg gegeben habe, diesen Schuppenpanzer. Er bestand aus vielen viereckigen harten Teilen. Löste sich ein Stück, konnte man es fallen hören.

Die Leiden hatten viele Stufen. Es konnte kalt sein, dann ließ der Panzer keine Wärme durch, wie er keine Kühle aufnahm, wenn es heiß war.

Wo sich ein Glied der Schuppenhaut löste, entstanden Wasserblasen. Das Kind lernte sehr früh, sich selber zu verbinden, die Blasen aufzustechen und möglichst niemanden um Hilfe zu bitten, um nicht die vielen möglichen Arten von Abweisung zu wecken.

In seinem Körperlein, das schlimmer einem Kind nicht auferlegt sein kann, schlug ein sehnsüchtiges warmes Herz, und im Kopf arbeitete ein unermüdlicher Verstand.

Der Mensch ist gut, wenn er dabei nicht arg strapaziert wird. Und Mütter sind die Güte in Person, besonders, wenn die Kinder ihnen ähnlich sehen und gut geraten. Manchmal dauert das lange, dann haben Mamas was auszustehen und können schier verzagen an der Aufgabe, den Druck einer Gruppe oder eines faulen Kopfes oder die Folgen der eigenen unsicheren Erziehung abzuwehren.

Dieses Mädchen aber würde nie vorzuzeigen sein, es würde keine Freundinnen haben, konnte am Sport nicht teilnehmen, verpflichtete zu fast folgenlosen Arztbesuchen mit langen Zeiten im Wartezimmer, also mit Angestarrtwerden und Wegrücken, auch wenn das unauffällig versucht wurde, was nie gelingt.

Das Mädchen wollte gern lieb sein zu anderen und selber Zärtlichkeiten empfangen. Aber die eigene Mutter brachte es nicht über sich, das Kind in den Arm zu nehmen, und wenn es sich verletzte, so wußte die Mutter ihm nicht zu helfen, denn nie ebbte ihr Entsetzen ab, daß aus ihrem Leib etwas gekommen war, das konnte der Beelzebub persönlich sein. Gott, warum hast du mir das angetan. Was erwartet Gott von ihr?

Das Kind hatte eine starke Lebensflamme und nahm alle Zurückweisungen bewußt auf, gab nie etwas Böses wieder und lernte mühsam, mit vielen heißen heimlichen Tränen, stolz zu sein und seine Würde zu finden.

Sie wollte heraus aus dem allzu engen Kreis. Eine eigene Wohnung wurde zur Sehnsucht, zur unerfüllten. Niemand nahm sie als Mieterin auf. Als Lehrmädchen schon, das stand ihr gesetzlich zu. Wenn sie nicht in ihre Schuhe hineinkonnte, ging sie in Socken. Sie wollte einen Beruf, und nach dem Gesetz hatte sie einen Arbeitsplatz zu bekommen.

Als ein Mann sie nahm und sie den Mann, bekam sie für eine Weile auch Zärtlichkeiten, denn da auch er an ihrem erbärmlichen Zustand nichts ändern konnte, erklärte er sie zur gesunden Frau. Der einfache und gutmütige Mann war so verschlossen, daß er manchem als sprachlos galt, ein Arzt ihn viel später sogar einen Grenzfall von Debilität nannte. Aber er kletterte mit ihr in die Badewanne, lag neben ihr im Bett, und mag sein, daß sie ihm oft leid getan hat. Worte hätten daran nichts geändert, meinte er wohl, also sprach er sie nicht aus.

Sie wurde Buchhalterin, machte ihre Arbeit tadellos und bemerkte wohl, daß der Arzt im Ort nicht weiter wußte.

Ein Kind wollte sie nicht, das Risiko war ihr zu groß. Das Leiden sollte nicht vererbt werden. Eine so seltene Krankheit, eine ganz unerforschte, die man Fehlinformation der Gene nennen konnte, also so was ähnliches wie die falsche Telefonnummer – aber viel mehr war nicht zu erfahren. Sollte sie stolz darauf sein, daß sie in Europa den »schlimmsten solchen Fall« darstellte? Daß Lohengrin und Jung-Siegfried daran krank gewesen sein sollen? Siehe die Sache mit dem Lindenblatt und der einzigen verletzbaren Stelle. Geschichten, die nicht trösteten, während sich andre begaben. Die Schwestern stritten sich in hörbarer Nähe, wer das Zimmer betreten müsse. Die Salben stinken, die Verbände kleben.

Der jährliche Aufenthalt in der Klinik, weit weg von Zuhause, brachte die Qualen der Behandlung mit sich, aber auch eine Art von Zuwendung. Das Personal mußte sich mit ihr befassen. Sie brauchte nicht abzuwaschen, einzuwecken, den Zaun zu streichen, sich nach Unkraut zu bücken, was ohne Aufbrechen der Haut mit langen Ragaden und ohne Blasen nicht möglich war. Einmal im Jahr holten sie ihr den Panzer herunter, und solange die Behandlung dauerte, wuchs die Drachenhaut nicht nach. Etwa in der fünften Woche kam dann eine völlig trockene schrundige Haut zum Vorschein, die für sich allein nicht atmete und die man nicht berühren durfte, ohne Schmerzen zu verursachen. Aber für diese kurze Zeit macht sie sich schön. Dann blieb, bleibt ihre Kleidung nicht hängen, zieht keine langen Fäden und klebt nicht so stark.

Sie wollte keine Schwangerschaft, dann suchte sie Hilfe dagegen, scheiterte an der Bürokratie und hat eine schöne gesunde Tochter geboren, die ihre Mutter liebt, sie akzeptiert und erst den Mann genommen hat, der die Mutti mit zu seinen Eltern nahm und sich nie vor einem Gespräch über den gerade bedrängenden Zustand drückt.

Der Mensch kann durchaus gut sein. Vielleicht nicht als Medizinstudent, wenn da eine Patientin ist, die sich ihm wie nackt präsentieren muß, aber darüber kann er nicht lange nachdenken, denn er reagiert wie die anderen Kommilitonen. Er springt zurück und will nicht aus seiner Ecke heraus, und das Kotzen kommt ihm schon bei der Vorstellung, er solle die Patientin anfassen. Erst die Androhung von Rausschmiß aus dem Studium bringt ihn dazu, näher zu kommen, mutig, wie an den Rand des Vesuvs.

In den langen Zeiten im Krankenhaus stand ihr immer ein Einzelzimmer zur Verfügung und Wunschkost zu. »Bei dem, was Sie aushalten müssen«, sagte der und jener Arzt, der in den Jahrzehnten zu ihr ein Verhältnis gefunden hatte, das sich nicht in Mitleid erschöpfte. Sie redeten schon mal mit ihr über den Stand der Forschung, aber da gab es keine Illusion. Eine so seltene Erscheinung, wer soll an die Gelder wenden. »Ein Zufallsfund wird es sein,« war noch das Aussichtsreichste.

Sie hatte auch deshalb immer ein Einzelzimmer, weil andere Patientinnen es ablehnten, mit ihr in einem Raum zu bleiben. Ich verstehs ja, sagt sie, die Harnsäurensalbe stinkt, und das tut die wirklich.

Der Mensch ist gut, sofern ihn nicht Bestimmungen daran hindern. Oder Erkenntnisse, das läuft manchmal auf das gleiche Ergebnis hinaus. Die Tochter wird nie ein Kind haben, sie möchte das Risiko nicht eingehen, einem Menschen zuzumuten, was ihre Mutter erduldet hat. Und weiter erdulden wird, und da spielen die Leiden der Haut gewiß eine Rolle, aber die Seele, die wurde gleich nach der Geburt ausgesetzt in einen tiefen dunklen Wald, und dort hat sie zu bleiben. Weil ihr niemand helfen kann, und wenn man versucht, die Einsamkeit zu durchbrechen, verschafft ihr das wieder Schmerzen.

Ihr liebster Professor, der sich manchmal lange mit ihr unterhielt, ist tot. Ein anderer wurde entlassen, sie weiß nicht, warum.

Nun ist alles anders. Ihre Arbeit hat sie gleich nach der Zeitenwende verloren, ihr Mann die seine auch. Sie konnten sich nur mit der Rente der Mutter über Wasser halten, bis der ersehnte Tag genügenden Alters kommt, von dem an sie wenigstens ihre Rente beisteuern können, keine hohe, aber immerhin.

Nur Oma ist ganz oben, ganz hoch oben. Sie hat der Tochter nie verziehen. Vermutlich hilft sie sich durch den Gedanken, die Tochter habe das absichtlich gemacht, vor dem ganzen Ort, dem ganzen Krankenhaus, gegen sie.

Der Mann und die Frau hoffen, daß die Mutter noch lange am Leben bleibt, denn so lange haben sie besser zu leben.

Und so lange die Mutter lebt, könnte doch immer noch der Moment kommen, wo sie ihrer Tochter verzeiht, wo sie den Fluch des Ungeliebtseins von ihrem kleinen Mädchen nimmt, das selber nicht ums Leben gebeten hat.

Nicht wie die kleine Meerjungfrau, der ihre künftigen Leiden und ihre Sterblichkeit vorausgesagt worden waren. Wenn du das willst, wirst du bei jedem Schritt der ersehnten Beine Qualen dulden, und du kannst nicht zurück. Wenn er dich nicht liebt, mußt du sterben.

Die kleine Meerjungfrau wollte wissen, ob der Prinz sie lieben könnte. Ob das Leben nicht lohnt und sogar der Preis dafür.

Ein Einzelzimmer hat Melisande nicht mehr zu beanspruchen. Ein solches steht nur zahlenden Privatpatienten zu. Und Wunschkost, die ist auch gestrichen. »Sie können sich ja was zukaufen und haben nichts mit dem Magen.«

Sie hat wenig Geld. Es nützt aber nichts, wenn ich sie anrufe, dafür muß sie auch bezahlen, wie für den Fernseher, denn ihren eignen kleinen darf sie nicht mitbringen, da ginge der Klinik etwas von den empörend hohen täglichen Gebühren verloren.

Melisande wurde nicht um so mehr geliebt, umso mehr sie leiden mußte. Da sie nicht weggeworfen werden konnte, nicht ausgesetzt wie im alten Sparta, wurde sie geduldet. Mehr nicht, mehr wirklich nicht.

»Wäre sie reich gewesen, in einem anderen Haus geboren, hätte ihrem Körper auch nicht geholfen werden können«, hörte ich jemanden sagen, und es klang, als läge darin Trost. Aber ein wenig könnte der Gedanke trösten, schwere Arbeit wäre ihr erspart geblieben und Leute wären dafür bezahlt worden, es ihr ein bißchen bequemer zu machen. Obwohl es bei solchem Befund weder Wunderheiler noch Naturheilverfahren gibt. Niemand auf der Welt konnte ihr nach heutigen Erkenntnissen helfen. Und ich merke selber, wie schwer es die Hände macht und wie leicht sich der Hinausweg findet, wenn es da nichts zu helfen gibt. Um Melisandes Seele zu erreichen, muß ich durch den dunklen Wald meiner Unbeholfenheit, meiner Unfähigkeit, Ohnmacht hinzunehmen.

Sie hat versucht, sich ihre Geschichte zu erklären. Da gibt es den bösen Zauberer Schicksalsschlag und das arme Fischmädchen, das verflucht ist, zwischen den gesunden Riesen zu leben.

»Die junge Riesin war fassungslos. Ihr ward ein Mädchen geschenkt, dessen Haut so verletzlich war, daß es bei jeder Berührung verwundet wurde. Die Hebamme packte es in Watte und legte es abseits in einen Raum in sein Körbchen. Dort lag es drei Tage und Nächte ... In der dritten Nacht wurde das sterbende Kind von der guten Fee Widerstandskraft besucht. Die sagte: Dir wachse eine Panzerhaut nach Art der Kampffische. Sie sei dir Schutz und Schild. Aber gib acht, daß du sie nicht verlierst, sonst kehrt dir alle Beschwerlichkeit doppelt zurück.«

Im Märchen geht immer alles gut aus. Da haben sich Bitterkeiten und Erniedrigungen gelohnt. Aber so ist es im Leben nicht.

Obwohl der Mensch, wenn es ihn weiter nichts kostet und er nichts fürchten muß, an sich gern gut ist. Manchmal sind eben leider die Zeiten nicht danach. So wie bis jetzt immer.

Nähe

Ich wollte beschreiben, was heil macht durch Nähe.

Nähe ist ein kostbar Gut. Eins, das es nicht »ohnehin« gibt. Geringer Abstand hat mit Nähe nichts zu tun und muß die Distanz nicht verringern.

Nähe ist ein großes Gelingen. Du kommst von dort, wo sie dir gefehlt hat, und gelangst in sie, während du sie ermöglichst.

Zur Nähe gehört, als angenehm zu empfinden, was die Finger ertasten, gehört die Aura eines anderen Menschen und die innere Bereitschaft, sich auf ihn mehr als höflich einzulassen.

Nähe schmeckt nach der Haut des anderen, Nähe ist eindringlich eindringende Wärme und holt dich aus der empfindlichen Kälte des Alleinseins.

Nähe, das ist eine Schulter, kann ein Blick sein, eine Fingerspitze auf deinem Handrücken.

Ohne die Sehnsucht nach ihr gibt es Nähe nicht. Sie kann sich aber durch einen Nebensatz oder Unterton verflüchtigen.

Ein Gespräch zwischen Liebenden kann Nähe sein, oder jenes, das innigster Nähe bedarf, erhaben bei eigenem Befassen und eher lächerlich beim Zuschauen.

Wenn alle nötigen Teile der Nähe zusammenfinden, wird es möglich, sich zu sammeln und den Anteil an Putzigkeit beim animalischen Vorgang zu mißachten. Denn der Ablauf scheint eher nichtig, und der Vergleich mit anderen Tätigkeiten ist nicht gänzlich abzuweisen, aber wenn du von heiterster Zufriedenheit erfüllt sein willst, bedarf es der ernsthaften Inbrunst beider.

Es kann erquicken wie das erste Glas Wasser nach Durchqueren der Wüste, wie der freudige Griff in den Kühlschrank, nachts, wenn Gier und Bedenken sich herrlich ergänzen.

Alle Gefühle, die nie gekannten ebenso wie die endlich entstehenden, können hoch schwingen. Aber du mußt ein Gesicht haben, um eins zu machen. Obwohl es bei dem herrlichen Vorgang auf die Gesichtszüge nicht gar so sehr ankommt, wenn Blicke, Lächeln und geistiges Wegtreten stimmig einander beflügeln.

Es kommt auf das Doppelgesicht an, das in der Nähe und durch sie entsteht.

Eben dies aber, Nähe und Vorgang, entziehen sich der Beschreibung. Noch in den Versen von König Salomo wird nicht die hinlenkende Reibung beschrieben, sondern Traube und Rehzwillinge werden bemüht, um Vorfreude und Hingebung zu besingen. Der Vorhang des Himmelbettes wird während des Vollzugs nicht gehoben, und wir können nur hoffen, daß die Liebenden aller Freuden teilhaftig werden, und während wir ihnen das wünschen, erhoffen wir ein gleiches für uns.

Was wir, einander gefällig, tun und genießen lassen, während wir genießen, macht heil.

Das Vorher und das Hinterher gehören dazu. Wenn es dich stört, dir eher abträglich erscheint, daß man hinterher auch noch was sagen soll, dann stimmt die Nähe schon nicht.

Genuß und Nähe bauen sich aus vielen kleinen Steinen, die jenes Asyl schaffen, in dem wir uns für eine Weile geborgen fühlen. Durch und mit dem andern, stark genug, die Nähe zu verteidigen.

Die Sicherheit kann scheinbar sein, aber für den Moment ist sie ohnegleichen. Diese kleine Weile kann reichen, um in ihr zu messen, was im eigentlichen Leben stimmt, was so nicht bleiben kann, was sich anderswo niemals herstellen wird, was verlaßbar geworden ist, weil läßlich. Dies alles wird möglich, trotz des auch nötigen Anteils an nüchternem Zugriff und der Besitznahme, ohne die eine Begegnung auch nur schwitziger Ringkampf bleiben könnte. Wo alles verschwendet sein will, in Zusammenprall und Aufruhr und Verzehr, braucht es auch die gegenseitige Kenntnis, die sich kaum beim ersten Mal herstellen wird, so schön es ist, sich einmal auf gut Glück einander zu überlassen im Überschwang.

Kann sein, es kommt dazu nicht. Die Aufregung kann zu groß sein, sie schlägt das Begehren fast nieder. Aber die Träne rinnt und ersetzt alle Kundigkeit, wo Herzklopfen und jagende Gedanken größere Übereinstimmung noch nicht zulassen. Die Sehnsucht hat schon vollendet geträumt, was uns in schöner Situation manchmal die Sinnesnerven versagen, gerade dann, wenn wir von ihnen Gehorsam verlangen.

Das alles läßt sich nicht beschreiben. Obwohl ich schöne Bilder kenne, aber die halten eine Phase fest. Es gibt Fotos von Berührungen, deren erotische Ausstrahlung überspringen kann, sie sind selten eindeutig.

Ohne Keuschheit gibt es keine ansteckende Sinnlichkeit. Die hat bei den meisten Menschen die Neigung, sich vor Grobheit zu schützen und sich vor ihr zurückzuziehen. Die Vorführung eines sexuellen Ablaufs ist platt und lustverscheuchend, auch sehr langweilig. Das klingt absolut und intolerant, aber für mich darf ich das sein.

Nähe ist ein Ganzes. Wenn auch nur eine der Dimensionen fehlt, stellt sie sich nicht her. Der riesige Markt, der weltweit Waren verkauft, die wecken sollen, was doch im Menschen ohnehin ganzjährig erwartungsvoll ist, verweist auf Nachhilfen wegen der Abwesenheit von allem, was in der Nähe billig und ohne Unbilligkeit zu haben ist. Der Handel tut, als könne er Unverkäufliches verkaufen, und es genügt ihm nicht, angenehmes Beiwerk, als Getränk oder aus Seide, zu liefern. Er tut aufdringlich, als sei er die Sache selber, als steckte die Nähe in der Zigarette oder im besonders geformten Schuhabsatz.

Seit Jahrhunderten wird das Lächeln der Mona Lisa immer neuen Deutungen unterworfen. Sie läßt unsere Phantasie nicht los. »Warum lächelt die denn so?« Aufregender als selbst Rembrandts Pornografien.

Auch das sind Werke eines Genies, aber es bleibt beim Skizzieren einer Momentaufnahme, ohne Legende.

In Leningrad, in der Eremitage, habe ich gesehen, wie ungewollt entstandene Nähe alle Zukunft zerstört. Das Gemälde der Judith erzählt, daß sie in den Armen von Holofernes glücklich war. Entgegen ihrem Auftrag entstand die gefährliche Nähe.

Mit Holofernes hat sie ihr eigenes Leben enthauptet. Der Mann im Zelt war nicht jener Barbar, den sie töten sollte, um ihr belagertes Volk von ihm zu befreien. Er eroberte sie wohl ohne Bedrohung.

Deutlicher als durch die Trauer in ihrem Gesicht läßt sich nicht erzählen, daß dieser Nähe, die sie erlebt hat, nichts mehr folgen kann.

Dies feinste Zusammenspiel zwischen zwei Menschen läßt sich nicht beschreiben, es läßt sich nicht als Stück vorführen, nicht als Tanz oder als Prostitution. Andeuten, ahnen, ausdeuten, das alles kann der Kunst gelingen. Aber die Veröffentlichung des auch zickig »Erfüllung« genannten Teils zerstört den Boden, auf den sie gelangen will. Intimität mag eine Erfindung der Kultur sein, rücknehmbar ist sie nicht.

Was im Lauf der Zeit über Kultur zurückfloß in unser Verhalten in der Nähe, hebt die Erwartungen, schafft auch Enttäuschungen, weil die Träume erhabener waren und zu hoch schraubten. Wenn der andere uns nicht mitreißen kann, fangen wir an, ihn zu beobachten, und ihm geschieht mit uns ein Gleiches.

Nun bin ich alt genug, auch anmaßend sein zu dürfen. So sage ich, daß mich Beardsleys Bilder nicht anregen, mag die Dame reiten, worauf sie will.

Das klingt wie gegen die feinsinnigen Sammler von Erotica gerichtet. Gegen die Kenner von Spieldosen jeglicher Art. Nein-nein, es ist schon schön, wieviel Raffinesse und wie viele Kunstwerke es gibt, Zeugnisse der »Liebeskunst«.

Beflissen achte ich fernöstliche ehrwürdige Traditionen, auch wenn mir übel davon wird, soll ich den verkrüppelten schmerzenden Fuß der Chinesin als höchsten Sinnesreiz für den Mann gleich mitachten.

Gegen listenreiche Vergnügungen ist nichts zu sagen, aber die meine ich hier nicht. Wenngleich ich den Seitenhieb nicht unterdrücken kann, daß die List eher dem Vergnügen des Mannes dient und sich durchaus gegen das der Frau richten kann. Mir entzieht sich, daß jemand durch Sehschlitze, auf Körperteile blickend, etwas anderes zu erlangen hofft als Erleichterung durch Erniedrigung, wie das Produkt am Kiosk anderes als einen kleinen Körperteil wecken könnte.

Da inzwischen fast alles erlaubt ist, darf es doch wieder angegegriffen werden. Zumal es mir nicht zusteht, Verbote zu fordern, ob gelegentliche Entrüstung sie nun beinahe angemessen findet, oder nicht.

Nur, die Grenzen sind fließend. Der Film zeigt uns den grüblerischen Detektiv, der an einem Bühnchenrand mit gar keinem Gesicht kreisenden Unterleibern und kopulierenden Paaren zuschaut. Mit seinem Fall haben die nichts zu tun, aber es gibt kaum noch einen Film, in dem die Hauptdarsteller nicht zu weit gehen müssen, um zum Liegen zu kommen.

Ist da die Grenze, wird sie zu unserem Nachteil überschritten, wenn es gar keinen Bezug zur Handlung gibt? Oder kommt sie erst bei der Benutzung von Kindern in Frage, was Mißbrauch genannt wird, als ob es einen legitimen Gebrauch gäbe?

Ich bekenne meine Beharrung auf Romantik, auf Naivität und auf meiner Angst.

Ich will Nähe, und ich will meine Empfindungen für einmalige halten. Das ist eine Überhöhung, die jedem Liebespaar zusteht, aber sie bedarf der Beschützung.

Es ist nicht zu beschreiben, wie es ist, wie es sein kann.

Aber herabzuziehen, lächerlich zu machen und zu verunglimpfen ist es leicht.

Nachher ist nie mehr wie vorher. Wenn die kostbare Zeit des Hinwegs übersprungen wird, fällt vieles weg, was nur vorher als schöne Übertreibung möglich ist. Beim Warten sammelt sich, was dann für lange Wege reichen kann.

Alle Ausnahmen seien gesegnet, gesegnet das Bett, in dem der eigentlich lächerlich anmutende Vorgang anmutig erwartet und mutig vollzogen wird. So, als wäre es Kunst, für die es auch Respekt, Demut und Fertigkeit braucht.

Lies nach, was Claudius über Gertrud weiß, wenn er zaudert, ihren Sohn Hamlet zu töten, worauf alle ermordet werden.

Shakespeare wußte fast alles über den Menschen. Er läßt zynisch sprechen und zynisch handeln, aber über die Liebe breitet er die schützenden Hände seiner Verse und seinen strengen Anspruch. Wenn die Liebe zu groß ist zum Verzicht, dann muß bei ihm an ihr gestorben werden. Kleiner ist Nähe nicht zu haben. Da mag Neid aufkommen über die Größe jugendlicher Leidenschaft bei Julia und Romeo, über die unlösbare verhängnisvolle Verbundenheit von König Claudius und Gertrud. Die Nähe kann sterben am kalten Hauch einer Begegnung, die schamlos vor sich geht. Oder weil sie einem Zweck dienen soll, sei es die Versöhnung im falschen Augenblick, oder um etwas zu kriegen, das so vielleicht eher zu haben ist. Schon einmal reicht für ihr Verderben. Da sind dann die Haare im Nacken struppig wie bei einem widerstrebenden Hund, die Sonne ist aufdringlich, Blicke flitzen und alle Glieder werden schwer, auch jene, die vor allem gebraucht werden.

Das kommt aus dem nicht abzuweisenden Wissen, etwas Dummes getan und etwas Kluges unterlassen zu haben.

Einen fallenden Stern fängst du eher auf als eine beleidigte Nähe, die sich zurückzieht. Es sei denn, du bist kundig, ein Spinnennetz zu flicken. Dann magst du fähig sein, auch andere feinste Fäden wieder aneinander zu löten.

Unschuld ist wiederherstellbar. Zitat einer frühen Behauptung, als ich hoffte und noch sehr wenig wußte.

Die Tränen der Einsamkeit

Er hat gesagt, ein einsamer Mann ist immer leicht zu beeindrucken. Als du damals zur Kur warst, so ewig ...
Jahrelang. Ich!
Na, fast.
Du meinst, als sich das Geschirr gestapelt hat? Keine Socke mehr im Schrank? Im Essen war sogar das Salz angebrannt, und drei Töchter als ganz normale Nervensägen mal um dich rum? Das meinst du?
Er hat gesagt, damals war er noch ein anderer Mensch. Durch mich raffiniert unselbständig gehalten, er durfte nie an was ran. Aber ihm hat meine Haut gefehlt. Meine Hand im Bett, und nicht im Abwasch. Er hat sich wie auf Melmac gefühlt, aber als du nach Hause gekommen bist, war alles piko. Alles muß immer wie neu, aber nie auf einmal ganz anders sein. Das hält der Mensch an und für sich nicht aus.
Ich hab gesagt, so gehts der Frau von deinem Chef. Hänna wollte hiern zweites Leben, alles ganz anders, aber wie zu Hause am Rhein, und nu erfindet sie die Revolution.
Und was willst du mir damit durch die Blume Hänna sagen?
Die, die will endlich mal ihr eigenes Leben leben, aber was das sein soll, das weiß sie nicht. Vielleicht bloß so wie früher.
Ich hab gesagt, das kann ich nicht beurteilen, weil ich sie nicht kannte und ihr Leben früher auch nicht. Aber meins! Und da hat sich auch alles und nix geändert. Wir Weiber solln mit einer Hand einen Wolgadampfer ziehn und mit der andern auf der Aurora rumballern, aber fünf Finger solln auch im Bett bleiben und dann noch zwei Patschen im Abwasch. Ganze Welt befrein, aber keine Zeit zum Friseur. Du wolltest doch den Scheißgarten, ich nicht. Wozu ist er nun nütze? Du suchst da die Regen-

würmer zum Angeln für deinen Chef. Mehr Vergnügen ist nicht. Er hat gesagt, Barbecue könnten wir machen, aber da bist du ja auch gegen. Wegen Cancerogen. Ich weiß schon, du wolltest immer einen Sohn und nicht bloß drei Töchter. Das wollte ich auch gerne, da wäre man jetzt mank den wechselnden Schwiegersöhnen nicht so alleine. Aber Piloten und er können eben nur Töchter. Er hat sich sogar mir zuliebe entmannen lassen, damit ich keine braunen Flecke oder Orangenhaut von der Pille kriege. Kein anderer Mann würde das machen.

Entmannen? Du dich?

Ja, er ist ein großes Risiko eingegangen, daß sie ihm nicht gleich alles weggeschnitten haben in der todesähnlichen Narkose. Die meisten Patienten wachen nie mehr auf.

Ich hab gesagt, und dann hast du mir noch das Rauchen und das Essen abgewöhnt. Sehr stark. Aber wenn das gar kein andrer Mann machen würde, woher weißt du dann, daß die meisten nicht mehr aufwachen?

Man hört sich doch vorher um. Und was hab ich dafür gekriegt? Die ganze soziale Kälte in der eigenen Familie. Früher wars einfach. Da hatte er recht, und ich hatte unrecht, und er brauchte mir immer bloß zu verzeihn. Das war übersichtlich.

Ja, hab ich gesagt, da hab ich dir den Piep hintenrum gezeigt. Weil du zwei Examen hattest und ich bloß Berufsausbildung mit Abitur. Jetzt gilt deins nichts und meins auch nicht, da kann ich dir den Piep vornerum zeigen.

Er hat gesagt, olle Holzen ist auch so furchtbar einsam. Seine Lusemie ist heute nicht mehr zu Hause als früher.

Und was geht dich Lusemie ihren Mann seine Einsamkeit an? Er hat gesagt, kann mich doch mal um ihn kümmern. Sind wir schon zwei. Und was Besseres als den Tod finden wir überall. Im Elend kommt der Mensch sich nah. Früher hatten wir uns nie groß was zu sagen.

Was siehstn dabei so todtraurig aus?

Naja, hat er gesagt, daß man früher nicht mehr draus gemacht hat. Klar, die Geburtstage ham wir gefeiert, von den Kindern, auch von der Republik und die Prämien. Daß wir zusammen zelten warn, aber das war ja wegen praktisch, einer hatte das, der andre das, und keiner alles. So wars auch draußen im Garten, einer brauchte den andern. Die paar Skatabende, daß man dafür überhaupt Zeit hatte, Parteiversammlungen und Gewerkschaft und die Betriebsvergnügen eben ... und man mußte ja mit der Brigade ins Theater ...

Ich hab gesagt, und dann mußt du noch wenigstens dreimal zu Hause gewesen sein. Wir haben immerhin drei Töchter.

Er hat gesagt, wir Männer sind jetzt einsam, das kannst du nicht wegreden. Ihr Frauen wollts noch mal wissen, aber nicht von uns.

Mir kam es so vor, daß er es selber glaubt. Zwei Ehemänner, die sich gegenseitig auf die Schulter weinen.

Er hat gesagt, sone ölige Ironie ist an dir auch neu. Dadrüber solltest du mal nachdenken. Ein Mann, der weinen kann, lacht Fraun im Herzen an, dadrum gehts jetzt, wenn auch nicht bei uns. Du denkst aber nicht nach. Gehst mit deiner neuen Kledage und ohne die roten Naturhaare knallhart deinen Weg. Willst du mit diesen Botten auf den Mont Everest? Und dann noch mit langen schwarzen Rock. Wird schon wem gefallen. Für ihn ist schön anders.

Ich hab gesagt, Babette wünscht sich von uns solche zum Geburtstag. Oder Highheels.

Solche Wörter sagt er nicht. Ihr Weiber habt euch zu einer Gang zusammengetan. Hänna wirft zu Haus auch nur noch Tiefkühlblicke auf ihrn Wachtmann vom Rhein. Der ist auch einsam.

Auch? Wieso auch? Der war früher genauso einsam. Das hat er bloß nicht gemerkt. Die kennen sich nicht besonders. Sie war meistens alleine, am Rhein mit den ganzen Burgen. Kinder haben nicht hingepaßt, kannste nicht ihr alleine die Schuld geben.

Er hat gesagt, die hatte doch auch alles.

Schon wieder auch. Wieso auch?

Die hatte n eigenes Auto bloß zum Einkaufen, Malediven, Geschirrspüler und sogar n Rosengarten. Hat alles er bezahlt. Ich hab gesagt, wenn das alles ist, was ein Mensch an Glück kriegen kann, warum hat er dann nicht so gelebt? Und ist heute noch weit davon? Und wer hatte noch *alles?*

Du! hat er gesagt, du hattest die andere Hälfte. Beides geht eben nicht. Du hattest mich! Arbeit, zu viel, große Klappe, die Kinder und immer alles rappelvoll in der guten Stube. Ich hab dir mal ne Rose mitgebracht, und du hattest nicht mal Zeit, sie in die Vase zu stellen, also von Langeweile und Einsamkeit kann da wohl nicht die Rede sein.

Ich hab gesagt, ich hasse Kleingärten, ich hasse Zelte. Ich möchte einmal einen Urlaub im Einzelzimmer, mit Fernsehen, Balkon und Zimmerservice und 24 Stunden Sonne. Um mich rumfressen und nix machen. Aber wir warn ja schon zufrieden, wenn wir für die Kinder an der Ostsee ne Bockwurst erwischt haben. Mit Anstehen.

Er hat gesagt, wir haben damals viel zusammen gelacht. Und gespielt, Federball und Menschärgredichnicht und Halma, Dame und Rommé. Und geteilt, unsre Kinder haben von klein auf geteilt. Weil sie das von zu Hause nicht anders kannten. Neid hats bei uns nicht gegeben. Wenn ne Schüssel auszulecken war, da hatten wir alle die Hände drin. Und jeder noch so schwere Sessel wurde feierlich eingeweiht. Bei uns wurde Freude gezeigt, und wenns gekracht hat, dann richtig. Und die Bockwurst hat achtzig Pfennig gekostet, nich 3 Mark.

Ich hab gesagt, Ali ist auch arbeitslos. Haben wir gedacht, Ali, reicher Perser, dein erster Chef nach der Wende, nu hats ihn auch erwischt.

Alias Dr. Schiwago? Tut mir leid. Kann er wenigstens nicht mehr *Let it be* tanzen, während ich grade oben Dachpappe annagle. Du hast gar nix genagelt. Und ich möchte mal nur für Fun dasein. Mit jemandem durch Fliederbüsche gehn und die Sterne zähln. Ist mir doch egal, ob das schon Westalgie ist oder noch Ostalgie.

Er hat gesagt, um dein Leben zu ändern, brauchst du einen ganz anderen Mann, der eine ganz andre Frau braucht.

Ja, hab ich gesagt, und er soll mir leise ins Ohr singen ...

Versteh schon! Möglichst ein Lied, was du mit dem andern getanzt hast. Unsereins kennt das gar nicht und seitdem schon erst recht nicht. Aber drei einsame Männer stehn für Madam zur Auswahl. Olle Holzen kommt wohl nicht in Frage, sonst hättste den vor Jahrzehnten schon skrupellos vernascht. Und sein Chef ist ein einziges Nervenbündel. Der macht mit den Zähnen immer son komisches Geräusch, da bist du die Letzte, die ihm das erlaubt, bei dir darf man ja nicht mal krümeln. Bleibst wohl bloß du?

Er kann sich, hat er gesagt, als entmannt empfehlen, geimpft ist er, Hörner sind auch ab, und er ist ehelich und steuerlich abgefedert. Also fast n Idealtyp für die Kralle einer Emanze.

So kann mans sehen, hab ich gesagt. Man könnte aber auch sagen, übergewichtig, nervend, abgenutzt und immer mit einem Fuß im nächsten Nasenkrebs. Außerdem ungerecht und inkonsequent. Das können wir bei dir aber abziehen, das ist ja jeder.

Er hat gesagt, ich habe dich nie belogen.

Warum nicht? Hab ich mit einem bescheuerten Mann gelebt? Die ganzen Jahre? Man lügt doch, wenns nötig ist.

Ja, aber nur dann.

Na, bitte. Manchmal bist du niedlich. Und eindrucksvoll, ganz ulkig und n Kumpel und als Vater?! Als Liebhaber, da gibts nichts auszusetzen ... Kann ja auch alles noch fünfzig Jahre so weitergehen, vorausgesetzt ...

Er hat gesagt, hier wird nichts mehr vorausgesetzt, gleich kommt Fußball. Falls es noch was vorauszusetzen gibt, kann er die todesähnliche Narkose wiederholen, da steh ich da mit meinen Leberflecken und Krampfadern am Hals, und ihm steht die Welt offen. Für eine, die einen Fliederbusch von zu Hause mitbringt und alleine *let it be* singt, sogar unter der Dusche und alles unter der Dusche, was man bei mir nicht machen darf, damit die Kacheln nicht naß werden, so sieht das doch aus. Der sind die Kacheln egal, bis er Sterne sieht, und kein Aas wird daran denken, die zu zählen. Basta. Schluß. Feierabend. Fußball.

Da sitzt er nun, und eigentlich ist er kein bißchen auf mich angewiesen. Wer ist er? Was mach ich hier? Was mach ich morgen? Mit ihm ist immer ein bißchen ohne mich, aber ohne ihn, da weiß ich nicht, was von mir noch bleibt. So! Nun hat seine Mannschaft ein Eigentor geschossen. Na, dann am besten Gute Nacht. Mit diesem Eigentor hat er nicht gerechnet, und nun ist er wirklich einsam.

Ihr einziges kurzes Glück

Es gibt Frauen, die rufen einen immer an, wenn man sich gerade die Farbe auf den Kopf gepinselt hat. Immer dieselbe! Sofort! Sie muß mich sofort sprechen, es geht um Leben und Tod. Aber nicht in deinem Stammcafé, da schmeckt der Kuchen nicht. Und setz ja nicht wieder deine Insektenbrille auf, da weiß ich nie, wie du was meinst.

Es geht um Leben und Tod, aber der Kuchen muß schmecken. Wir sind verwandt und hatten schon in der ersten Klasse nur Zoff, eben Familie.

Die ruft mich immer an und erzählt mir alles, und ich darf nichts davon weitererzählen. Wer soll das aushalten?

Was wird sie schon haben, dachte ich, aber wie auch immer, in der Mitte zappelt ein neuer Kerl. Das ist immer ihr Thema. Normalerweise sitzt sie noch nicht und sprudelt schon los. Aber diesmal sind wir schon beim zweiten Topf Kaffee, ich hasse sie für das laute Umrühren mit dem Löffelchen, aber nun guckt sie mir endlich ins Gesicht. Die tut immer so, als ob von meiner Meinung ihr Tun und Lassen abhängt, dabei will sie nur alles loswerden und dann machen, was sie sowieso machen wollte.

Er will mich fotografieren, hat sie gesagt. Er! Ausrufungszeichen! Verstehst du, so ... naja, mich und dann aber auch beide mit Selbstauslöser. Das will er für mich riskieren. Und das schönste Foto will er dann bei sich tragen. Das ist doch Liebe – nein? Glaubst du nicht auch, daß ein Mann eine Frau lieben muß, und daß sie ihm gefällt, wenn er so was will?

Laß das sein, hab ich gesagt. Ein Foto ist ein Beweis. Man kann als Frau vieles abstreiten, denn wenig ist so schwer nachzuweisen wie die Spur eines Mannes in einer Frau, die Spur des

Schiffes im Meer und die Spur des Vogels in der Luft – aber doch nur, solange es nicht fotografiert ist oder aufgeschrieben. Denk mal an die Effi Briest. Die hätte in ihrer langweiligen Ehe mit dem stocksteifen Instetten die herrlichsten Biedermeiergewänder durch die Gegend schleppen können. Aber als sie ein einziges kurzes Glück hat, was macht sie? Hebt die Liebesbriefe auf, in so einem doofen Versteck, und noch ein rotes Bändchen drum, auffälliger gehts nimmer, außer bei deinem in der Brusttasche.

Nacktfotos von dir kann sich dein Mann mal bei sehr nüchternem Licht genau betrachten.

Sie hat gesagt, hachja, ein einziges kurzes Glück. Wie bei ihr.

Neinnein, hab ich gesagt. Du bist nicht Aida, und deine einzigen kurzen Glücke kenn ich alle. Von wem? Von dir, entschuldige schon.

Sie meinte, in einem hast du recht. Ohne den Brief von Tante Vera an Tante Annette hätte ihre Mutter nie erfahren, daß die beiden Omas Wäsche schon unter sich aufgeteilt hatten, da hat Oma die noch getragen.

Ich hab gesagt, deine Tante Annette war meine Mutter. Und was wollte deine Mutter mit den Liebestötern? Sie dir vielleicht vererben? Damit du sie demnächst auf den Fotos tragen kannst?

Sie hat gesagt, Wäsche ist viel wichtiger, als man denkt. Für *ihn* trägt sie jetzt total ausgeflippte Sächelchen, gabs ja gar nicht und konnte man sich auch nicht leisten. Farben, sag ich dir, Farben. Hinterher kann man das in eine Ehe nicht mehr einführen, da kommt man gleich in den Verdacht, daß man fremdgegangen ist oder einen reichen Spender hat. Wie sich das anfühlt. Obwohl er immer so reißt. Kann sie ihm aber nicht verbieten, das wäre ja zickig, de-de-errig wäre das, wenn einem ein Loch im Spitzenhemd wichtiger ist als der ganze tabulose Sex.

Den hast du also jetzt. Und was sagt dein Mann?

Du meinst Lothar? Löti? Was soll er sagen. Er ist wie immer. Lieb, bißchen mausegrau und wie Männer so sind.

Will dein tabuloser Reißmichel den abschaffen?

Sie hat gesagt, bist du verrückt? Wieso denn auch. Die beiden sind doch Freunde, Sportsfreunde. Er sagt, wir müßten ja dumm sein, uns von Löti scheiden zu lassen, wo der die ganze Woche weit weg ist auf Arbeit, und die Kinder sind noch aus nichts raus. Seine ja auch nicht. Hast du schon mal gesehn, wie seine Frau schielt?

Und dann hat sie die Hand vor den Mund gehaun, das wollte sie doch auf keinen Fall sagen, sich verplappern, denn bei der Schielewippschen wüßte ich ja gleich, wer er ist. Schwöre mir... Ich bin sicher, daß die ihn mir vom ersten Augenblick an verklickern wollte. Deswegen hat sie sich mit mir überhaupt getroffen.

Sie sagt, wo ich doch mit Lothar sowieso nur noch wie Bruder und Schwester lebe.

Das glaubt dir dein Papagallo?

Kind! Den Ton kenne ich. So reden alle verheirateten Frauen mit allen unverheirateten, denn wie immer es ihnen auch zu Hause ergeht, sie sind nicht von dem Gedanken wegzukriegen, sie hätten uns einen Mann voraus, während wir keinen zum Amtseid verführen konnten.

Kind, das glaubt jeder Verliebte, jedenfalls verlangt der Anstand, daß es gesagt wird. Es gehört sich. Und wenn das eine eine neue Liebe ist und das andere eine alte Ehe, dann stimmts ja auch irgendwie.

Ach, was weiß ich, sagt sie. Mach dir von unserer Ehe kein falsches Bild. Andere leben viel schlechter. Wir machen schon unser Ding.

Ich hab gesagt, eines Tages wird der liebe mausegraue Lothar lauter sehr große Backpfeifen absetzen, vermutlich bei dir.

Sie hat gesagt, nie! Lothar hat noch nie die Hand gegen sie erhoben, obwohl sie die Sache mit dem letzten Wort im Streit manchmal sogar extrem drauf hat. In dieser Ehe hat was ganz anderes gefehlt als Ohrfeigen. Das Streichorchester unter den Liebesszenen. Wenn das fehlt, das kann niemand erzwingen. Denk mal an Doktor Schiwago ... Diese herrliche Musik, mitten im Winter in Sibirien. Geliebte, wir dürfen uns nie wiedersehen ... dadidada ... verstehst du mich? Tränen und das ganze Eis, und dadidadadada ... Verstehst du mich, sagt er und sie schüttelt den Kopf, Lara, so wollte ich eigentlich meine Tochter nennen ...

Ich hab gesagt, fällt dir noch ein, wie die Ehefrau von dem hieß, wie hieß die doch?

Es fiel uns beiden nicht ein, und irgendwie war das schade. Ich hab gesagt, siehst du, berühmt werden immer nur die Geliebten, die fleißigen Hausfrauen kennt nachher kein Aas.

Sie hat gesagt, das mag sein, aber dafür kann sie nicht. Jedenfalls der da, ihrer, den möchten viele. Aber haben hat eben sie ihn.

Und die sehen sich ja dann doch wieder, könnten sich haben, in Moskau, aber sie sieht ihn nicht, und dann fällt er tot um. Das ist es, das meine ich.

Daß dein Mann tot umfällt?

Ach! Sei nicht so spitz. Liebesszene kann in einer Ehe vieles sein. Löti ißt für sein Leben gern Quetschkartoffeln. Son Kindheits-trauma. Sie macht immer Reis. Oder Spaghetti. Kriegt er auch nicht hoch.

So ein Menschenherz, sagt sie, ist doch rätselhaft. Für den andern hat sie schon stundenlang Rehhäufelchen mit Schupfnudeln gemacht, Preiselbeern und hinterher Törtchen im Eisbett, viel Arbeit, aber dann lag alles kalt auf dem Teller und sie beide ganz woanders heiß rum. Aber es hat ihr nicht leid getan.

Die Kinder wolln Pommes mit Majo, oder Pommes mit Ketchup, oder Döner oder so, da kommt man sich doch wie unter der Sohle vor. Löti ist da anders ...

Ja, hab ich gesagt, hättste doch die Schupsnudeln zusammenfegen können, als Eintopf für deinen Mann, Schupsnudeltörtchensuppe mit Rehhaufen ...

Sie hat gesagt, weil du Löti nicht kennst. Der würde das schweigend löffeln, oder wenigstens so tun. Der hat noch Respekt vor einer Frau, die in der Küche gestanden hat. Aber er läßt nie einen Rest Soße auf dem Teller. Erst kratzt er beinahe das falsche Zwiebelmuster aus dem Porzellan, so daß es richtig quietscht, dann leckt er sich die Lippen, sagt: Legen wir uns noch bißchen hin? So, als ob er fragt, ob ich seine Schuhe gesehen habe.

Ich hab gesagt, muß er sich nachmittags mal bei ner Talkshow einklinken. Thema: »Wie lecke ich als Mann nicht vorher zu lange den Teller ab?«

Oder: »Wie mache ich es, daß meine Frau auf dem Teller nicht kalt wird?«

Sie hat gesagt, und für dich wirds Zeit für Wer mit Wem, oder: Wie schaffe ich es als Frau von hmzig noch, einen vor den Standesbeamten zu zerren? Oder gib doch ne Annonce auf: »Einsam im Alter, das muß nicht sein. Ich bin unerträglich, aber noch zu haben.« Du weißt eben nicht, was Liebe kann. Kannst du dir ja auch leisten. Kein Kind, kein Kacks, Hauptsache du. So warst du schon in der ersten Klasse.

Ich hab gesagt, in der ersten Klasse hattest du auch noch kein Kind.

Mein Löti, der liebt.

Wen? hab ich gefragt. Wen liebt Lothar, so still für sich alleine?

Sie hat gesagt, mich liebt er. Lothar liebt nur einmal in seinem Leben und zwar mich. Er ist vom Stamm der Asra, welche sterben, wenn sie lieben. Deswegen ist er auch so wertvoll. Da bleibt sogar sie weit hinter zurück, das muß sie zugeben. Er ist eine Persönlichkeit. Sieht man selten mal. Aber im Vergleich zu dem andern ist ja sogar Richard Gere wie Soßenabkratz von Löti. Der andere, der ist so ne Mischung zwischen Nick Nolte und Whoopi Goldberg. Verstehst du?

Nein, hab ich gesagt. Ich verstehe gar nichts. Der Vorige war eine Mischung zwischen Mahatma Gandhi und Lotti Huber.

Sie hat gesagt, wenn du mich nicht verstehen willst? Und sie braucht sich vor mir nicht zu verteidigen. Aber mit Löti gibts eben auch nie einen großen Augenblick von Haß. Muß doch auch sein. Dieses Rauf und Runter, Backpfeifen und Jubelschreie, bißchen Vergewaltigung, und dann immer die Angst, der haut ab, den siehst du nie wieder. Aber nicht bei Löti. Der bleibt, da kann sie machen, was sie will. Der läßt sich alles gefallen, sucht für alles eine Erklärung. »Du bist eben son sensibler Mensch, der seine Gefühle nicht zeigen kann. Du darfst so sein«, sagt er. Und was hat er gegen die Mauer gemacht?

Nichts!!! Sonst hätten wir auch Besuch vom damaligen Bundeskanzler gehabt, das Bundesverdienstkreuz gekriegt, und der hätte ne halbe Million dagelassen.

Ja, hab ich gesagt, das hat er verpaßt. Da würd ich ihn doch an deiner Stelle verlassen und mir Schupsnudel krampfen.

Sie hatte Tränen in den Augen, und vor allem hatte sie es auf einmal eilig und wollte, daß ich bezahle, wie immer. Mach mal, du hast es doch, das mußte noch kommen, dann war sie weg.

Ihrn Schirm hat sie auch wieder vergessen, vielleicht wars auch gar nicht ihrer, jedenfalls hab ich ihn mitgenommen, und ich denk schon, daß er vielleicht nicht ihrer war, weil er so teuer aussieht.

Wieso soll sie mir leid tun? Lothar rackert sich die ganze Woche weit weg ab, und am Wochenende kriegt er Reis mit aufgewärmten Kopfschmerzen von seiner Gattin. Alles andere kriegt der Rehhaufen. Ich kenn den Dödel. Seine Frau schielt nicht mehr als Barbra Streisand. Sie würde auch schielen, wenn sie nicht schielen würde, weil sie keinen Blick von dem Mann läßt – und was sieht eine Frau, die immer auf denselben Fleck glotzt? Nichts mehr.

Letztes Mal hab ich gefragt: Weißt du noch, wie es auf dem Marktplatz gebrannt hat, und wie Lothar da war?

Sie hat gesagt, sie weiß ja nicht mal, daß er da war, da kann sie auch nicht wissen, wie er da war.

Das weiß sie also nicht. Er hatte keine Augenbrauen mehr, riesige Brandblasen an den Händen, die Knie haben ihm gezittert und als die Männer die Leute da ... sehr stark. Er hat gelacht und geheult gleichzeitig.

Ich wollte noch wissen, ob sie wenigstens das weiß: Was für eine Augenfarbe hat dein Mann eigentlich?

Wer? Löti? Sag bloß, der hat schon wieder Geburtstag. Wegen Schlips, ja? Vergißmeinnicht in Milch gekocht würde ich sagen. Aber Schlips kann er immer gebrauchen.

Lothar hat grüngoldblaue Augen, je nach Licht. Die Quetschkartoffeln, die mach ich mit einem kleinen Schuß Creme freche, einem Stückchen Butter, Häuchlein Muskat und Wölkchen sehr weißes Mehl. Die Kartoffeln muß man erst trocken stampfen, stampfen, und dann erst die kochende Milch, langsam, nach und nach und dann das andere, da muß viel Luft unter die Kartoffeln, goldgelb und fast schaumig werden die. Schmecken sogar noch kalt, wenn man sich den Rest aus der Küche holt. Lothar sagt, aus dem Bett kommen, mit barften Beinen in die Küche und dann diese Quetschkartoffeln, da weiß man, wofür man lebt.

Am Ende zählt der Anfang

Wie einer geht, wenn er geht, daran kannst du sehen, was der Bettel, den er dir vor die Füße wirft, vorher wert gewesen ist.

Sachlich kann es kaum zugehen, wenn alles aufgekündigt wird, was versprochen war, als abgemacht galt, sogar mit Unterschrift und Siegel. »Hast du das alles vergessen?«

Nein, hat er gesagt, aber es ist nicht mehr gültig.

»Das Versprechen ist nicht mehr gültig? In guten und in schlechten Tagen? Mietvertrag, Abo für die Zeitung, unsere Eintragung im Fernsprechverzeichnis, unser gemeinsames Berliner Testament zum vorrangigen Nutzen des Partners, alles nicht mehr gültig? Das Ja auf dem Standesamt, dein Name in meinem Paß, unsere geheimen Rituale, alles für die Katz? Vor den Kadi gezerrt?«

Meinetwegen nicht, hat er gesagt, wir müssen sowieso ein Jahr getrennt leben, und ich brauche keine Scheidung. Das ist mir egal.

»Wir haben die Maler bestellt.«

Bestell sie ab

»Das kostet auch.«

Ich werde es bezahlen.

»Ich hab immer nur an uns gedacht, und an dich mehr als an mich selber«, hörte ich meine Stimme, umkippend. »Ich wollte, daß du zufrieden bist.«

Sag bloß. Muß aber lange her sein.

»So lange ich jung war, da war ich dir gut genug, um nicht zu sagen, ich habe dir meine Jugend spendiert «

Kreisch nicht so, sagte er und krall dich nicht ein wie eine Zecke.

»Gib doch zu, daß du mich nie geliebt hast«, schreie ich und schleife meine Seele über den Fußboden, süchtig nach Gemeinheit.

Laß das alles weg, hat er gesagt, ich habe mich nicht geliebt gefühlt. Tausch mich ein gegen ein anderes Problem.

»Weil ich manchmal keine Lust hatte?« O Gott, laß es daran gelegen haben, dem könnte ich mit medizinischen und sonstigen Erklärungen beikommen.

Das war ja noch ein Glück, hat er gesagt. Eine Handvoll Kirschen war mehr Erlebnis als du. Jedenfalls in den letzten Jahren.

Ich wollte den Mund halten und das Drama geschehen lassen, schweigend und groß. Aber da sah ich, so außer mir ich auch war, etwas, das sollte ich wohl nicht sehen, oder ihm war auch das egal.

Er packte nötiges Zeug, und das lag parat. Der Koffer, sonst immer ungewollt durch Zahlen verschlossen, stand in Handnähe und war offen. Alles, was er mitnehmen wollte, war aus seinem Schreibtisch, aus dem Bad und aus unserem Schrank ordentlich zurechtgelegt. Auch seine Papiere, Zeugnisse und ein paar Mappen.

Was sich abspielte, war kein spontaner Ausbruch, sondern Ablauf, durchdacht und vorbereitet.

Alle meine Gefühle haben sich auf diesen Punkt konzentriert, der meinen Haß geweckt hat. Geschrei hätte ich ihm verziehen, auch ungerechte Beschuldigungen, Nachblättern in längst verziehenen alten Geschichten, aber dieser Mann wollte heute gehen, der war gar nicht durchgedreht. Wahrscheinlich hatte er sich sogar ein Taxi bestellt, damit ich mich vor irgendeinen, jedenfalls nicht vor seinen Wagen werfe, falls ich zu weit ginge. Auch damit hatte er gerechnet, oder rechnete er noch.

Er wollte nach dem Foto unserer Kinder greifen, das riß ich ihm aus der Hand, warf es auf die Erde und trampelte auf Glas, Rahmen und dem Bild herum. »Wenn, dann ist das auch nicht mehr gültig«, habe ich geschrien, »dann gibt es diese Menschen gar nicht. Und nimm dich in acht, ich mache dich fertig, ich bringe dich um alles.«

Das hast du schon getan, hat er gesagt. Da ist kaum noch was zu holen. Geh mir aus dem Weg.

Ich rannte zum Fenster, vor dem Haus stand ein Taxi.

Er ist gegangen, und ich weiß, daß er nie wieder kommt. Er wird mich nur dann anrufen, wenn es sein muß, er kommt nie wieder hier herein, wo er dem Tag und der Nacht seine Rituale aufgedrückt hat, und ich selber bin von ihm geprägt wie der Ring an meinem Finger. Den habe ich ihm aus dem Fenster hinterhergeworfen, aber er hat sich nicht umgedreht. Und wie tödlich beleidigend, daß er nur unseren kleinsten Koffer gepackt und mitgenommen hat.

Er hat sich benommen, steifbeinig und beherrscht, als ob mein Anwalt uns zuguckt und Punkte gegen ihn sammeln könnte. Vielleicht kommt er wieder, wenn ihm nur dieser Weg oder das Ende unter der Brücke bleibt. Das ist aber nicht wahrscheinlich. Er könnte auf mich zukommen, um mir eine todbringende Infektion anzuvertrauen, eine, die so eklig ausbricht, daß ihn außer mir niemand pflegen würde.

Aber er sah gesund aus, als er ging, um mich hinter sich zu haben. Alles hätte sein dürfen, was von hier bis ins Morgenland passieren kann: Zum Beispiel ein Flugzeugunglück und im Moment des Absturzes verliebt er sich in die Stewardeß, das könnte ich verstehen.

Oder in einem Seuchenkrankenhaus, wenn er sich da in die warme Achselhöhle einer Krankenschwester geflüchtet hätte, um der Angst zu entkommen und sich zu beweisen, daß ihr Lächeln nicht lügt und er zu den Überlebenden zählt.

»Is nachzuvollziehn«, hätte ich da gesagt.

Es kam aber nicht mehr auf mich und mein Verständnis an. Sein Problem war nur, es gab mich noch. Eine Frau mit einer eigenen kleinen Welt und mittendrin eine eigene beste Freundin. Das einzige Unverzeihliche mußte geschehn, die mußte es sein. Ich hab sie so gebraucht, und ich dachte, es ginge ihr um mich, ihre schönen Augen wären freundschaftlich auf mein Wohlergehen gerichtet. Sonst hätte ich ihr doch nicht alle meine Geheimnisse anvertraut, so viele Päckchen mit meinem Absender in ihrem Gedächtnis hinterlegt. Ich dachte, niemand außer mir würde je erfahren, wieviel Wut ich angesammelt habe, was ich denke, was ich in den intimsten Augenblicken wirklich fühle. Ich hatte doch ihr Amen nach meinen Beichten, die häufiger und heftiger wurden, war froh, daß wir so viele Anlässe gefunden haben, uns zu treffen. Ihretwegen habe ich diese Grillabende und gegenseitigen Besuche auf mich genommen, an denen mir nichts lag. Die mir nur Arbeit gemacht haben. Wir haben das Auto verpumpt, wenn das der anderen gestreikt hat, wir waren zusammen einkaufen, und in der letzten Zeit hat sie mich öfter mal gefahren, fast vom Lenkrad geschubst. Ihr als einziger habe ich meine Sehnsüchte gebeichtet und meine allzu wechselnden Stimmungen verraten.

Auch häusliche Krisen habe ich aus meiner Sicht dargestellt, das tut man doch bei einer Freundin. Eine Freundin ist nicht dazu da, daß man gelassen und gerecht ist, bei einer Freundin kriegt man Recht, und das macht dann gelassener, so hat das zu sein, und so hat sie auch getan. Sie hat mir zwar zunehmend weniger recht gegeben, aber das war schon in Ordnung, mehr hab ich von mir selber meist auch nicht gekriegt.

Alle außer mir haben es gewußt. So läuft das fast immer. Aber für mich ist wichtig: Niemand stand mir nahe genug, um mich aufzuklären – mich wenigstens mit der Nase auf das allzu Naheliegende zu stoßen. Nicht mal anonym, das sagt doch alles.

Ich scheine gehaßt worden zu sein, wo ich mich im Kreis sogenannter Freunde sicher fühlte und anerkannt.

Es ist die schlimmste Demütigung meines Lebens, und mich trifft leider nicht Haß, das wär ja noch was, sondern Verachtung.

Einmal kam ich in meine Küche und schmeckte das Chili ab, den serbischen Bohnentopf und den Obstsalat. Sie standen beide herum, er hatte gerade ein paar Flaschen geöffnet, hielt sie aber fest und gab mir keine mit, sie trug Brotkörbchen in den Händen.

Anscheinend waren sie vertieft in die langweilige Erörterung einer Glaubensfrage, und sie kamen auch gleich hinter mir her, beide angeregt, und wie mir schien, wieder jeder auf seinem Standpunkt beharrend.

132

Was habe ich damals gedacht? Bloß gut, daß sie mir das abnimmt. Der streitet doch, bis man ohnmächtig wird. Hoffentlich gibt sie nicht nach. Ich hab sie angelächelt, verschwörerisch. Die Küchentür ließ sich schwerer als sonst öffnen. Vielleicht hat er sie mit ihrem Rücken versperrt und in ihr Haar geraunt, wie gern er mit ihr davonzöge, in den siebten Himmel, in die Weiten der Pampas, in einen Iglu, für immer und ewig irgendwohin.

Und ich empfand es als wichtig, ob die Grillglut reif ist, ich holte Salbe gegen Mücken und achtete auf die gute Laune der Gäste, bei abnehmend eigener. Es wurde Zeit, ein paar Minuten allein zu sein und mir zu helfen.

Ich weiß von jenem Abend noch, daß ich Schmerzen in den Füßen hatte, Ameisenkribbeln in den Armen, daß meine Finger juckten, aber andere kratzten sich ja auch. Die ganz Jungen sind verschwunden in den Schutz des tieferen Gartens, verächtliche Blicke auf soviel versammelte Eltern hinterlassend. Ich war sicher, daß sie am Körper versteckte Pullen mitnahmen und unter dem Pullover die Zigaretten. Ich rauche nicht und versuche, die Kinder davon wieder abzubringen, habe es versucht, aber die waren nur genervt, und wegen meiner Erklärungen blieb nicht ein Zündholz erhalten.

Ich weiß noch, daß ich von den anderen wegschlenderte, die Umsicht meiner Freundin als sicheres Dorf im Rücken.

Ich weiß noch, daß ich den Rosen ein welkes Blättchen abknipste und dem belachten Zwerg Satan ein bißchen Vogeldreck von der Zipfelmütze wischte.

Ich lief, als wäre ich eine ungefährdete Person und hatte keine Ahnung von dem ausgeklügelten Esperanto einer neuen Liebe, die mich umgab wie eine Wolke, wie eine andere Welt, die alle außer mir beschützten.

Was war das noch für ein Lied, das sie mehrmals nacheinander abspielten? Es wurde still auf der Terrasse, und ich sah, daß einige tanzten, war froh, daß die mit sich beschäftigt waren und ich unbeobachtet einfach auf einer Bank sitzen konnte. Die anderen sollten mich so nicht sehen, das hätte bloß wieder eine neue Eiszeit in die Augen meines Mannes gebracht

Ach ja, das Lied, das Frau Streisand und Frau Dion gesungen haben, »Tell him«, was wäre denn da zu vertellen gewesen? Die haben gesungen: Alles, was du gibst, das bist du selber, gib dich und sag ihm auch, daß er schön ist, und zärtlich. Meine Freundin hat mir das übersetzt, aber im Original sollen die amerikanischen Hits auch nicht viel tiefer loten als unsre.

Tell him heute abend, deine ehemalige Freundin, die mal geglaubt hat, nicht nur deine, sondern auch seine beste Freundin zu sein, nicht nur seine angetraute Gattin, diese da, die kann sich erinnern. Er hatte eine Blume am Freizeithemd, das war wohl ein verabredetes Signal, wie ihre ungewohnt leuchtendrote Bluse.

»Mal was anderes.« Ja, warum denn nicht, du verräterische Seele, und denk doch bloß nicht, ich hätte nicht gemerkt, wie meine Kinder und du die Köpfe zusammengesteckt haben gegen mich.

Ich bin so beleidigt wie Medea, aber unsere Kinder könnte ich nicht töten. Schon der Versuch wäre lächerlich, sie würden sich an die Stirn tippen. Könnte ich wenigstens aussprechen, daß es mir leid tut um all die Jahre, die ich ihnen geopfert habe. Immer zurückgesteckt, weil es nichts Wichtigeres auf der Welt gab als diese Kinder. Wenn es ihnen gut ging, fühlte ich mich als gute Mutter, bei jedem Schnupfen gab ich mir die Schuld. Das ist der Dank. Die Wut, die ich spüre und zu spüren kriege.

Wenn du so dumm bist, hat mein Sohn gesagt. Wer hat dich denn gezwungen, so zu tun, als könnten wir ohne dich mit dem Löffel nicht zum Mund finden? Das ist doch deine wunderbare Ausrede. Es gibt die Welt nicht mehr, in die ihr paßt. Eine Ausbildung, silberne Uhr zur fünfundzwanzigjährigen Knechtschaft, Ehrenurkunde für Stehen auf derselben Stelle, ein Wohnsitz fürs ganze Leben, das ist vorbei, begreif das endlich, vorbei ... Wir wollen eure Polstermöbel nicht erben, und wir wollen auch nicht so leben wie ihr. Nie! Ich will keine Frau, hat er gesagt, für die ich die endgültige Lösung bin, solange ich es raffe. Denkst du vielleicht, Mutter, ich möchte mit dir leben? Mit dir? Mutter? Du bist doch auch bloß ein Kanarienvogel, der außerhalb des Käfigs verrückt spielt und eingeht. Ihr würdet

134

doch noch in einem Inferno den Küchenwecker stellen, um es rechtzeitig abzublasen. Antworte nicht, du lallst schon wieder. Das hat er gesagt, mein Sohn. Zum Dank für meine abgöttische Liebe. Er war nicht mal aufgeregt, nicht mal aggressiv. Hat das so gesagt, als wäre es erlaubt, einer Mutter so etwas ins Gesicht zu sagen. Zu schnell fahrn darf er nicht, aber seine Mutter vernichten, dafür gibts keine Punkte in Flensburg.

Ich habe ihn als niedlichen kleinen Jungen geliebt, wohl auch später noch, aber ein sehr sympathischer Mensch ist er eigentlich nicht. Es gab Lehrer, die konnten ihn auch nicht leiden. Sie natürlich, meine Exfreundin, sie ist ganz verliebt in diesen Latsch mit dem unerbittlichen Mundwerk. Na, mein Held? das ist meistens ihre Begrüßung für ihn gewesen. Es hatte auch einen Grund, warum sie ihn so nannte, einen ganz bestimmten Grund. Aber den habe ich vergessen. Merkwürdig, ich sehe mir den Mann an, der mal mein kleines Kind gewesen ist, mir kommt es vor, als ob das eben jetzt gewesen wäre, und ich kann mich nicht mehr daran erinnern, warum meine beste Freundin ihn immer Held nennt. Der Arzt hat neulich gesagt, er könnte mir erklären, wie das mit meiner Vergeßlichkeit weitergeht, klang auch irgendwie frech.

Ich habe die Hände gehoben und gesagt: Wir haben eine Verabredung, die gilt doch noch, oder? Keine unangenehmen Nachrichten. Ich will eines Tages umfalln und tot sein und vorher keine Ahnung davon haben. Geben sie mir etwas, damit ich schlafen kann, mehr will ich nicht, und mir tut nichts weh, ich habe kein Fieber und brauche also keine Belehrungen.

Mein Sohn ist ein Lümmel und hat die große Klappe, aber dann heulend unter die Bettdecke, weil die einzige in Frage kommende Person seine Verliebung nicht geteilt hat. Hast du da mal Tränen geschmeckt, Bursche? Du machst mir nichts vor. Wer kennt denn dein Tagebuch. Ich doch!

Wo ich unterlegen bin, habe ich den Preis dafür zu zahlen, und du, Sohn, bist der Letzte, der ihn mitbezahlen will.

Ja, werft mir meine vielen Versuche und abgebrochenen Verzichte nur vor. Ihr habt gar nicht erst versucht, auf irgend etwas zu verzichten, da konnte es auch nicht mißlingen.

Eine Freundschaft ist mir mißlungen, eine Ehe, der Schluß-
strich unter so viele Jahre, in denen jeder in dieser Familie wichtiger war als ich.

Unter meinen Augen und in meiner Tabuzone hat es stattge-
funden. In unserem Bett? Das war nicht nötig, heutzutage können Ehebrecher in jeder Pension, jedem Motel und in jeder
Absteige ihren Verrat betreiben.

Ihren Verrat, das ist es, ihr Verrat hat mich getroffen. Denn ihr
habe ich vertraut. Doch nicht ihm, ihm habe ich, ehrlich gesagt,
fast alles zugetraut, denn er ist ein Mann, und Männer prügeln
Frauen mit den Fäusten oder mit den Blicken, hinterrücks oder
immer rein ins Gesicht. Mit einem Satz können sie einer Frau
in den Bauch treten, und die gibt noch sich die Schuld.

Das hat er mit mir so nicht gemacht, geb ich zu, hätte er sich
auch gar nicht getraut, aber ob mir die blauen Flecken wehgetan hätten oder die Seele ab jetzt, das macht keinen großen
Unterschied.

Ihr Verrat, das ist die Bombe, die mir mitten in die Arglosigkeit
geworfen wurde. Warum hat sie meine Schwächen so toleriert,
mich ermutigt, noch länger zu reden, alles zu sagen? War es ihr
vielleicht recht so, daß ich nicht zurechtgekommen bin?

Ihr habt doch alles im Griff gehabt, ihr beide. Während du noch
mit dem Schlüssel an der Haustür gefummelt hast, hat sie mich
angerufen. Um nichts, sie wollte nichts von mir, sondern dir helfen, die ersten Minuten zu Hause leicht zu überstehen.

Ihr habt vier Leute verflochten in Spielabende, die immer lang-
weiliger wurden. Wir hatten keinen Siegertyp unter uns. Wenn
sich keiner ärgert, weil er verliert, kann ich mich nicht freuen,
daß ich gewinne.

Ich hab gedacht, es ist meinetwegen. Daß ihr mich unter Kontrolle haben wollt. In gewisser Weise mußte ich euren Versuch
achten, obwohl ich manchmal innerlich gekocht habe, weil mir
langweilig war, weil ich allein sein wollte und weil ich spürte,
daß ich langsam durchdrehe.

Es ging aber um Vorwände für euer Zusammensein. Damit ihr
eure Blicke und Zeichen austauschen konntet und vielleicht
doch ein paar Küsse unterbringen. Wenn wir bei ihr eingeladen

waren, da mag sie mit wippendem Tanzfuß und vorfreudig die Suppe gekocht haben und ihr neues Parfüm wehte mit mir mit, bis nach Hause, bis in unser Schlafzimmer.

Ich wollte immer mal anfangen nachzuholen, was ich früher versäumt habe. Es wurde nichts draus. Ich hatte keine Lust auf andere Männer, weil mein Körper lange schon meist wie tot war. Dabei hab ich bestimmt zu wenig Männer näher gekannt. Es stellte sich aber auch keine Lust ein, woanders einzusteigen, beizutreten, mitzumachen oder etwas zu sammeln. Was soll ich auch sammeln, da mir an Gegenständen wenig liegt. Wenn ich ein Buch gelesen habe, kann es verschwunden sein, ich werde es nicht mehr in die Hand nehmen. Selbst Kleider, die ich beim Kauf nahezu verliebt anprobiere, kriegen einen merkwürdigen Duft, kaum, daß ich sie ein paarmal getragen habe. Für einen anderen Menschen mag der Geruch nicht wahrnehmbar sein, aber für mich riecht so ein Kleid zum Erbrechen. Ich nehme es aus dem Schrank und hänge es zurück, um mich nicht zu übergeben. Ich schwitze nicht, daher kann es nicht kommen, und ich könnte auch nicht sagen, woran der Geruch mich erinnert. Oder soll ich sagen an mich?

Ihr beide habt Moschus ausgestrahlt, und ob mir etwas gelang, oder ob ich es wieder aufgegeben habe, wen interessierte das? Rosen züchten, den Kindern aus dem Haus helfen oder sie wieder reinlassen, wenn sie woanders auf die Nase geflogen waren, das wurde mein schmal gewordener Teil.

Bittere Vorwürfe gegen meinen Mann verboten sich, denn ich ahnte seine Antwort: schuldhaft verursachter Verfolgungswahn. Wenn ich einen Fluch wüßte, ich spräche ihn aus. Sie soll verbrannt werden, und du fühle dich entmannt.

Es möchte allen gut zupaß kommen, wenn ich sterbe, aber dafür habe ich zuviel Kraft. Zuviel Kraft, um mich hinreißen zu lassen. Ich werde nichts Verrücktes tun, das wäre für euch ein zu guter Vorwand. Ich würde euch nicht mit dem Auto überfahren, wenn ihr selbstvergessen vor mir herlatscht.

Aber es ist kein verzeihbarer Seitensprung, es ist ein Mordanschlag, der leider nicht vor Gericht verhandelt wird.

Ich werde aber auch nicht die geringste Mühe aufwenden, um

weise und gerecht zu sein, ich lasse keine Erklärung zu und will nicht hören, wie ihr das alles nicht gewollt habt und dann ist es doch so gekommen und es tut euch leid.

Einen Dreck tut es euch. Ich muß begreifen, daß alle weg sind und mich in dem Haus und mit meinem Schicksal allein lassen. Die eigenen vier Wände dürfen nicht antastbar sein. Ohne diese Sicherheit gibt es gar keine, Tochter. Spar dir deine Blicke. Spähst du durchs Fenster? Guckst du hier rein, um zu sehen, was ich gerade anstelle? Das geht dich nichts an. Ich spüle nur den bitteren Geschmack im Mund runter. Das wird man wohl noch dürfen, du blasse Blüte du. Mir wird warm im Magen und leichter im Kopf, da kannst du gucken, wie du willst. Zieh ruhig die Mundwinkel runter, das macht dich noch unschöner. Die hat gar nichts, weswegen man zweimal hingucken müßte. Das Mutigste, was die je geleistet hat, das war, den Notdienst zu rufen, als die Waschmaschine qualmte. Und sie hat auch den Stecker rausgezogen. Diese Person läuft immer, als ob vor ihr nur Löcher sind. Keine Courage, immer den Kopf runter und von unten schielen.

Aber die erste Flasche habe ich nicht entkorkt, nicht ich habe damals in den Flitterwochen dauernd eine Flasche ans Bett gestellt und dann schön nachgegossen. Nicht ich habe mir diese einsamen Halbnächte und Ganztage zugefügt, in denen der Fernseher zum Monstrum wurde und ein Prösterchen ein Trösterchen wurde.

Man kann das Telefon klingeln lassen. Mein Körper gab mir das Gefühl, er dörrt aus, und nur im schaumigen Badewasser konnte ich weit genug untertauchen, wegtauchen.

Und dann ein Schlückchen. Soll er sich doch unterwegs einen Döner reinhelfen, kommt sowieso nicht pünktlich, die andern versprechen es erst gar nicht. Darauf noch ein Schlückchen mehr. Dieser Asket hat immer seinen Kopf weggedreht und das Glas zurückgeschoben, das ich ihm zum Gleichziehen und Gleichduften angeboten habe, noch ehe er sich die Schuhe aufgeknüppert hatte.

Ich bin keine Alkoholikerin. Das hättet ihr gern. Damit könntet ihr eure ganze Lieblosigkeit erklärn. Versteht mal, sie ist eine Trinkerin. Dann versteht jeder den Betrug und die Abnabelung. Wenn ihr das sagt, müßt ihr aber eure besorgte Miene aufsetzen, die ich so liebe, und ihr dürft keinen von euren Sätzen weglassen, mit denen ihr mich fanatisch wie Sektenmitglieder verfolgt habt. »So geht es nicht weiter.« Nein? Könntet ihr denn jederzeit aufhören mit eurem Verrat? Warum tut ihr es dann nicht?

Ich kann, ich bin nicht abhängig, ich trinke mal ein Gläschen, weil es mir schmeckt, oder weil ich nichts Besseres vorhabe, aber ich könnte auch morgen ein ganz neues Leben anfangen. Wenn ich will, kann ich alles. Ich würde keinen Schluck mehr trinken, sobald ich wüßte, für wen und warum. Hundert Jahre könnte ich trocken bleiben, sobald ich merke, daß es mir schadet.

Herr Richter, werde ich sagen, fragen Sie mich nicht unter Eid, ob ich meine Tochter liebe. Die ist zu feige, den Stöpsel in der Badewanne ganz rauszuziehen, sie kippt ihn immer an, aber mich will sie verschleppen. An einen Ort, wo sie dann den Schlüssel wegwerfen, und ich soll zwischen Leuten bleiben, die nicht meine Kraft haben, die mich anekeln werden oder mir zu nahe kommen. Ich brauche keine Hilfe, ich hätte Liebe gebraucht, aber sie haben sich gegen mich verschworen. Sie wollten nicht glauben, daß ich den ersten Schluck jederzeit weglassen kann, wenn ich nur will, aber ich würde nur wollen, wenn sie aufhören, mich ständig zu kontrollieren. Mit denen sollte ich über etwas reden, was sie »mein Problem« genannt haben, und als hätten sie die Lösung. Wo sie doch mein einziges Problem waren! Ich habe versucht, es ihnen zu beweisen. Bei Tisch habe ich nur Wasser getrunken, während sie sich, jedenfalls sonntags, mit zimperlichen Schlucken am Wein gütlich getan haben.

Ich habe irgendeine noch nicht erkannte Nervenschwäche, und ich wollte nicht, daß sie mir auf die Hände starren, wenn die ein bißchen zittern, vor Aufregung, ob es ihnen auch schmeckt und ob ich alles richtig gemacht habe.

Deswegen bin ich rausgegangen, und sofort ist mir einer hinterhergestiebelt, ganz unauffällig. Als ob ich so dumm wäre, vor ihnen in Verstecke zu langen und mir ne Buddel rauszuholen. Ich bin immer mit ruhigen Händen zurück, und die konnten mir nichts nachweisen. Glaube ich.

Ich bin nicht die Betrunkene, ich bin die Betrogene, und ich kann für mich Trost suchen, wo ich ihn finde. Diese Flasche da ist wenigstens ehrlich. Erst ist sie voll, und dann ist sie leer. Bei mir ist es eben umgekehrt.

Dieser weinerliche Sandsack von Tochter ist auch beleidigt, aber ich weiß nicht, was ich gesagt haben soll, als sie mit diesem Stoppelkopp da so verliebt und verklemmt angezottelt kam. Ich würde den ja auf der Straße nicht wiedererkennen, aber natürlich war er auch wieder viel wichtiger als ich. Ich habe vergessen warum, aber sie hat so doof geguckt, als sie geschrien hat: »Das werde ich dir nie verzeihn.«

Na, hoffentlich nicht. Nun kannst du heimlich durchs Fenster glotzen. Bis es regnet. Bis die Nacht um ist.

Du weißt eben nicht, was Freiheit ist. Beleidigt, bloß weil deine Mutter etwas gesagt hat, was du vielleicht nicht hören wolltest. Dann wirds wohl die Wahrheit gewesen sein, die wolltest du ja noch nie hören. Aber ich kann mich nicht erinnern. Tell him das, deinem Vater, und sag ihm, ich würde ihn nicht mehr nehmen, weil ich ihn schon beim ersten Mal nicht hätte nehmen sollen. Sag ihm das ruhig. Die wahre Freundschaft, die ist nun entfernt, und sie hat gewankt. Aber ich bin frei, endlich bin ich wirklich frei. Ab morgen gibts für mich keinen Alkohol mehr. Darauf trink ich noch ein Glas.

Schneefedern

Ich habe meine Freundlichkeit an einen Unwürdigen verschwendet. An diesem Satz habe ich lange gearbeitet, und nun
steht er wie eine Eins. Meine unermüdliche Freundlichkeit,
das hätte noch besser geklungen. Aber wenn sie unermüdlich
ist, dann klingt das mehr nach Veranlagung und weniger nach
Anstrengung.

Eine unermüdliche Freundlichkeit hat am Ende nichts Besseres zu tun? Ich habe doch nicht hysterisch nach einer unlösba-
ren Aufgabe gesucht und dann dich gefunden, bloß dich. Ich
hätte auch schreiben können »meine oft schwer erkämpfte
Freundlichkeit« ... das ist gut. Jedenfalls meine Freundlichkeit,
die war ... was war sie eigentlich? Sie war das Gegenteil von
dem, was ich nicht wollte.

Sie war zuverlässig anzuknipsen, zugleich mit Mut und tröstli-
chem Zuspruch und einer Landkarte voll Auswegen, und das
war auch nötig, weil er einer von den schwierigen Leuten ist,
die schon bei einer unvorhergesehenen Umleitung die Fahrt
aufgeben möchten. Hat ja sowieso keinen Zweck. Und wer
weiß, wie viele Umleitungen noch kommen. Und nachher landen wir in Sackgassen oder fahren in Baugruben.

Ihm liegt das Aufgeben im Blut. Das Abitur haben seine Eltern
von ihm erpreßt. Er hat es sich nicht zugetraut und hat sich vie-
ler Mühen erst gar nicht unterzogen. Hängen und Würgen, eine
wahrlich unfriedliche Zeit, und er ließ sich von ihnen schleppen und drängeln bis zu entwürdigenden Situationen.

Aber wir Frauen suchen keinen Helden mehr. Wenn er zaghaft
ist und zaudernd, dann hat er für solche Schwächen bei anderen vielleicht auch mehr Verständnis. Schlamphans, mistiger.
Nicht ganz zu Ende geborn, nicht wirklich aufgezogen und

erwachsen geworden. Und zickig, das auch. Ein unfreundlicher Ton, und er hat gesagt: »Passe wohl heute nicht. Küßchen, wir sehn uns, wenn du besser drauf bist.« Damit hatte ich den heißen Knödel wieder in der Hand.

Was ihn nicht direkt betraf, das ließ er sich nicht aufhalsen. Zuerst habe ich ihn dafür bewundert, wie ihm das Ergehen anderer Menschen nur ein paar Sätze in gelassenem Ton entlockte. So möchte ich auch sein, dachte ich, so reif, so abgeklärt, so nachdenklich auf den Punkt kommen. Ich packe immer gleich die Hebammentasche und seile mich aus dem Fenster ab, weil ich in der Aufregung vergesse, daß es Treppen gibt. Durch seine Art sah ich mich in unfreundlichem Licht und wollte mich ändern. Ich unterdrückte spontane Reaktionen, und während mir das Unglück der Freundin die Kehle spannte, suchte er die Gründe für ihren eigenen Anteil zusammen.

So etwas paßte nicht zu mir. Ich hatte mich vorher eingemischt, durch meine Meinung Entwicklungen beeinflußt, sie zum Arzt gescheucht, ihr oder anderen Mut gemacht für eine Klärung von Verwicklungen, wie immer die sein mochten. Schick ihn weg, nimm ihn auf, dann leb mit der Frau, machs offen, bekenn dich dazu.

Seine Gelassenheit war Mangel an Interesse. Ich wollte das nicht glauben, aber dann habe ich entdeckt, daß er dies am stärksten trainiert hatte: Was dich nicht betrifft, da halte dich raus. Jeder ist seines Glückes Schmied, ich habe bloß den einen Amboß und den brauche ich für mich.

So wie wir uns über den Weg gelaufen waren, stellte ich für ihn keine Bedrohung für sein gewohntes Leben dar. Ich bin selber gern mal allein, brauche Ruhe, um mich neu aufzuladen, habe Freunde, renne für ein neues Gasthaus oder eine alte Ruine los, auch wenn mir niemand sagen kann, wann ich mit dem letzten Bus nach Hause komme. Auf dem Markt kaufe ich mir ein Schlampershirt für 20 Mark und gebe für ein Parfüm hundert aus, auch wenn ich dafür sparen muß. Das versteht er nicht. Er meint, Parfüm kann man sich schenken lassen, und billig ist zu teuer, weil es nix taugt. Lieber fünf Hemden in erstklassiger Qualität – Angeber, seine warn auch bloß zweitklassig –, als

Schränke voller Schnäppchen, die Ausschuß sind. Ich liebe
Schnäppchen, die Ausschuß sind. Ich nehme Polster raus,
schneide Ärmel ab, nähe mir zwei Teile zusammen und male
mir vorne rauf etwas, das sich durch zwei Silben oder einen
Schieleblick umdeuten läßt.
Mit all dem will er nichts zu tun haben. Ich sollte ihn nicht
behelligen, wenns durch das eben neu gedeckte Dach regnet,
wenn eine Nachzahlung droht oder wenn etwas im Kochtopf
mißlungen war.
Es ging um den Alltagsfrust. »Du, den wollten wir doch als
Trennmüll behandeln. Vermisch da nichts, es läßt sich nicht
recyceln.«
Ich dachte, endlich mal einer, der sich nicht in alles einmischt,
alles besser weiß und seine Rezeptsammlung für die einzig
Wahre hält. Endlich einer, der nicht in jeder Miene sucht und
drängelnd nachbohrt, obwohl er nichts ändern kann. Der läßt
dich machen, der läßt dich in Ruhe, sei doch wie die Sonnen-
uhr, zähl die schönen Stunden nur. Es war ja Liebenswürdiges
an ihm, sonst brauchte ich mich über ihn nicht auszulassen.
Wenn alles so war, wie er es gern hatte, waren die Abende ein
einziges Vergnügen, leicht, zärtlich, folgenlos wie ein Kinder-
geburtstag und ebenso unverbindlich. Das wollten wir doch beide, nach falschen und belastenden Bindungen, gerade im richtigen Alter, das eigene Leben zu packen und irgendwie in die
Reihe der Erfolgreicheren zu bringen. Er sagte, dazu braucht
man jemanden, der einen nicht auspumpt. Der keine über-
flüssigen Fragen zur Diskussion erhebt. Wenn man sich trifft,
dann müssen die Akten abgelegt sein.
Ein Mann und eine Frau mit dem Zauber galanter Zeiten. Ohne
Romantik, ohne Geheimnis, ohne Sehnsucht und Angst vor Verlust ist es so langweilig wie vor dem Fernseher.
Es war wunderbar, wenn auch nicht immer und nicht ganz.
Meine monatlichen Migränen blieben trotz aller Zauberhaftig-
keit nicht aus, aber da konnte ich mit Ausreden um Vertagung
bitten.
Migräne ist Folter, jedenfalls meine stärkste auf der persönli-
chen Skala. Obwohl ich es nicht wollte, fiel mir ein, daß Micha

als einziger Mensch auf Erden mich da manchmal rausgeholt hat. Er war ein Egoist und hat mich hintergangen, mich angelogen, mies behandelt, und er wäre nie auf die Idee gekommen, bei unangemeldetem Besuch seine schlechte Laune zu unterdrücken. Aber wenn ich Migräne hatte, zog er mich auf das Bett, deckte mir die Augen zu, legte mir die Hände auf mein »Sonnengeflecht« in Nähe des Magens und fing an, ganz langsam meine Füße zu massieren. Etwa alle fünfzehn Minuten gab er mir genau drei heiße Schlucke Tee zu trinken und erneuerte ebenso oft das kühle Tuch auf meinen Augen. In den ersten zwanzig Minuten habe ich ihn gehaßt, ich hätte ihn am liebsten mit meinen Füßen über den Balkon befördert und gab ihm manchmal böse Namen. Er schwieg, und endlich tat ich es erschöpft auch und geriet langsam in einen Zustand, der bestand aus ungerufenen Bildern im Kopf, aus langsamerem Herzschlag und leichtestem Schlaf, der tiefer wurde.

Zuletzt, wenn ich von den Bleidächern Venedigs schon heruntergeholt war, flößte er mir noch eine große Tasse stärkster Knoblauchsuppe ein, die ich in keinem anderen Zustand, naja, vielleicht in Bulgarien, in meinen Magen gelassen hätte.

Wenn ich nach Stunden erwachte, war er fort, ich lag geheilt und mit einem Fünkchen Hoffnung auf Überleben da, und wenn ich mich auch nicht traute zu lesen oder den Fernseher anzustellen, so hatte er mich doch gerettet. Wie er sonst auch immer gewesen sein mag, ein Papa inzwischen. Seine Frau sieht nicht unglücklich aus.

Aber nun wieder ER. Wir waren beide vom Gedanken der Freundlichkeit angetan, die war in unser beider Leben vorher zu kurz gekommen. Freundlichkeit in der ganzen Bandbreite. Wir hatten sie bisher weder besonders geübt, noch je geschenkt bekommen. Ich glaube nicht, daß wir einzeln als besonders freundlich galten, er nicht und ich nicht, aber wir wollten Rache nehmen an den Fehlern, unter denen wir als Kinder gelitten hatten, in der Schule und in der Gruppe. Streit vermeiden, keine Ausfälle, Kompromiß statt Konflikt und einander alles ersparen, was das ohnehin nicht leichte Leben zusätzlich belasten könnte.

Bei dem Gedanken daran, man könnte zu zweit Lasten teilen und sie so leichter wegschleppen, wurde uns eher übel. Das fehlte noch, zwei Lösungen, zwei beladene Köpfe, da ist es bald vorbei mit Weinhäppchen und Kerzenlicht.

Über unsere Kindheit erzählten wir uns sätzeweise das Nötigste. Es kam doch einiges zusammen. Seltsame Übereinstimmung, ungewollt. Wir hatten als Kinder die schlechte Laune der ganzen Familie abgekriegt. Obwohl die Anlässe dafür nicht immer vor- und ausgetragen wurden.

Da wir oft nicht wußten, um was es eigentlich ging, waren wir häufig die viel zu langsam gabelnden Aufhalter von familiären Entladungen zwischen den Eltern, oft auch waren einzelne oder alle Großeltern beteiligt, anwesend oder nicht, Verwandte sowieso. Aus pädagogischen Gründen sollten wir nichts damit zu tun haben. Sie dachten, daß sie darin erzieherisch übereinstimmen. Aber mein Vater wie der seine auch neigten zu unüberhörbarer Lautstärke, und meine Mutter jedenfalls ließ beim Abwaschen oder Aufhängen der Wäsche ihre alleingültige Meinung zur ausreichenden Information heraus.

Sie haben uns rausgehalten, um sich vor unserer Meinung zu schützen. So war es bei uns, und bei ihm schien es ähnlich gewesen zu sein. Wir haben alles mitgekriegt und konnten es gegen den einen oder anderen ausspielen. Wir sollten nichts wissen, denn »dann nutzen sie das schief aus«. Für meine Mutter kam das Wort ausnutzen nie ohne »schief«. Sie kam nicht auf die Idee, daß uns offenes Wissen gezwungen hätte, eigene Meinungen zu entwickeln und sich in ihnen zu verhalten.

Seine Eltern hatten andere Wörter, aber die Denkweise ähnelte sich. Er soll seine Schule machen, das andere machen wir. Das andere waren zunehmend absonderliche Gewohnheiten, dessen war er sich bewußt. Er konnte sich schlecht konzentrieren, empfand starken Ekel gegen Speisen, die weder durch Geruch noch Konsistenz besonders waren, er fand keine Freundschaften und mißtraute allem, jedem Wetterbericht und jeder Auskunft. Nannte ihm jemand die Abfahrtszeit eines Zuges, zwang es ihn erst recht, im Fahrplan nachzulesen und noch einmal bei der Auskunft anzurufen.

Ich weiß das, weil sich bei all seiner Bemühung, ein leichtes Herz mit einem liebenswürdigen Wesen und einem unkomplizierten Leben zu verbinden, nichts von solchen Eigenarten verloren hat. Was Marotte war, hat sich verfestigt zum Rechthaben, zur einzig möglichen Art und Weise. Er wollte seinen Alltag nicht mit dem meinen verbinden, die Familienfotos seines Chefs nicht sehn, er ißt auf dem Markt keine Wurst, bestimmte Leute besucht er nicht – und er geht vorbei, wenn jemand sein Auto schiebt. Wenn ich ihn dann stehenlasse und zupacke, geht er weiter und ist für diesen Tag verschwunden. Er meint, daß ich an Mittelpunktswahn leide, mich unersetzbar fühlen muß und doch auch bloß ein Punkt im Weltsystem bin. Rette doch den Regenwald, sagt er, das wär was.

Seine wie meine Eltern waren sich nur einig in dem, was Kindern zu ihrem Glück verboten werden muß und wozu sie aus demselben Grund genötigt werden müssen. Auch wenn sie nicht die geringste Neigung zeigen, die unterlassenen Leistungen ihrer Eltern durch eigene Bemühungen auszugleichen. Ich weiß nicht mehr, wer ich bin. Ob ich dem Bild in seinen Augen entspreche, mich also sehr verändert haben muß, oder ob ich früher eine fehlbare, aber ganz patente Person war, durchaus auf richtigem Wege, aber nun allmählich davon abgekommen. Es war mir nicht erlaubt, Knoblauch in den Haushalt zu bringen. Nicht, weil sein Genuß ordinär wäre, sondern weil er ihn nicht mag. Dafür braucht es keine Erklärung.

Da ich das duldete, war ich wieder, wo ich schon einmal war. Nur: was bei uns zu Hause verboten wurde, war mit leichtem Aufwand dennoch zu kriegen. Man mußte nur den Augenblick erwischen, in dem eins der Eltern an sich oder der Welt zweifelte. Dann hatte Vater oder Mutter Mitleid mit jedem, der von ihnen schon einmal ungerecht behandelt worden war. Da ließ sich was rausschinden.

Die Eltern austricksen, das lernt jedes Kind, wenn es unterdrückt wird. Er hat das sicher genauso kalt ausgenutzt wie ich. Dergleichen Mistigkeit bietet sich auch im späteren Leben gelegentlich an.

Mein Vater war durchdrungen von der Idee, der Erfolg seiner

Erziehung hinge wesentlich von seinem Verbot selbstgewähl-
ten Fernsehprogramms ab. Er hatte ein Versteck für die Sicherung ersonnen, das er für unauffindbar hielt. Mag sein, er hat
nicht wirklich daran geglaubt, daß wir daraufhin leidenschaft-
lich in unsere Schularbeiten oder Hauspflichten vertieft dahin-
leben würden. Oder uns aus freien Stücken so auf das Leben
vorbereiten, wie er es versäumt hatte und von uns erzwingen
wollte. Ich denke, er stellte sich vor, daß wir für jeden Vorgang
eine Regel kannten und einhielten. Sie selber hatten abends
ausreichend mit Qualmen, Streit um den nächsten Bierholer
oder das Programm, mit Zappen, Zerquatschen der Zeit und
Gähnen sowie unsäglichen Witzigkeiten zu tun.
Und Telefonaten, in denen fünfmal dieselbe Überflüssigkeit
wiederholt wurde. Und immer am Schluß der Satz: »Wolln wir
uns mal kurz fassen.«
Ich habe um meinen Vater geweint, als wäre sein Tod ein
Verlust für mich gewesen, aber vielleicht weinte ich auch, weil
es ihn gegeben hatte und ich ihn nun nicht mehr verachten
konnte.
Seine Telefonate »kosteten sowieso nur 15 Pfennig«, aber ein
längeres Gespräch mit einer Freundin kostete Gold, und die
Uhr läuft nur einmal rundrum, dann klingelt der Wecker, und
der heißt Tod.
Meine Mutter sagte zu widerwärtig wiederholten Malen, die
einzige wirkliche Überraschung in ihrem Leben sei die Schwangerschaft gewesen. Als ich vierzehn war, sagte ich einmal pam-
pig: »Die alten Chinesen haben auch nicht gewußt, daß Vögeln
und Kinderkriegen was miteinander zu tun haben.«
Dafür durfte ich nicht mit auf den Weihnachtsmarkt, und zu
meiner Freude zogen sie mit zugleich bösen und unsicheren
Blicken auf mich allein ab, unterwegs von Reue zerfressen.
Außerdem hatten sie sich vom Broiler Salmonellen eingefan-
gen, was mir die vorgekochten Krautrouladen allein überließ.
Wie seltsam, daß meine Geschwister für mich in der gemeinsam verbrachten Kindheit keine große Rolle spielten, sie tun
es nicht in meiner Erinnerung, und heute auch nicht. Das
kommt vielleicht noch, wenn wir mal alt sind, daß wir uns gegen-

seitig suchen. Aber bisher reichen mir Grüße zu besonderen Tagen und manchmal ein Austausch an Informationen über Glück und Unglück. Sie sind mir fremd, aber ich ihnen auch. Was hat uns schon verbunden? Heimliche Streitigkeiten um kleinen Vorteil, achja, und das Fernsehen. Wir entdeckten bei erster Gelegenheit das Versteck der Sicherung, wir ließen sie aber dort und kauften uns eine eigene. Auf die Idee war er nicht gekommen. Bis zu seinem Tod erzählte er, mein geringes Interesse am Fernsehen käme daher, daß er es erst gar nicht einreißen ließ. Das Urzerwürfnis dieser beiden Menschen, die sich zu meinem Schaden begegnet waren, bestand in beider Unfähigkeit, es je zu einer Absprache zu bringen. Entweder brachten beide Kartoffeln mit nach Hause oder keiner. Sie rissen sich gegenseitig den Abwasch aus den Händen oder warfen sich vor, ewig diese Pflicht am Halse zu haben. Gemüse fehlte, und die Cornflakes stapelten sich. Es dauerte Wochen, bis der ausgegangene Honig ersetzt wurde. Und über den Umzug in eine andere Wohnung wollten wir nichts mehr hören, weil wir alle Klagen über die bewohnte teilten, aber niemand glaubte im Ernst, daß wir gemeinsam ausziehen würden. Den Honig, übrigens, aß ohnehin niemand, weil wir ihn bei Husten übermäßig mit Milch trinken mußten.

Meine Eltern haben nie zugeben wollen, daß ihre Ehe nicht klappte. Es gehörte zu ihren Albernheiten, sich bei jeder Gelegenheit gemeinsam grinsend fotografieren zu lassen. Als hielten sie dann den Beweis in den Händen, daß es sie überhaupt beide gab.

Wir waren sehr früh nicht mehr bereit, uns auch für das Vögelchen aus dem Kasten hinzustellen, und mag sein, es war ihnen auch nicht wichtig.

Sein Vater, so erzählte er mir, hatte immer die Taschen voller Münzen, weil man die doch dauernd braucht. Deswegen aber wechselte er auch nur sehr ungern und wiederum unter Sprüchen einen Schein, damit die in der Tasche nicht weniger würden. Das Kleingeld zerriß ihm die Innentasche seiner Hosen und Jacketts, und seine Frau nähte viele Jahre daran herum und sagte dabei regelmäßig, es werde sie noch wahnsinnig machen.

Hätte sie mit dem Zunähen aufgehört, wären ihm die Münzen aus den Hosenbeinen gefallen, und für sie wäre die Sache damit erledigt gewesen. Aber das hätten sich unsere Mütter nicht getraut. Solch Aufstand war ebenso unüblich wie den Mann zu entkleiden, kaum daß man mit dem Fuß die Tür zugeschoben hat. Solch wortloses Einverständnis mit dem ersehnten Vorgang haben unsere Mütter nicht für möglich gehalten, und ich kenns auch eher aus dem Fernsehen als aus dem Leben

Mein Vater war davon überzeugt, daß meine Mutter nichts weglassen würde, was sie für ihre Pflicht hielt. Er sagte das auch, ich hörs heute noch, dieses »machst du ja doch nicht«. Und er hatte recht, sie drohte, ohne je danach zu handeln.

Seine Eltern haben auch beide gearbeitet, und trotzdem wurde der Mutter das Kostgeld zugeteilt. Und er findet das noch heute richtig.

Er sagt das nicht, aber ich denke, er traut Frauen nicht zu, daß sie mit Geld umgehen können. Und anderes können sie auch nicht. Wenn wir das ausgetragen hätten, da wäre es vielleicht grob zugegangen, und aus beiden Köpfen wäre eine Menge Müll gekommen. Entsorgt, das ist eine andere Frage, aber doch sichtbar, und es hätte trotz Schmerzen etwas Verbindlicheres zwischen uns gegeben.

Sein Vater hat über jedes abgebrannte Streichholz gesagt, man hätte es sparen können, wie Getty, und dann war er Millionär. Der ging mit unangezündeter Zigarre solange durch die Hotelhalle, bis ihm ein Page Feuer gab.

Er hatte seinem Vater gesagt, später wäre dem Enkel wegen dieses Geldes bei einer Entführung ein Ohr abgeschnitten worden, und Getty hat aus Angst vor Bakterien nicht mal mehr eine Klinke angefaßt.

Sein Vater hat gesagt, wir haben gar keinen Enkel, und wenn du keinen machst, kann ihm auch keiner ein Ohr abschneiden. Und deine Mutter pustet jedes Streichholz aus, ehs zur Hälfte abgebrannt ist.

Naja, sagte sie, wenn die Kerze brennt?

Als mein Vater tot war, hat sich meine Mutter die Taschen voller Groschen gesteckt. Es hätte mich rühren sollen, aber es hat nicht. In unserer Familie gab es zu wenig Wörter für schwierige Dinge. Es ging nicht darum, daß sie beide halbgebildet waren. Daraus läßt sich eine Menge Gescheitheit machen. Sie glaubten beide, Durchblicker zu sein und zweifelten an jedem Schritt, den sie taten.

Aber das war unser Problem nicht. Wörter hatten wir genug. Viele davon üblich. Warum, habe ich meinen Liebhaber einmal gefragt, ist das schlimmste Schimpfwort der Männer für andere Autofahrer, geplatzte Reifen oder unerträgliche Kollegen ausgerechnet das weibliche Geschlechtsorgan? Ist es auf andere Art ein Höhepunkt der Entladung? Warum werft ihr euch nicht euer eigenes Organ als Schimpf vor.

Weils nicht klingt, sagte er.

Ich sagte, wohl eher, weil schon die Weiblichkeit ein Herunterziehen ist und das genannte Organ die Beleidigung dann vertieft? Vielleicht wärs fast genauso beleidigend, einfach Frau oder Weib zu sagen, aber das klingt natürlich wirklich nicht so wie der Name für das, wohinter ihr ein Leben lang her seid wie der Teufel hinter der armen Seele.

Das war Sekunden vor einem Krach. Er hat dann gesagt, alle Menschen sind irgendwie verbogen, er vielleicht auch, ich ganz bestimmt, aber das macht nichts, ich hab auch sehr angenehme Seiten, und denen wollen wir uns jetzt mal zuwenden.

Grantig hab ich ihn nie erlebt. Bei uns zu Hause machte alles grantig. Oma kommt. Das reichte schon, um das Kinn hängen zu lassen. Wir sind nie fröhlich zu etwas aufgebrochen, dazu klebten die Hintern zu fest auf den Sofas.

Bei ihm muß es so ähnlich gewesen sein. Aber wenn er sagt, er hat von Zuhause nichts mitgenommen und macht alles anders, weil jetzt eine andere Zeit ist und ein anderer Stil herrscht und sowieso macht er nur, was er selber wirklich will, dann frage ich mich, warum er in anderthalb Jahren so oft unvermittelt abgehauen ist. Zu sich nach Hause, von wo er nie etwas mitgebracht hat, was er bei seinem Abgang hätte einpacken müssen. Wenn, dann hat er lieber zwei Schneebesen gekauft.

Es gab eine Zeit, da wurde mir langsam klar, wie es um uns stand. Daß es schön war, daß ich anfing, ihn trotz allem zu lieben, aber daß wir in solcher Art von Raumkapsel am Ende nichts anfangen und schon gar nichts behalten würden. Wenn die Uhr einmal abläuft, und dann kommt das Ende, dann war es das. Aber jetzt rede ich auch schon wie mein Vater.

Wir wollten alles anders machen, das hieß doch, besser. Alles Ungute vermeiden. Und keinen gemeinsamen Haushalt, keine gemeinsame Kasse, kein gemeinsames Kind. Wir beide und unsere Gefühle, so lange sie reichen. Wir sagten niemals Ja, wir sagten Vielleicht, kann sein. Wir wollten Keuschheit auf Dauer, die gibt es nur ohne Schamlosigkeiten. Das hat er gesagt. Er sagte auch, es muß so ähnlich sein wie beim ersten Arztbesuch. Da sagt man auch nicht gleich alles und muß sich zu den wenigen Auskünften noch überwinden.

Erzähl du mir nichts von deinen Monatsbeschwerden, sagte er, und ich werde dich nicht mit der Anfälligkeit zur Übersäuerung meines Magens behelligen.

Was läßt du da an mir aus? hab ich gefragt. Warum paßt mir das, obwohl es doch nicht richtig ist? Diesen zweiten Satz schon habe ich nur gedacht.

Er sagte, jede herrliche Geliebte hat einen lungenkranken Onkel, den man dann bis an sein Ende begleiten soll. Die Welt ist voll von versoffenen, arbeitsscheuen oder arbeitslosen Schwagern, Kusinen und vom Unglück verfolgten Schwägerinnen, die nicht mit ihrem Geld reichen. Soll ich da überall Abhilfe schaffen? Was hat das mit unseren Gefühlen zu tun? Ich kann dir auf Anhieb, sagte er, fünf Leute aufzählen, die in deinem Leben unterm Strich Null zählen werden, und du rennst trotzdem für sie rum. Du ärgerst dich, langweilst dich und läßt dich verletzen, weil sie zum Beispiel hinter deinem Rücken anders über mich reden werden, als du dir das wünschst.

Ich kann ihnen widersprechen, hab ich gesagt, ich könnte sagen, wie gut du rundum gelungen bist.

Wir wollten uns nicht streiten, nie. Aber auf einmal hielt er einen Büstenhalter von mir in der Hand und besah ihn herablassend. Dann sagte er, besagtes Ding sei erfunden worden, um den schamlosen Opportunismus der Frauen zu bedienen. Als er mal in Rumänien war, dort gabs keine, die Frauen lehnten diese stoffgewordene Lüge ab. Nach wenigen Tagen hatte er sich optisch an den natürlichen Sitz jener beiden Körperteile gewöhnt. Und da die Frauen sie so selbstverständlich trugen, war dies ein Teil ihres Charmes. Er hätte dort auch immer die Hände geküßt. Sehr charmant, romantisch und charmant.

Die Rumäninnen, habe ich gesagt, wurden erst hochgradig charmant, als über Nacht die vorher für 15 Lei frei zugänglichen Abtreibungen für Arzt und Patientin mit 10 Jahren Zuchthaus geahndet wurden, und selbst die Tabaktrafiken wurden von Kondomen gereinigt.

Die armen Frauen kriegten ein Kind nach dem anderen, und die Begüterten nahmen vom schwarzen Markt jeden Monat eine andere Sorte Pille, ohne ärztliche Kontrolle. Du mußt manchmal das Stroh in deinem Kopf umwenden, ein bißchen Luft ranlassen oder dich erkundigen, worüber du eigentlich redest.

Er hat gesagt, du kommst mir vor wie Trude Unruh. Dir gehört doch jetzt ein Teil von mir. Reicht dir das nicht?

Welcher? hab ich gesagt, und auf einmal, ich konnte gar nichts machen, hat mich der ganze Mann angekotzt. Es war nur ein Riß in einem Behältnis, ein bißchen was war rausgerieselt, aber das wars. Noch keine Untiefe, aber unter der Oberfläche begann schon die Unverträglichkeit.

Vielleicht hat ihn nur angezogen, daß ich glaubte, ich strebe nach nichts anderem als er. Keinen aus dem Feuer holen, keinen aus Gras oder Grube heben, nichts mittragen, nicht in dieser Gesellschaft, die dich gnadenlos fallenläßt, wenn du dich nicht wehrst. Nicht wehren heißt, nur maßvolle Gefühle zulassen, von niemandem abhängig sein.

Teilen lernt ein Mensch in der Kindheit, sonst nie. Von Eierpampe und Kaugummi abgeben, den eigenen Bonbon in den anderen Mund schieben, das ist der Anfang von etwas, das später Güte oder Sinn für Humor werden kann.

Als Paar hatten wir beide davon nicht das Geringste. Vielleicht hat ihn das angezogen, aber vielleicht ist auch er nur auf einem Irrweg, und weg von mir bedeutet einen Ruck durch das Stroh in seinem Kopf.

Jeder ist in jeder Liebe ein anderer Mensch.
Wir haben uns nicht geliebt, sonst wären unsere spinnerten Versuche in Gelächter untergegangen.

Er hat gesagt, so schlecht wie wir zusammenpassen, da könnten wir eigentlich auch heiraten.

Soll wohl ein Witz sein. Ich koche mir eine Knoblauchsuppe, lege mir ein Tuch auf die Augen und werde versuchen, mich zu fühlen, als ob mir einer die Füße massiert.

Meine wunderbare Begegnung

Er hat gesagt, man hätt oft solln doch ganz anders sein, zum Beispiel zu Waldemar.

Ja, klar, hab ich gesagt, und wer ist Waldemar?

Na, wie viele Waldemars kennen wir denn?

Ich hab gesagt, ich kenn nicht mal den einen.

Du kennst nicht Waldemar? Wo er mich kennt? Wir haben uns auf dem Marktplatz die Hand gegeben, er hat nach dir gefragt. Ach? Wörtlich bitte! Ich!

Er hat gesagt: Und was macht die Familie?

Ja, hab ich gesagt, das sag ich auch immer, wenn ich nicht weiß, wo ich jemanden hinstecken soll.

Er hat an die Decke geguckt und sich aufgeborschtelt. Sie kennt Waldemar nicht.

Was hat er denn früher gemacht? Ich.

Wo? Er.

Na, bei euch im Betrieb.

Bei uns im Betrieb hat er gar nichts gemacht. Aber er war nicht uneinflußreich. Sonst hätte doch nicht Hansen in der Ferienzeit die Tickets für den Urlaub in Zinnowitz gekriegt. Das mußt du doch auch mal überlegen.

Ich hab gesagt, ich weiß nicht mal, daß Hansens in Zinnowitz waren, und von wem sie die Urlaubsscheine gekriegt haben, das erst recht nicht. Was hat er denn früher gemacht? Waldemar! Das wirst du doch wohl wissen.

Er hat allerhand gemacht. Es gab immer so Hinweise, daß er ne Menge zu sagen hat.

Bei wem? Bei Honecker? Bei dir? Bei mir nicht. Ich kenn ihn nicht mal. Und was heißtn das, nicht uneinflußreich? Was für Funktionen hatte er denn?

Er hat gesagt, wenn du das nicht weißt, woher soll ich denn das wissen. Nach dir hat er schließlich gefragt. Offiziell hatte er gar keine Funktion.

Ämter?

Nicht, daß ich direkt n Amt wüßte.

Und weiß sonst irgend jemand was über seine Funktionen und Ämter und die Ferienscheckvergabe? Vielleicht ist er dir bloß aufgefallen, weil er eine besonders graue Maus ist und du denkst, dahinter muß ein Geheimnis stecken.

Das Geheimnis kann ja dann nur was mit dir zu tun haben.

Ich hab gesagt, du bist nach Hause gekommen und wolltest früher gerne gut zu Waldemar gewesen sein, da irre ich mich doch nicht, oder? Wir reden über Waldemar, stimmts? Nicht über Kopfschmerzen mit unheilvollen Folgen für das Gedächtnis, nein? Hatte er Orden? Vom 1. Mai oder vom 7. Oktober?

Da hab ich ihn ja nie gesehn. Er!

Aber du bist sicher, daß du Waldemar in deinem Leben überhaupt schon mal gesehn hast?

Klar. Er hat ihn ja heute getroffen.

Das heißt ja noch nichts. Man trifft jeden Tag alle Menschen. Was hat er gesagt?

Gesagt hat er eigentlich nichts, er hat bloß gefragt.

Aber eine Frage sagt man auch. Oder hat er nur stumm gedeutet?

Er hat gesagt, das hat doch Waldemar nicht nötig. Wo er doch Stimme hat. Und singen kann. Aber er fragt sich schon, warum ich ihn dermaßen über Waldemar ausquetsche. War da mal was?

Ich habe gesagt, kaum. Ich kenne ja Waldemar gar nicht. Aber gehts ihm denn gut, deinem Waldemar, wer immer er sein mag?

Das ist einer, der fällt immer auf die Füße. Dem wirds schon gut gehn, hat er gesagt.

Wie gings ihm denn früher?

Das wußte man nie so genau.

Vielleicht hat er wegen ner Bluttat im Gefängnis gesessen und wollte darüber nicht reden?

Und wie ist er dann nach Zinnowitz gekommen?

Fragt der mich, wo ich Waldemar überhaupt nicht kenne. Ich hab gesagt, ich denke, Hansens waren in Zinnowitz, nicht Waldemar.

Aber Waldemar hatte doch die Ferienschecks.

Woher weißt du das, wenn er gar nicht bei euch gearbeitet hat?

Er hat gesagt: weil Hansen mir das erzählt hat. Daß er im Juli nach Zinnowitz konnte. Nein, Binz, Binz wars, jetzt weiß ich alles wieder. Es war Binz.

Was war Binz?

Urlaub von Hansen.

Also gut, habe ich gesagt und mir fiel ein, daß es wunderbare kleine Revolver gibt, die auch in einer Frauenhand große Wirkungen erzielen können.

Gut, hab ich gesagt, wir wissen jetzt, daß Waldemar an Einfluß gleich hinterm Pentagon kommt. Aber ich hoffe, daß du Waldemar so bald nicht wiedertriffst. Oder es für dich behältst.

Er hat gesagt, daß ich immer gleich gegen jeden so voreingenommen bin. Ist doch nett, wenn man mal so einen alten Bekannten trifft, der seine Fühler vielleicht heute schon wieder in mehr Näppchen hat, als ich und du.

Ich hab gesagt, noch ein Wort und ich ruf bei der Super-Illu an. Daß du ne Mordsstory auf Lager hast, mit ner Wahnsinnspointe, wir müssen bloß noch den Hinternamen von der Hauptperson rauskriegen.

Er hat gesat, der hat früher immer gesungen. In der Oper, glaub ich. Und im Fernsehen.

Und du hast mitgesungen? Oder was?

Quatsch! Hieß der überhaupt Waldemar? Ich glaube, der hieß gar nicht Waldemar.

Ich: Aber Hansen hatte von ihm FDGB-Ferienschecks für Juli in Binz?

Nee. Hansens mit ihren 4 Kindern haben doch jedes Jahr in den Ferien ihrn Urlaub gekriegt. So rum. Aber Waldemar hieß der nicht. Wie gesagt, der hat damals bei der Weihnachtsfeier bei uns im Betrieb gesungen.

Und dabei hat er Hansen die Schecks gegeben? Ich!

Er hat gesagt, das weiß er nicht. Er hat sich ja nicht daneben gestellt und Maulaffen feilgehalten. Jedenfalls hat er gesungen, und das hat viel Geld gekostet, da haben sie ihn dann nicht mehr geholt. Aber neulich, im Musikantenstadl, da war der auch, und da hat er dasselbe Lied gesungen.

Ein Weihnachtslied? Jetzt?

Nein, das hat er damals ja auch nicht gemacht.

Was war mit den Schecks? Ich!

Er hat gesagt, die warn in Binz. Und Hansen hat erzählt, da hat er den getroffen. Und nun ist er groß im Fernsehen. ARD.

So, jetzt haben wir es. Ich hab gedacht, ich kenn den und daß der Waldemar heißt. Weil er damals ein Lied für Waldemar gesungen hat, oder n Witz über Walter erzählt, darum der Waldemar.

Ich hab gesagt, und warum hast du nicht schon mal Paul Newman erkannt und mich von dem gegrüßt? Oder Bruce Willis.

Hat Waldemar einen Bart?

Ja.

Sieht er aus wie Fossybär?

Ja.

Ach du lieber Himmel. Gestern Fettlebe und Fettleber und heute wieder. Der wird jetzt aber grübeln, wer du bist. Männer! Wenn du auf dem Markt warst, warum hast du nicht mehlige Kartoffeln mitgebracht, sondern dem die Hand gedrückt?

Er hat gesagt, wie soll er Kartoffeln kaufen, wenn er grade einen Hund schleppt?

Ach. Hattest du den gebissen?

Es war Hansens Hund. Aber der Schwachmatikus kann doch den nicht tragen.

Ich hab gesagt, wenn ich noch mal auf die Welt komme, dann möchte ich Hund bei Hansens sein, und du müßtest mich über den Marktplatz schleppen. Hansen könnte uns die mehligen Kartoffeln hinterhertragen, und Waldemar, der singt dort, vor ihm ein alter speckiger Hut. Weil du Waldemar gar nicht sehen kannst, fragst du mich: Gibt ihm wohl keiner was, gehn alle vorbei?

Ja, sag ich dann, alle, und wir auch. Aber gemessen an dem, was ihm nach seinen Erzählungen früher die Partei angetan hat, gehts ihm doch jetzt gut, er hat die Freiheit, auf dem Marktplatz zu singen.

Er hat gesagt, so redet eine Frau nur über einen Mann, der sie mal enttäuscht hat.

Wir meinten zwar nicht dasselbe, aber irgendwie recht hatte er durchaus.

Geht weg und nichts hört auf

Mit einem liebevollen Brief könnte ich dich in Schwierigkeiten bringen. Aus der ersten Wut heraus, in vollem Schwung, da wird die Schwelle der Spracharmut niedrig.

Wie soll ich dich anreden. Nur deinen Namen hinschreiben, das klingt wie eine Kampfansage, vielleicht noch mit Ausrufungszeichen. Mir fällt auch kein Witz ein, in der Art »Geehrter Nichtmehrgeliebter«, das ist fad, albern außerdem, und dann sind vom Weinen zum Betteln nur drei Zeilen.

Das letzte Wort ist gesprochen. Nach zwei unter anderem wunderschönen Jahren. Drei hattest du mir zugestanden. Danach, hast du gesagt, ist es eine Zweitehe.

Erfahrung? hab ich gefragt.

Ja, hast du gesagt.

Es sind nur zwei Jahre geworden.

Eine Pflanze kann nicht petzen. Du könntest sie zu dir nehmen. Ich hab für sie keinen grünen Daumen mehr. Ein Geschenk von mir, sie gehört dir. Vielleicht hast du sie nur vergessen, vielleicht war es dir peinlich, mehr als dein Rasierzeug mitzunehmen. Hättest du doch den angeblich geruchlosen Ficus Benjaminus mitgenommen, er duftet so aufdringlich nach dir. Ein Zerberus, der mich bewacht, obwohl ich doch niemandes eifersüchtig gehüteter Besitz bin.

Neulich hatte ich mir einen angenehmen Kandidaten mitgebracht. Alles ging seinen normalen Gang, wie im Kino, wenn auch nicht so herzzerreißend wie auf der Titanic. Wir haben uns auch nicht im Fahrstuhl gegenseitig die Sachen runtergezottelt. Es gab keine Treppe, damit er mich wie Rhett Butler seine Scarlett hätte rauftragen können.

Ich wollte zwischen dich und mich den nächsten Mann legen.

Wir kamen in die Wohnung, und auf einmal duftete es wie im Urlaub. Schwaden von Düften haben mich wie Seile gefesselt. So stell ich mir den Urwald vor, so schwül und duftend.

Vielleicht warst du heimlich hier und hast meine Pflanzen eingesprüht? Die Schlüssel hast du immerhin vor meinen Augen geküsst und in die Tasche gesteckt. Du hast natürlich gewußt, wie das wirkt, es hat mein Unglück vergrößert.

Aber der Ficus sieht aus wie wir als Paar am Ende unserer zwei Jahre. Nur noch krumme entlaubte Wahrheiten. »Besser man geht ein Jahr zu früh, als einen Tag zu spät.«

Du sagst, deine Frau glaubt dir, daß du impotent bist. Dann will sie es glauben. Aus deinen Worten könnte ich eine abhängige Person erkennen, allen in Familie, Freundschaften und dir hörig, davon abgesehen aber nicht gerade verrückt nach dir. Asexuell, viel zu gepflegt für Ausschweifungen, durchfeint, nach Benn, trifft es das?

Sie macht nichts, wovon man am nächsten Tag Augenringe hat. Sagst du, aber andererseits im Alltag sehr kundig, Jägerin nach Schnäppchen und Staubkörnern, in der Küche phantasielos, wiederum Möbel tischlernd, tapezierend, strickend, im Internet surfend – und im Bett?

Du kannst dich kaum noch an sie als Weib erinnern. Deine vergessene Jugendliebe. Als ob ich von meiner Tante Ruth oder meiner geliebten Oma rede, sagst du.

Dafür habt ihr euch gegenseitig entschädigt. Ihr der Urlaub, ihr Silvester, Weihnachten natürlich, und die Familienfeiern.

Unsere Mütter kommen! das ist ein Satz, den ich zu oft von dir gehört habe. Dafür, daß dir deine Verwandten dermaßen fremd sind und dir nur auf den Geist gehen, habt ihr sie sehr häufig aufgesucht.

Ich bekam meine festen Zeiten am Nachmittag mit dir, wenigstens einmal in der Woche, aber als sie zur Kur war, auch schon mal Abende, nicht alle, und das war einleuchtend, denn du hast gesagt, daß du es gewöhnt bist, Zeit für dich allein zu haben. Bei dir kann ich noch nicht in Ruhe lesen, sagtest du. Wolln sehen, ob ich mir hier einen Platz und das richtige Licht finde. Es kam nicht dazu.

160

Zu wem redest du jetzt so offen? Wem klagst du die Stiche in der Brust, da deine Frau von Schwächen, eigenen und deinen, nichts hören mag? Du hast mir doch erzählt, daß sie sagt, man läßt sich reparieren, wenn es wirklich ein Schaden ist, und wenn nicht, hört man auf, ihn sich einzubilden.

»Wo fandest du ein Bett am Tag danach ...«

Banaler Satz, schiefes Bild. Du mußtest kein Bett suchen, deins hat sich nicht von der Stelle bewegt. Meins wird mir zur Acht oder Achterbahn, meins schiebt mir die Kopfkissen als Bretter in den Rücken, kommt mir mit der leichtesten Decke wie mit dem Bügeleisen und ist mir zu hart und zu weich.

»Wie fandest du dein Bett ...«, das würde es eher treffen, es ist nur keine Frage, weil es darauf keine Antwort geben kann. Aber Schlager sagen auch nichts als die ganze Wahrheit, wenn sie einen auf gerade empfindlichem Ohr erwischen.

»Wo fandest du ein Bett am Tag danach / als ich noch deinen Namen wie in Fieberträumen sprach ...«

Fieberträume sollten es nicht werden. Du hast es mir nicht direkt in Wörtern abverlangt, aber eine Bedingung schien es schon zu sein, daß ich eine bin, die im Leben steht und nicht groß Umstände und kein Theater macht.

Du warst nie verzweifelt, kaum übellaunig, nicht ratlos und nie maßlos vom Leben enttäuscht. Das war das Wunder der Begegnung mit dir, und eins, das ich sehr nötig hatte. Du warst abgesichert, hattest Erfolg und konntest nachts ruhig schlafen, in eurem oder meinem Bett.

Solche Form der Beziehung habe ich wohl unbewußt gesucht. Ich war verschlissen von so viel verständlicher Verschlissenheit ringsum, meiner ständigen Zeitnot und der Hektik von Leuten, die für mich wichtig sind. Ich habe den jeweiligen Druck jedes Einzelnen mitgetragen und hätte das auch weiterhin getan, wenn da nicht auf einmal ein Mann gewesen wäre, lachend, kundig in fast allem, was ich gerade zu begreifen versuchte, mit Rat zur Hand, die Wogen glättend und manche Reaktion auch als übertrieben zurechtweisend. Ich habe dich gebraucht, wirklich, und du warst davon gerührt, hast sehr schnell gemerkt, daß ich dich nicht benutze, und wie im Scherz habe ich dir versprochen, daß ich mein Herz nicht zu sehr an dich hänge, immer auf meinen eigenen Füßen bleibe und bei Verstand. Nicht zu viel erwarte, so was liegt mir eigentlich auch gar nicht, sagte ich, aber über diesen dummen Satz, der auf niemanden zutrifft, hast du nicht gelacht, du bist über ihn weggegangen.

Abends lauf ich noch ein Stück um die Häuser. Mir doch egal, ob ich überfallen werde. Das ist sicher eine ernste Sache, wenn ich im Dunkeln so achtlos trabe und empfinde keine Angst.

Meine Gefühle sind leider gewachsen, aber du warst ein Teil von mir, der mir fremd geblieben ist.

Dein Hund fehlt mir. Wenn ich nun auf einmal bei euch in der Küchentür stehen würde, weil ich vor Kummer doch den Verstand verloren habe, der Hund würde sich vor Freude auf mich stürzen, und vermutlich wäre es das, was deiner Frau das Herz brechen müßte. Daß der Hund, dieser Verräter, mit mir so vertraut ist. Der Hund würde alles verraten.

Wie kann ein Mensch nur so beherrscht sein, nie den Überblick und nie die nüchterne Einteilung verlieren? Du bist dir dessen auch ganz bewußt.

Selbst am Anfang hast du nicht auf einmal zu Hause andere Musik gehört, du hast nicht heimlich mit mir telefoniert, und sicher hast du darauf geachtet, daß du niemandem zuviel erklärst, abweichend von sonst eher karger Auskunft über Kommen und Gehen. Wenn es einmal nötig wurde, hattest du die besten Ausreden parat, die ich je gehört habe. Sehr ulkig, als du mit der schwarzen Krawatte zu mir kamst und einen halben Tag lang Zeit hattest. Beerdigung von einem Kollegen, ganz plötzlich, zum Glück nicht aus dem engeren Kreis. Ein Beispiel, es gab andere, an die ich jetzt nicht denken will, denn nach unserer Verabredung hatten sie nicht zu schmerzen, aber sie schmerzten doch. Eine angebliche Erbregelung mit deiner ersten Frau brachte uns eine gemeinsame Nacht, aber du hast den ganzen Abend von ihr geredet, bis ich dir am liebsten den Kopf abgerissen hätte. Ich habe dir nie gesagt, daß ich eine bin, die Höllenqualen der Eifersucht leidet.

Es war trotz allem ein Glück, zuerst, ein so nie gekanntes Glück.

Meine Nerven haben gekuscht. In deinen Armen dachte ich nicht an die hilfreichen Ratschläge aus Zeitungen, nicht an die Erfahrungen anderer Frauen, nicht an meine mit anderen Männern. Die Anziehung war gegenseitig und die Begierde stark. Solche Gefühle habe ich mir immer gewünscht. Wie wir uns vorsichtig einander genähert haben, wenn dafür die Zeit reichte, diese Dämmerungen und Halbschlaf, und daß wir einander so wahrgenommen haben. Die Freude dabei, die Leichtigkeit, das Bekenntnis dazu. Wir sind sachter gefallen als ein Ahornblatt. Naja, ich habs eben immer noch mit solchen Bildern aus Büchern.

Lach doch, ich hörs ja nicht.

Wie kannst du ohne uns leben? Muß ich auch deshalb aus dem Weg, weil nun die große Erleichterung angesagt ist? Der Wegfall all der Umständlichkeiten und der zeitaufwendigen Heimlichtuerei? Wer anfangs zehnmal am Tag anruft, noch hinterm Jackettärmel aus einer Sitzung mit dem Chef heraus, der kann später nicht so tun, als wäre es diesmal eben nicht gegangen. Haben dir manchmal beim Gang zu »unserem Italiener« die Füße gebrannt? Dachtest du, ich müßte vorher abgefüttert werden, damit ich nicht Zeit in der Küche vertue und wir gleich zur Sache kommen können?

Du warst immer ein grausam pünktlicher Nachhausegeher, aber du bist auch nie ohne Erklärung weggeblieben.

Ich war die erste Frau in deinem Leben, die aus Wiesenblumen Kränzchen binden kann. Die braucht niemand, aber es hat dich gerührt, und du sagtest, daß es zu mir paßt.

Zwei Jahre lang habe ich mein Telefon für dich freigehalten, bis fast niemand mehr angerufen hat.

Ich vermute, das Geld gehört euch beiden. Der Ehevertrag zu ihren Gunsten zeugt von Tüchtigkeit, wenn auch nicht von tiefem Vertrauen. Sofern es das Schriftstück gibt. Vielleicht aber gibt es den Vertrag nicht. Von Geld verstehst du nichts, hast du zu mir gesagt. Wie auch? Das war einer von den Sätzen, die ganz wahr sind und ganz unangebracht. Nein, ich verstehe nichts von Summen, die man ohnehin nicht ausgeben kann, nichts von Vermögensbildung, von Anlegen und »günstigen Konditionen«.

Ich habe solches Wissen nicht gebraucht und werde es nicht brauchen. Sie ist darin eine Koryphäe.

Eure Art von ehelicher Kumpanei war mein eigentlicher Gegner. Warum hätte ich nicht heimlich hoffen sollen, daß meine Liebe siegt? Daß sie tot umfällt oder einen anderen lieber hat? Ich fühle Verlust, als hätte ich meine Augen nicht mehr, aber zugleich sehe ich alles anders als vorher.

Für ein Drama eignet sich unsre Geschichte nicht, hast du gesagt.

Ich wünsche dir Feuer und Schwefel auf deinen Weg und daß dir niemand etwas tun möge. Ich möchte dir mit harten und klaren Worten die Tür vor der Nase zuschlagen. Und dich vorher noch einmal lange ansehen. Wegen eurer Geheimnisse also bist du lebenslänglich verurteilt.

Ist nun alles gesagt? Unsentimental genug? Nein, denn ich habe mich auf etwas eingelassen, das aus Gefühlen zu bestehen schien und in Wahrheit aus lauter Vorgängen bestand. Du hattest den ganzen Einblick in jede Schublade bei mir, in den Terminkalender und in meinen Freundeskreis. Da habe ich mich zuerst sehr gewundert, wie einfach du dich zu unserer Beziehung bekannt hast, sogar gegenüber ein paar Leuten, die du mir vorgestellt hast. Ich hielt das für würdevoll und Zeichen unserer Ernsthaftigkeit, bei allem Vorbehalt gegen immer und ewig. Sehr spät erst habe ich gemerkt, das gehört zu den Regeln und regt niemanden auf. Meine haben gedacht, da ist etwas auf den Weg gebracht, deine haben dir dein Nebenbei zugestanden.

Nie werde ich erfahren, ob sich deine Frau sicher fühlt, weil sie glaubt, eure Biedermeiersammlung, durchmischt von Barock, sei dir wichtiger als deine Potenz.

Ich drehe den Ring von dir an meinem Finger und will aufhören, mich zu schämen für all die Erniedrigungen, von denen ich viele vorgeschlagen habe, nur um dich zu sehen.

Ich stehe am Zeitungskiosk und werde lesen, sieh nur einmal hin zu mir, wenn sie dich vom Flieger abholt. Ich habe die gleiche Seife gekauft, die sie benutzt, sie roch gut nach Sandelholz und Orangen, du hast mich dafür geküßt, aber mir stank sie.

Wenn ich von dir anderes Parfüm kriegte, wußte ich, daß sie ihrs gewechselt hat.

Ich habs abgestritten, aber Silvester war für mich Fegefeuer.

Jetzt stoßen sie an, jetzt küssen sie sich und wünschen sich »alles Gute«.

Meine Freunde sind verlegen, wenn ich sie zufällig treffe. Ich versuche, sie zu benutzen und erzähle nur Unangenehmes über dich. Das paßt wenig zu meinen hymnischen Bekundungen von vorher und meinen früheren freigeistigen Begründungen. Ich wirke mies, ich weiß, aber ich suche Erleichterung, indem ich dich herabsetze. Habt ihr nie gemerkt, daß er niemanden zu Wort kommen läßt und herablassend wird, wenn jemand eine andere Meinung äußert?

Wir haben nicht alle Feiertage nachgeholt, das hast du zwar behauptet, aber niemand kann das.

Ich schlafe schlecht. Du hast doch dein Leben lang schlecht geschlafen, höre ich dich sagen und hasse mich wieder für meine Beichtsucht in der ersten Zeit.

Du wirst dir jetzt einreden, daß du alt und krank bist und deine Ruhe brauchst. Wer weg will, sagt immer, daß er mit den Nerven am Ende ist.

Ich habe dich nie belästigt. Das heißt, ein einziges Mal nur bei euch angerufen. Das Telefon war sehr lange besetzt. Ich dachte mir deine Tochter mit gekreuzten Beinen auf ihrem Bett sitzend und ihre Freunde abtelefonieren. Dieses Mädchen darf dir jederzeit um den Hals fallen. Das tut sie derzeit nicht, und ist meist mit dir »über Kreuz«, aber eines Tages wird sie dir einen flüchtigen Blick zuwerfen und ungewollt bemerken, daß du älter geworden und sterblich bist, sie wird dich also zu ihren Lebzeiten verlieren. Darüber wird sie in deinem Arm weinen. So, wie ich es jetzt ohne deinen Arm tue, da du mir sterblich warst und gegangen bist, plötzlich und unerwartet.

Dein Kissen liegt noch neben dem meinen, morgen soll es weg. Morgen schneide ich »deine« Haare auf meinem Kopf ab, rappelkurz. Morgen werfe ich die CD mit unseren Lieblingsliedern beim Nachbarn in den Briefkasten. Morgen kaufe ich mir ein Barchentnachthemd, in dem ich aussehen werde wie ein mittlerer Kürbis, aber mir wird warm sein, sogar in den Füßen. Morgen werde ich wieder denken, vielleicht geht es ihm wie mir.

Das Leben ist jetzt schöner, hast du noch vorgestern gesagt. Gestern mußt du bemerkt haben, daß es nicht ganz so war. Gestern hast du getan, was du einmal gesagt hast. Schnell und brutal, das ist die anständigste Art, auseinanderzugehen.

Dieser Monat ist erst zur Hälfte rum, und auf den Rückwegen wächst noch kein Gras. Würdest du kommen, wenn ich dich rufe? Ich fühle Verlust, als hätte ich meine Seele nicht mehr. Aber solche Worte und solche Vergleiche hätten nicht ins moderne Gewand der Ironie gepaßt, das wir noch beim Abschied als Verkleidung trugen, und vielleicht war es bei dir keine.

Wie soll ich Hunger anders stillen als durch Sättigung?

Dich noch einmal sehen, berühren, ohrfeigen und dann vergessen.

Ich würde dich nicht mehr nehmen. An einem wunderbaren Tag wird mir ein Harnisch gewachsen sein, und ich werde dir nur noch wehtun wollen. Und das wird auch vergehen, und du kletterst in den Rahmen zu vielen anderen Bildern.

Dicht daneben ist auch vorbei

Der Dichter sah mir in die Augen. Ich hielt die Luft an, um keinen Reim zu verscheuchen.

Der Dichter sagte: Niemand kann wissen, was aus uns beiden einmal wird. Unter jedem Dach ist ein Ach, oder: Wer jetzt kein Haus hat, wird sich keins mehr bauen, aber das bedeutet nicht, daß man sein Haus sichert, bloß weil man es baut oder gebaut hat oder bauen könnte.

Wir haben gar kein Haus, sagte ich.

Nein, sagte der Dichter, aber das Wort Wohnung klingt so dunkel, und er muß dabei immer an die Wohnungen des Todes denken, und dann ist der Tag hin.

Was wolltest du mir sagen?

Ich? sagte der Dichter verstimmt, ach so. Was immer aus uns wird, ob wir geschieden werden und uns deswegen um so tiefer lieben, oder verheiratet bleiben und uns dafür hassen:

Du sollst meine geistige Erbin sein. Bei keiner andern bin ich mir sicher, daß mein Werk in guten Händen ist.

Ich sagte: Diesen Spruch wirst du widerrufen, wenn ich dein nächstes Gedicht unvollkommen finde. Außerdem scheinst du davon auszugehen, daß du diese Welt vor mir verläßt.

Nicht die Welt, sagte der Dichter, die kennen wir nicht. Die Erde, das wohl. Er weiß es, wie jeder Dichter eigentlich seinen Beginn und sein Ende voraus weiß, und er hat es mir eben mitgeteilt.

Du weißt gar nichts, wagte ich der Wahrheit nahezukommen. Vielleicht bin ich vor dir am Ende, nach all den Jahren, in denen ich täglich die Kohlen rauf- und die Asche runtergeschleppt und an der Bratpfanne gestanden habe.

Im Sommer, sagte der Dichter, pflegen wir nicht zu heizen, in warmen Frühlingen auch nicht, und wenn der Herbst nicht mit Frost zuschlägt, bleibt es dann auch aus. Und wenn es nur das wäre, die Koteletts verbrennen zu lassen, das könnte er auch noch übernehmen und steinalt werden. Nicht jeder aber ist für alles bestimmt.

Ich sagte: Wenn es das Einfachere ist, wer hindert dich? Die Wände müßten geweißt, der Hahn in der Küche sollte repariert werden, und die Bücher wollen wir seit fünf Jahren zu zweit entstauben, aus dem Fenster raus abpusten, oder mit dem Staubsauger, das kann auch einer allein nicht.

Er sagte, wenn derlei! derlei! Bestimmung in ihm gewesen wäre, dann hätte die sich schon lange so vorgedrängelt wie sein Talent. Er arbeitet sehr gern mit den Händen und er kann es auch. Das seiner eigentlichen Bestimmung wegen nicht zu tun, falle ihm durchaus nicht leicht.

Ich wußte, daß er begnadete Hände hat. Am Anfang hatte er mir sogar einen Stilettoabsatz repariert, den der Schuhmacher wegen Materialmangel zurückwies, er hatte mir einen goldenen Ohrring gelötet und uraltes Messing entfleckt, er konnte Knöpfe beziehen, und wenn er Hunger hatte und es war sonst niemand an den Herd zu stellen, konnte er sogar kochen.

Der Dichter sah in eine Weite, die mir verschlossen blieb. Es sei schon so: Du höhrer Drang in mir, wenn du nicht leben darfst, ich sterb an dir.

Er konnte sogar kunststopfen. Das alles hatte er gelernt, weil er Brecht einmal während einer Theaterprobe sagen hörte, man sähe einem Menschen auf den ersten Blick an, ob er alles könne oder gar nichts. Und Sie, wandte er sich an den sehr jungen Assistenten, Sie werden einmal Dichter oder Verbrecher.

Nun, mochte die Nachwelt bestimmen, ob das eine oder das andere oder eine Mischung aus beidem daraus geworden war. Ich sagte, dir gefällt heute der Gedanke, daß dein Ende nahe ist. Aber niemand stirbt, weil er was nicht aufschreibt. Beim Kartoffelschälen singe ich innerlich immer, und niemand hört es. Das ist auch schade und wäre ein Grund, zu verenden. Er hat gesagt, es gibt Talente, die reichen von Montag bis Mittwoch und fürs Kartoffelschälen, andere überbogen ein Jahrzehnt und wieder andere ein Jahrhundert.

Ich fragte ihn, was das heißt, überbogen.

Er überlegte, und ich dachte, als nächstes würde er mich fragen, ob ich vielleicht schon einmal einen Regenbogen gesehen habe oder der einzige Mensch auf Gottes Erde bin, dem solcher Anblick bisher nicht zuteil geworden sei.

Am Amazonas, sagte ich frech, denn seine Kenntnisse in Geographie waren weitaus geringer als die beim Ohrringlöten, am Amazonas gibt es auch Regenbögen.

Der Dichter sagte, das weiß niemand, weil die dortigen Eingeborenen ihn anders deuten würden, zu einer Legende, die wiederum von uns niemand versteht, solange sie nicht entschlüsselt wurde, und es sei ja auch scheißegal, darum ginge es hier nicht.

Du mit deiner ständigen simplen Alltagssprache, die ihm in den Ohren wehtut, wenn er mich mit den Kindern bei den Schularbeiten reden hört, du brauchst natürlich einen Übersetzer, um einen deutschen Dichter zu verstehen und was er dichtet.

Ich fragte ihn, ob er das mit dem »höhren Drang« meine, das von vorhin, wodran er sterben will. Das werde ich wegschmeißen, wenn du tot bist, sagte ich. Bin ich trotzdem die einzige würdige Erbin deines überbogenen Jahrhundertwerkes? Und Angie geht leer aus? Sie hat mir deinen Brief gezeigt. Da steht drin, daß sie es war, die dich aus der Verstummung erweckt hat. Durch sie hat dir ein Gott wiedergegeben, zu sagen, woran du leidest. Aber gut! Gibs mir schriftlich, der Tag ist noch lang, und eh du es dir dreimal anders überlegst, könnt ich schon immer damit anfangen, daß ich bei ihm Staub wische und die zerrissenen Seiten vom Boden aufhebe.

Der Dichter hat zwar unglaublich abstehende Ohren, aber um die Augen und den Mund herum wirkt er sehr verletzlich, und seine Hände sind schmal und dichterisch.

Eigentlich sieht er nicht nach den blauen Augen und dünnen blonden Haaren aus, die er hat. Ihm müßten dunkle Zotteln in die Stirn hängen, große schwarze kurzsichtige Augen wären passend, die ihn schwermütig nach dem Weg suchen lassen, dem falschen natürlich, denn auf dem richtigen Weg finden die Dichter nichts, was sich der übrigen Menschheit mitzuteilen lohnte. Jedenfalls ist es bei ihm so. Wenn er glücklich ist, wird er sehr unglücklich, denn nur im Unglück strömt es aus ihm in Versen. Das macht ihn glücklicher als vorher das Glück.

Nun meinte der Dichter, er würde es mir, wenn auch nicht schriftlich, schon rechtzeitig geben, sobald er glauben darf, daß ich dies begreife: Es ist wichtiger, wenn er einen ganzen Tag vor einem leeeren Blatt verbringt, als wenn Durchschnittsmenschen wie ich ein Buch nach dem anderen vollschreiben. Wenn ich das verstehe, darf er mit der Hingabe rechnen, die es braucht. Die hat Goethe auch gekriegt. Wenn ihm eine nichts mehr geben konnte, ist er erst nach achtzehn Jahren mal zum Kaffee wiedergekommen.

Ich hab gesagt, du mußt nicht so drohend gucken. Ich hab schon schlimmere Erpressungen gehört. Kathechismus schreibt man übrigens mit h hinter dem t.

Der Dichter meinte, das sei typisch für mich. Auf seiner angeborenen leichten Legasthenie rumhacken. Es gibt Lektoren. Ein Dichter braucht nichts zu wissen. Metaphern müssen ihm gelingen. Sein Herz muß sprechen, seine Sensibilität muß ständig erweitert werden, sein Sprachschatz, und er muß Erlebnisse haben, die anderen eben nicht zuteil werden. Woraus soll er schöpfen, wenn nicht aus Erträumtem und Erfahrenem. Ein Dichter, das ist ein Zigeuner, dem man das Herz in die Hand legen muß, denn er trägt sein eigenes auch in den Händen, er ist der geisternde Seefahrer, der alle sieben Jahre zu seinem Unglück aus den Nebeln taucht und in der Diaspora herumirrt, bis ihn die Steine auf freiem Feld töten.

Ich fragte den Dichter, warum es ihm an einem langen weißen Bart mangele? Den könnte er jetzt so wunderbar streicheln, und wenn er dann noch humpeln würde, käme er mir vor wie der Letzte der Gerechten. Dieses ganze bilderreiche Gerede meine doch nur, daß Dichter das Recht haben, sich nach Belieben dauernd unsterblich zu verlieben, den Kopf außen vor zu lassen und die meisten Pflichten auch. Das klappt aber leider nur, wenn der Dichter zu Hause und in den Räumen seiner Lüste genügend Dumme findet, die ihm den ganzen Alltagskrempel abnehmen.

Der Dichter sagte, aus mir spräche der Geschlechtsneid. Ich wolle sein Erbe zurückweisen und selber reimen. Aber diese Niederungen, in die ich ihn immer ziehe, die kosten ihn Gesänge. Zum Beispiel den heutigen. Als ob er Lebenszeit übrig hätte. Er muß mit dem Stoff ringen und um jedes einzelne Wort, und jedes, das er nicht findet, beschädigt diesen empfindlichen Muskel in der Brust, der ihm in jeder Sekunde die verbleibenden Jahre vorzählt.

Schade, ich habe eben nicht mitgeschrieben, sagte ich.

Das machte nichts. Er hatte sein kleines Gerät an, und die Kassette lief noch. Er grinste sein schiefes Ganovenlächeln, der Dichter, und meinte: »Nüscht vakomm' lassn. Wird vlei'n jutet Jedicht.«

Und er wolle mich nicht kränken. In mir sei möglicherweise auch etwas angelegt, was ans Licht drängt. Etwas, womit ich einen Dichter verstehen könnte, nicht gleich einen ersetzen.

Ich sagte, Frauen taugen also nicht zum Dirigieren, Komponieren und Regieren, zum Dichten und Denken?

In der Regel nicht, sagte der Dichter, oder sie sind lesbisch. Zähl mal die berühmten Männer und dann die Frauen. Vergiß nicht die Gedichte von der Friederike Kempner und die Kitschbilder von der Angelika Kaufmann, die Courths- Mahler und die Eschstruth. Frauen sind Blumen. Ohne sie wäre die Welt häßlich. Wozu brauchen sie ein auswucherndes Gehirn?

Du hast Angst, alt zu werden, sagte ich. Das ist verständlich, hat jeder. Du denkst, daß du es nicht bringst, und daß andere über dich lachen, weil du Kino mit ie schreibst und weil die Kritiker nicht nur alle anderen niedermachen, sondern sogar dich. Du hast Angst. Deswegen machst du aus jedem Blickwechsel eine Passion.

Der Dichter sagte, das kann jede rauskriegen. Steht ja alles in seinen Gedichten. Und er braucht viele kleine Bäumchen, einen ganzen Garten voll. Die können ihm nicht auf den Kopf fallen und ihn erschlagen. Ein großer Baum, unter den man sich stellt, und besonders wenn es wettert, in den schlägt der Blitz. Denk an Ödön von Horvath. Am ersten Abend in Paris, ein großer Baum und hat ihn umgebracht.

Ein Ast von einem großen Baum, habe ich gesagt. Aber du meinst nicht Bäumchen oder alte Eichen, du meinst Mädchen und Weibchen und hast Angst vor jeder erwachsenen Frau.

Auch, sagte der Dichter, es gibt fast nichts, wovor er keine Angst hat. Sobald eine ihn durchschaut, muß er weg. Wenn sie seine Glasbucker von seinen Diamanten unterscheiden kann, dann nützt sie ihm nichts mehr. Dann hört das Wunder auf. Der Zauber ist weg, und der Dichter schweigt. Vielleicht für immer.

Ich hatte sein Gerät abgestellt. Zu früh, wie ich eben bemerkte. Aber ich war versöhnlich gestimmt und geriet auch langsam in Eile. Wenn du tot bist, schlug ich vor, werde ich das der weinenden Menge an deinem Grab sagen: Er war der Dichter der Liebe. Du hast doch geschrieben: »und wenn ich das Leben verlöre / mitten im Leben sogar / du warst die wunderbarste Göre / vor Liebe wehrlos lag ich in deinem Haar.« Für wen bitte war das?

Ich weiß es nicht mehr, sagte der Dichter. Die Frau ist das Gerüst, in der Mitte entsteht das Gedicht. Das Gerüst kann dann weg.

Für mich kanns nicht gewesen sein, sagte ich. Meine Haare sind kurz, da kannst du nicht drin liegen.

Ist das wichtig? fragte der Dichter. Seine Arme breiteten sich und deuteten Dimensionen an, die weltumfangender waren, aber ich wußte nicht, auf welche Weise.

Willst du meinen Liebesversen nachschnüffeln? Oder willst du dich scheiden lassen?!

Ja. Doch. Ich glaube, unbedingt, sagte ich.

Tu das, sagte der Dichter. Es wird mir sehr wehtun. Und dann die ganzen Umstände. Aber es macht gute Gedichte.

Die wünsch ich dir und werde deine treue Leserin bleiben, sagte ich, machte mich raus aus dem verqualmten Dichterzimmer und nahm mir vor, mich diesmal beim Teilen der Bücher nicht wieder übers Ohr hauen zu lassen. Das war zu befürchten. Denn seit Angie standen Lyrik, Dramatik, Nachschlagewerke, Gesamtausgaben und Bildbände übereinander in seinem Zimmer, in dem er sonst immer Weite für lange Schritte beim Denken gebraucht hatte. Romane liest er nicht, die hatte er alle bei mir stehenlassen. Und sich Ex libris gebastelt und so seinen überbogenden Namen in viele Bände geklebt.

Eine andere würde sich um sein Werk zu kümmern haben, sicher hatte er es schon mehreren versprochen.

Notgedrungen mußte ich mich um meinen eigenen Kram kümmern.

Das war wie aller Anfang schwer genug.

In den wichtigsten Jahren
ihres Lebens

sind Frauen immer so in Eile, daß sie nicht einmal die Angst
vor dem Zahnarzt oder dem Gynäkologen in aller Ruhe
genießen können.

Mit wehendem Schal stolpern sie aus der Wohnung und suchen
sofort nach den Schlüsseln, die es eben noch gegeben hat. Sie
können sich nicht erinnern, ob sie das Bügeleisen ab-, den
Anrufbeantworter an- und den Scheck ausgestellt haben. Vermutlich haben sie das, aber sie können sich nicht erinnern.

In den wichtigsten Jahren ihres Lebens braucht eine Frau kein
Kind, aber sie hat immer eins, und sei es der Mann, mit dem
sie gerade eine Beziehung aufbaut, auf völlig anderer Basis.

Sie will alles richtig machen und alles vermeiden, was bisheri-
ge Beziehungen zerstört hat. Und sie will darauf achten, daß
erst gar nichts einreißt, was er falsch machen könnte. Vor allem
keine voreilige Verpflichtung, keine Unterschrift, kein über-
triebenes Versprechen.

Ob Verlängerung der Gemeinsamkeit ins Ewige oder freund-
schaftliche Trennung, das wird sich finden.

Wo ist denn mein Hemd? fragt er nach den ersten rauschhaf-
ten acht Wochen. Das Hemd liegt in der Wäsche. Einer von
beiden muß diese furchtbare Wahrheit jetzt aussprechen, und
wer es sagt, der hat die Schuld. Was soll ich denn dann für einen
Schlips nehmen, fragt er, schon leicht irritiert. Zu welchem
Hemd denn, fragt sie, schon schuldbewußt. Das weiß ich doch
jetzt noch nicht, sagt er, nun unwirsch. Weißt du, sagt sie, sich
auf ihr großes Talent zur Entschärfung von Situationen besin-
nend, nimm doch einfach eins aus dem Schrank.

Aus wo? Nun, sagt sie, das dort ist ein Schrank. Weißt du. Viereckig. Mit einem Schlüssel in der Mitte. Da hängen Hemden von dir auf einem Bügel.

Diesen Ton wollte sie nie wieder anschlagen. Er unterläuft ihr, weil sie diesem Ton in den ersten acht Wochen nicht gestattet hat, ihr zu unterlaufen.

Liebe ist eine Produktion, sagt sie sich, weil sie noch zu den gebildeten Jahrgängen gehört und Brecht gelesen hat, und an dieser Stelle ist das schon die halbe Miete für ihn.

Er kann abends nicht noch sein Hemd waschen, wenn er vormittags diesen wichtigen Termin hat. Für ihn wichtig, sie geht er eigentlich vorerst nichts an.

Sie könnte sagen, du weißt nicht, was handwashed ist? Nun, wenn du deine beiden lieben Hände gegeneinander reibst und dazwischen befindet sich dein lieber Hemdkragen, das ist handwashed.

Aber sie sagt es nicht, weil sie die Erfahrung gemacht hat, daß Männer immer Zynismus erkennen, sobald eine Frau ironisch wird, während sie ihre eigenen Zynismen zu liebenswürdiger Ironie erklären.

Die Schublade solcher Erfahrung schiebt sie energisch wieder zu, holt ein Hemd, findet einen passenden Schlips und macht, daß sie beide lachen.

Weil sie jetzt als Geliebte so ist, wie sie als Mutter manchmal hätte sein sollen.

Sie war aber nicht so, sondern oft ungeduldig, tief liebend und oberflächlich aufbrausend.

Mag sein, dies ist jetzt umgekehrt, aber er kann abends sein Hemd nicht waschen. Da muß er den nächsten sozialen Flächenbrand verhindern, den Regenwald umleiten und seine Firma geistig auf Zack bringen.

Deswegen trägt er morgens immer diesen großen Samsonite bei sich, wenn er das Haus verläßt. Der blinkende Koffer ist ein Wink an die Welt: Von diesem Mann hängt die ganze Landesverteidigung ab, und die muß er abends immer mit nach Hause nehmen.

Falls sich dieser Samsonite einmal zufällig öffnen sollte, wird ein angebissener Appel rauskullern und eine schlampig zusammengelegte Zeitung.

In den ersten vier Wochen hatte er Respekt vor ihr, der hat sich auch noch nicht aufgebraucht. Aber er ist nicht mehr so aufgeregt, wenn er einsame Entscheidungen trifft, die sie mit ausbaden muß.

Sie hat ihm beigebracht, daß sie ein Angsthase ist, mit der einer so etwas fast ungestraft machen kann. Sie durchschaut alle Machtspielchen, die ihr klagend anvertraut werden, von ihren Freundinnen, aber sie läßt die gleiche Diagnose für sich und diese neue Beziehung nicht zu. Nicht nur aus Angst davor, daß sie wieder einsam auf die Piste muß, raus in die Dunkelheit, in das undurchschaubare Sammelbecken, das sie nicht einmal zu oft, aber zu lange durchsucht hat, immer mit Hoffnungen, die sich nie erfüllen, wenn man gerade zu haben ist.

In ihren wichtigsten Jahren ist die Frau reich. An kostbarem Wissen für den Alltag und an abrufbarem für die besonderen Stunden. Aber sie ist sich des einen nicht sicher und weiß nicht, wie das andere aufgenommen wird, falls eine es zeigt. So verteidigt sie unter Tränen giftiges Lametta und vertrudelt Silberminen.

Er ist hier, anfaßbar, aber er könnte wieder fort sein. Und wohin wird er gehen mit all dem, was er nun über mich weiß? Wem wird er sagen, daß ich mein Haar färbe und Besenreiser auf dem Bauch habe? Welcher andern wird er verklickern, wie ich meine Lust und meine Nichtlust zeige? Meine Lust, denn Nichtlust zeigen wir Frauen möglichst nicht mehr. Wir wissen doch aus dem Fernsehen, daß Frauen vor Sinnlichkeit fast ins Komma fallen, sobald einer nur ihren Mülleimer berührt.

Warum habe ich nur so viel Zeit verplempert, denkt sie. Ich hätte doch perfekt englisch lernen, mich ruhig auf die Marktwirtschaft vorbereiten und Selbstverteidigung üben können. Als sie Zeit hatte, fehlte ihr die Lust. Und jetzt, wo sie alles Versäumte auf einmal nachholen möchte, hat sie keine Zeit. Auch wenn sie auf der Stelle tritt, rennt sie sich die Beine ab.

Nun versteht sie eben nichts davon, wie man einen Rassehund abrichtet. Das fände er wichtig, und sie soll sich damit befas-

sen, was schön ist, er rechnet wohl für längere Zeit mit ihr, aber
sie hat keine Hand für Hunde und versteht die nicht. Sie lebt
gern mit einer Katze. Er sagt, die schleichen sich ran und er
muß niesen. Dafür reicht sein Hund. Aber alles Lebendige hat
sein Recht, reden wir nicht drüber, und irgendwie wird sich
schon etwas ergeben.

Er kann verstehen, daß jemand auf die Jagd geht, aber sie kann
das nicht. Totschießen als Hobby in der Freizeit? Abschaffba-
re Instinkte, findet sie, aber wie soll sie das fordern, da es ja nur
seine Meinung ist und er gar nicht jagen geht? Im Gegensatz
zu ihm wird sie auch nie verstehen, was ein Mann empfindet,
wenn er mit seinem Auto durch das Brandenburger Tor fahren
darf. Was gibt ihm das? Ist es ein nachträglicher Triumph über
die Mauer? Oder als dürfe er dem Brandenburger Tor sozusagen zwischen die Beine fahren?

Sie schiebt es von sich, so ungeduldig, wie sie auf die Signale
der Verkehrsampeln und auf die ihres Körpers reagiert.

Durch die Vereinbarung der freien Assoziation zweier freier
Geister ergibt sich, daß er meist ihr Gast ist. Mit Hund, die Katze ist vorübergehend bei ihrer Mutter. Ein Gast wird verwöhnt,
das gehört sich. Statt ihr Gesicht mit weicher Creme und ruhigen Fingern langsam kreisend zu massieren und Babyöl in die
empfindlichen Achselhöhlen zu reiben, sprüht sie zeitsparend
hierhin und dorthin ein bißchen duftendes Gift. Zum Früh-
stück läßt sie ein paar Eier in der Pfanne blaß bleiben oder ver-
brutzeln, und der Kaffee ist ihr schon vorher nie gelungen. Mit
den gleichen Zutaten bringt er ein duftendes Getränk zustande, aber ihr Trank ist entweder zu dünn, zu bitter, zu stark oder
ohne Aroma. Ein Geheimnis, nie zu lösen. Weils keins ist. Sie
fuhrwerkt, statt zu hantieren, nimmt jedesmal, was der Kaf-
feelöffel gerade erwischt, verzählt sich, und falls sie je einer Prü-
fung für Kaffeebrüherinnen unterzogen werden sollte, würde
sie durchfallen.

Für ihn ist das eine Zeremonie. Davon kennt er weltweite, und
auch Rezepte seiner weiblichen Vorfahren.

Und er verwöhnt sie auch. Er ist ein exzellenter Hobbykoch.
Aber wenn er sagt, einer kocht, einer macht weg, dann versucht

sie ihm zuvorzukommen. Obwohl sie ihm wie in vielem auch darin zustimmt, daß Männer, wenn sie kochen, dann die besseren Köche sind. Kochen ist eine Sache der Ordnung, sagt er, und Frauen bringen immer ihr weibliches Chaos in die Suppe. Dem ist schlecht zu widersprechen, denn sie mischt immer alles, was sie gerade zu Hause hat. Es schmeckt, aber warum eigentlich, und beim nächsten mal ganz anders, das kann sie nicht erklären.

Er meint, ein Essen muß ein Geheimnis bleiben, weil jedes Rezept kostbar ist, aber man könnte es über die Zutaten und die Garzeiten natürlich lösen. Vor allem muß jedes Beiwerk seinen eigenen Topf oder seine eigene Pfanne haben.

So sieht die Küche dann auch aus. Er steckt die Komplimente ein und wirft dann nur noch einen flüchtigen Blick auf die Vergangenheit der letzten Stunden. Laß das jetzt mal stehen, sagt er, auch wenn sie gekocht hat. Bei zwei, drei Gerichten ist sie ihm über, sagt er, zum Beispiel bei Zusammengemantschtem. Laß das stehen, das mach ich nachher in zehn Minuten. Ich bin heute verrückt nach dir, das ist doch wohl wichtiger als der dämliche Abwasch, den mach ich morgen abend. Naja, morgen wird es später, falls er überhaupt noch kommen kann. Aber sei doch mal ehrlich, es macht dir niemand so, wie du es dir angewöhnt hast. Das kannst du morgen abend machen.

Und deinen geliebten Tee trinken, den grünen, soviel du willst. Tee mag er nicht, jedenfalls nicht morgens und nicht abends, dabei liebt sie dessen genaue Zubereitung so wie den Genuß. Rituale sind für die gesunde Seele wichtig. Sie kennt viele, hat einige geliebt, vermißt andere, aber es ist nicht seine Schuld, wenn die Frau auch in ihren wichtigsten Jahren nicht den Mut hat, sich zu ihren Bedürfnissen zu bekennen. Nachdem sie gesagt hat, daß sie aufhört zu rauchen, läßt sie sich von ihm nicht einmal bei einem Zug aus einer erwischen. Was sie nie tun würde, unterstellt sie ihm: Er könnte vom Vorgang auf den Charakter schließen, immer vom Detail auf das Ganze.

Ihr bißchen Schlampigkeit ist auch ein Teil ihrer Sinne. Wenn es ihr schlecht geht, wenn sie Schmerzen hat oder an sich, der Welt und an ihm zweifelt, dann kuschelt sie sich in ihren ollen

178

Bademantel und ins Bett und ihr ist, als stiegen alle weggewaschenen Düfte, Gerüche und Sünden tröstend wieder auf. Der Bademantel hat den Wert eines alten Teddybären, aber mit dem würde sie sich von ihm nicht erwischen lassen. Er würde ihn ihr erklären, den Bademantel als Teddybären, und eben das will sie nicht.

Anderes bleibt ja auch unerklärt. Sie müßten beide mehr aussprechen, sie und dieser Mann, der neben ihr liegt und sie wachhält, so oder so. Über ihre Ängste müßten sie reden, die empfindlichen inneren Organe, Euro und Welthunger, über die kindlichen Verbrecher und jene Arten von Niederlagen, die sie am meisten fürchten.

Aber wenn sie sich am Abend endlich sehen, haben sie sich den ganzen Tag über den Mund fußlig geredet. Nicht über ihre inneren Organe oder Ängste, aber über Europa, Pinatubo, Rechtslagen, das Wetter, sie haben geredet und geredet und mehr gehört, als sie hören wollten.

Sie bewegen sich gekonnt durch all ihre kleinen Unehrlichkeiten.

Er geht grader, als sein schmerzender Rücken ihm erlauben will. Sie hat die billige bewährte Creme aus der blauen Dose weit nach hinten gestellt, weil seine Oma gesagt hat, die nimmt man nicht, da soll es in der Fabrik dreckig zugehen. Also steht das teure Gläschen da, dessen Inhalt in aller Ruhe eintrocknet. Denn wenn sie sich schon eincremt, nimmt sie pflaumengroße Portionen für den ganzen Körper, der unter der ungesunden Heizungsluft in den Büros eintrocknet, was sie natürlich auch nicht ausspricht. Am liebsten legt sie sich fett eingeschmiert ins frisch bezogene Bett. Das macht man nicht. Warum eigentlich nicht? Sie wäscht doch ihre Bettwäsche selber. Was »man« macht, muß sie nicht mehr interessieren.

Ach, darüber nicht reden, weil die Zeit zu schade ist. Wenn aber die Zeit für zwei zum Reden zu schade ist, dann läuft sie manchmal unerbittlich ab.

Er ist nicht ihr Vater, das soll er sich nicht anmaßen, ihr Bruder nicht, so gut kennen sie sich nicht, und er kann noch nicht ihr Freund sein, da fehlt es ihnen an Vergangenheit.

Aber er ist ihr Wegbegleiter auf einer noch nicht absehbaren Strecke.

Sie weiß nicht, wie weit sie ihm vertrauen kann. Gänzlich nicht, das kann sie nicht einmal sich selber. Ich weiß nicht, ob ich ihm vertraue, sagt sie.

Das könntest du aber besser wissen, Frau. Frag dich, ob du gleich nach der Polizei ihm als erstem sagen würdest, daß du vergewaltigt worden bist. Würdest du ihm das sagen? Und welches Risiko wäre das für dich, bei diesem Mann? Würdest du es ihm sagen, auch wenn es kein maskierter Fremder war, sondern der nette Bekannte, und es ist in deiner Wohnung passiert und nicht in einer dunklen Großgarage oder auf dem kurzen Stück Weg vor dem Haus, in dem du wohnst und wo die Laterne schon so lange kaputt ist und auch nicht, weil du trotz aller guten Vorsätze doch wieder die Abkürzung durch den Park genommen hast? Du kannst dir nicht vorstellen, daß dich noch einmal ein Mann anrührt, könntest du das sagen? Würde ihm ein Ton unterlaufen, ein Halbsatz, der dich aufhorchen läßt, weil du herauszuhören glaubst, daß er dir zwar nichts unterstellen will, aber du hast damals mit dem getanzt und vielleicht ein Mißverständnis zugelassen oder begünstigt, und so was passiert eben, wenn man jemanden einfach in seine Wohnung läßt, mit dem man getanzt hat.

Er braucht auch Hilfe, er weiß auch nicht, was jetzt von ihm erwartet wird, oder zu erwarten wäre.

Würdest du es ihm sagen? Ja, ein Messer an der Kehle, ein ausgewiesener Serienmörder, hinter dem die Polizei schon lange her ist, ein Überfall außerhalb deiner Wohnung. Da ist alles ganz einfach. Da gibt es nur einen Satz: Daß du lebst. Oder viele Sätze: Du lebst. Komm her. Schrei und weine. Ich kriege den, und dann werde ich ihn ..., von jetzt an beschütze ich dich. Du lebst und wir werden es schaffen ...

Aber dieser nette Bekannte? Von dem man das nie gedacht hat?

Spring doch, Frau, denk ich manchmal. Bleib doch nicht hocken. Sicher, ein Risiko ist immer. Aber denk dir dieses Risiko doch nicht als einen schweren Block am Rande des Abgrunds, und wenn er stürzt, wird er dich mit sich reißen. Oder als ein trojanisches Pferd, es könnte sich öffnen und lauter jüngere, hübschere, geliebtere Frauen klettern heraus, deine potentiellen Feindinnen.

Das sind sie nicht. Sie sind deine potentiellen Verbündeten, und ein paar von ihnen gehörten als kostbare Wesen in dein Leben, so wie der eine Mann, dieser vielleicht, oder der nächste.

Das Risiko kann auch ein Seil sein, straff gespannt, und du lernst, auf ihm zu laufen, vielleicht zu tanzen, einen Salto zu machen. Ich habe das schon einmal gesehen, weiß also, daß es jemanden gibt, der das kann. Und alles, was jemand schon einmal gekonnt hat, das kannst du doch wenigstens versuchen.

Frauen in ihren wichtigsten Jahren fühlen sich immer unzulänglich, wenn sie eine Sache nur so gut wie möglich machen. Frau, die Erde wird regiert von Männern, die ein Leben lang nichts anderes tun. Sie machen ihr Ding, so gut sie können. Dafür werden sie sehr berühmt, gut bezahlt und respektiert.

Eine Frau begreift, daß fünftausend Jahre Entwicklung nur bis zur Stellvertreterin führen können. Aber die Stellvertreterin eines mittelmäßigen oder großartigen Mannes zu sein, das ist in Ordnung, sobald du es so siehst und aufhörst, dir deswegen leid zu tun.

Sie möchte bloß eine Zeitungsseite hintereinander lesen dürfen, ohne von Mann, Kind oder Tier weggeholt zu werden. Wenn sie den anderen das nicht abgewöhnt, wird es keinen Grad an Versunkenheit geben, den sie wahrnehmen. Eine Stunde am Tag, eine Egostunde lang möchte sie leben wie ein alter englischer Lord in einem alten englischen Club: Mit einer Riesenzeitung vor der Nase, wohlversorgt und unberührbar.

Kommt ja noch, denkt sie, und das mag sein. Aber der Streß mit den Schlüsseln wird ihr bleiben, und bis zum Ende der Ausbeutung ihrer selbst sammelt sie Ticks, Macken, nervende Gewohnheiten. Sie ist nicht immer so angenehm, wie sie erscheinen möchte.

Es gibt Dinge, die er kaum erträgt. Daß sie immer ein schlechtes Gewissen hat. Wo ist denn das Salz? Sobald jemand diesen Satz ausspricht, springt die Hauptbeauftragte für die Anwesenheit von Salz auf dem Tisch von ihrem Stuhl hoch, hastet in die Küche und eilt zurück. Nie würde sie sich als erste mit dem Salz bedienen, und ich denke: du hast es doch gar nicht vermißt. Warum bleibst du nicht sitzen? Wenn jemand Salz braucht, soll er es sich doch holen.

Das hat meine Großmutter nicht geschafft, meine Mutter nicht, ich nicht, meine Tochter nicht und nicht einmal meine selbstbewußte Enkelin. Es ist diese vererbte Beflissenheit, zu der sich gern ewig lauerndes Schuldgefühl gesellt. Wenn auf Capri ein Hund überfahren wird, also ganz kann sie sich von ihrem Anteil an Schuld nicht freisprechen.

He, du knarrst manchmal wie eine alte Tür in einem alten Schrank, der sich verzogen hat, und weil er nicht die Kraft hat, dieses lästige Knarren abzustellen, wird er wahrscheinlich eines Tages rausgeschmissen.

Du bemühst dich ja. Wechselst immer die Schuhe, fährst nicht mehr mit den hohen Hacken. Und du versuchst, integer zu bleiben.

Das ist viel für eine Frau in ihren wichtigsten Jahren.

Später einmal wird sie diese zu ihren schwierigsten rechnen.

Wie die Schuljahre, die Mädchenzeit, die junge Ehe, Schwangerschaft und Scheidung. Und die Liebhaber dann, zu jung, zu alt, zu arrogant, zu untreu, zu verheiratet.

Man kann aus allem nur lernen, sagt sie in der Überzeugung, das redlich getan zu haben. Sie hat jedenfalls überlebt, strafft sich und geht aufrechten Ganges in ihren nächsten, ganz anders aussehenden Irrtum.

182

Lackbild von vorgestern

Ich leugne nicht, daß wir uns einmal geliebt haben, und gebe zu, daß ich es nicht begründen könnte. Wir wissen es nicht mehr und auch nicht, warum es zu Ende gegangen ist. Das Leben hat Fäden getrennt, die uns wohl zu lose verbanden, aber geliebt ist geliebt, und auf einmal stehen wir uns gegenüber, erkennen uns auch noch und müssen uns also grüßen, uns die Hand geben, lächeln, etwas sagen. Es darf nicht auslegbar sein, soll nicht wehtun, nicht in die Vergangenheit stechen, auch nicht weiter nach vorn reichen, und wir widerstehen der Versuchung, Bedauern oder Vorwurf mitschwingen zu lassen.

Ich weiß nicht mehr, ob du lieber Schnitzel ißt oder Backhähnchen, ich kenne nicht deine favorisierten Autoren und welche Musik dich gerade erotisch animiert oder zum Tanzen verführt. Hast du dich im Schlaf gewälzt oder dagelegen wie weggeholt von mir, entrückt aus dem Bewußtsein, daß es mich gibt? Nicht ironisch sein jetzt, keinen Witz versuchen, keinen Flaxton anschlagen, das ruft ein Echo herbei, das vielleicht schmerzt. Für einen Moment habe ich ein leeres Gehirn und weiß nicht einmal deinen Namen. Aber schon der Druck deiner Finger ruft ihn zurück. Mein Blick darf nicht kritisch über dein Gesicht wandern, denn ich fürchte deinen forschenden auf dem meinen. Es kostet mich Kraft, nicht in den Haaren zu nesteln. Du bist doch der große Gestendeuter, der daraus sofort ein Lebensbild von mir ableiten würde: Sie ist unsicher. Sie ist aus dem Haus gegangen, ohne sich zurechtzumachen, jedenfalls glaubt sie das jetzt, sie ist verlegen und fürchtet, ich könnte sie zum Kaffee einladen, weil sie unter ihrem Mantel nicht die Kleidung dafür trägt. Sie ist nicht glücklich.

Zwischen uns soll kein verletzendes Wort fallen, und selbst

nachträgliches Verständnis für den damaligen Bruch würde verletzen. Eins von uns müßte denken: Ich war also damals jemand, den man einfach verlassen konnte.

Ich weiß nicht einmal, wer von uns beiden den Hörer aufgelegt und die Adresse sozusagen zerrissen hat.

Gab es böse Worte?

Aber damals haben wir uns geküßt und begehrt. Ich habe nicht gewußt, daß ich mich an das noch erinnere. Wir haben uns aneinander gepreßt, nur einmal so gewaltig, ganz eindeutig und erschreckend nahe der Gier, die auf das eigene Verlangen zurückwirft, und wenn es auch scheint, als ob das Begehren dem anderen Menschen gilt, es will befriedigt werden und nicht weggedrängt, vertröstet, abgewiesen. Gleich, jetzt, und egal, was nachher wird.

Nach dem ersten Streit, bei dem es meiner Erinnerung nach um die existentielle Frage ging, ob Frauen andere Eigenschaften haben als Männer oder nur eine andere Geschichte, und du warst damals der Meinung, die Monogamie sei in der Natur des Weibes angelegt wie der unruhvolle Don-Juanismus in der des Mannes, was wahrlich die miesere und anstrengendere Rolle sei, sind wir noch einmal umgekehrt. Wir haben uns weinend umarmt und einander bei jenem einzigen grünen Stern am Himmel geschworen, uns nie wieder so idiotisch zu verrennen. Wir haben sogar zugegeben, daß wir das eine wie das andere nur behaupten, aber nicht wissen, und daß es möglich sei, Liebe verändere alles, und beim Verlust von Liebe könnten Frauen durchaus unruhvoll streunen, und aus Liebe könnte ein Mann allein bleiben. Es wäre besser für uns, sagten wir, wenn wir nur noch gerecht und unverlogen wären, wo wir doch schon nicht wissen, ob es denn Liebe ist, die uns hierhergeführt hat und wie weit sie uns trägt.

Wir konnten keinen Widerspruch lösen. Manchmal kommt es mir so vor, als ob du mich liebst, sagte ich, als ich dachte, daß es hinpaßt. Das war ein Irrtum, ich weckte nur deine Neugier darauf, in welchen Momenten das so sei, und wie er dann auf mich wirke, und wie ich darauf reagiere. Wir diskutierten, bis ich Kopfschmerzen hatte, und meine Gefühle waren wie kal-

184

ter Tee. Dabei hätte ich es dir sagen können. Aber ich ahnte, daß du mir diesen kleinen Talisman zerstören würdest. Ich hatte dich einmal auf der anderen Straßenseite gesehen, und weil du mein Rufen nicht gehört hättest, bin ich über den Damm gerannt, in ganz unsinniger Furcht, die Erde würde sich öffnen und dich verschlingen, die Menschenmenge dich untertauchen lassen, und vielleicht würde ich dich nie, oder erst in vier Stunden wiedersehen.

Ich rannte, ungeachtet der Autos, die hupten, du drehtest dich um, sahst mich und nur für einen Augenblick stritten sich auf deinem Gesicht die Freude, mich zu sehen, mit der Angst, mich durch Unfall zu verlieren. Es war so, und es hatte mit Liebe zu tun, aber wenn ich dir das damals erzählt hätte, wäre die Erklärung gekommen, das gleiche hättest du bei jedem Kumpel auch empfunden. Schön, den zu sehen, und Scheiße, gleich liegt er unter dem Auto, ist der denn verrückt?

Also habe ich es dir nicht gesagt, obwohl du mich bedrängt hast, man könne so was nicht behaupten, ohne Beispiele parat zu haben, und ohne Beispiel sei es eben einer von meinen üblichen unbedachten Sätzen, auf die man besser nicht eingeht.

Du bist eben mein kleines überspanntes Gefühlsbündel, hast du gesagt und das war wieder unehrlich, denn wenn ich dich vor deinen Prüfungen abhörte, hast du mich gerühmt, wie sachlich und hart ich mit dir umging, daß ich dir nichts schenkte, und die Methode des Vorgehens würdest du ein Leben lang beibehalten, die sei maximal effektiv. Zum Gefühlsbündel wurde ich erklärt, weil du mich herausfordern wolltest, wütend zu werden und mir die Beispiele ablocken zu lassen, sei es in ungehaltenem Ton.

Das war es, was mich von der Hingabe zurückhielt. Du hast nie aufgehört, dich, über mich, zu beobachten. Nur wenige Male hast du die Kontrolle über mich und die Widerwirkung auf dich verloren.

Ich frage dich nun, ob du Hund oder Katze hast, als sei ich mit Testbogen unterwegs.

Wenn ich es mit späteren Erlebnissen vergleiche, habe ich dich damals geliebt. Das heißt, ich habe mich immer auf dich gefreut und angefangen, auf dich zu warten, sobald du gegangen bist. Aber meine Liebe hatte keine Magie. Ich war nicht fähig, deinem unseligen Hang zu ergebnislosen und ewigen Diskussionen zu begegnen. Es fiel mir kein Mittel dagegen ein. Ich wollte herausfinden, wie das funktioniert, habe sozusagen nach dem Schalter gesucht und wollte ihn wenigstens manchmal umlegen.

Aber das ging nicht. Wäre ich erwachsen gewesen, reif genug, hätte ich dich als Quatschkopf gelegentlich dir selbst überlassen. Aber dein Trick war dann eben, den Streit darüber vom Zaun zu brechen, ob ich für das eben genannte Thema als Weib zu dumm sei, nicht folgen könne, und immer wenn ich dann schwieg, hast du einen Sieg verzeichnet. Nun fällt dir nichts mehr ein, also habe ich recht, und du wirst das nie zugeben. Mir ist nie mehr ein Mensch so auf die Nerven gefallen wie du, der keine Scheibe Salami in den Mund stecken konnte, ohne über Herkunft, soziales Umfeld, unsinnigen Transport, dekadente Verzehrgewohnheiten und das alles im Vergleich zu Emanuel Kants Ausdemfenstergucken zu palavern, wobei du mir nebenbei alle Pralinen weggefressen hast, ganz in Gedanken und ohne es zu bemerken. Mit derselben scheinbaren Zerstreutheit hast du meine Freundin umarmt und geküßt und ihr Komplimente gemacht, ehe du – wie witzig! – bemerktest, daß es die falsche Person ist, aber die falsche Person auch andererseits wiederum nicht, und da waren wir wieder im Disput über richtige und falsche Personen in der richtigen und falschen Situation

Seltsam, daß deine Hände mir so angenehm waren. Sie schienen mir behütend wie später lange keine Hand mehr. Als ob dein nervender Redefluß etwas anderes sei als dein behutsamer, warmer und sensibler Körper, der niemals antwortete, ohne vorher stumm zu fragen. Die Dialoge meines Körpers mit dem deinen sind dein unvergängliches Verdienst an mir, aber diese Fähigkeit zur Liebe hast du im Licht des Tages weniger geschätzt als die ewig gerühmte Besonderheit: schließlich bin ich ein Mensch, der denken kann. Im Gegensatz zu dir, das lag in der Luft, wurde aber nur als Waffe in eingebildeter Not ausgepackt.

186

Wenn ich an dir verzweifelt bin, ließ ich mich in deine Hände fallen, und dann war alles gut. Für diese Vorgänge nämlich fehlten dir alle Wörter, jede Zerstreutheit und jedes Albernsein. Warst du ehrlich und deiner Unreife weit voraus nur in jenem Bereich der Zärtlichkeit, in dem auch du dich überlassen hast?

Ich habe deine Disputiersucht fürchten gelernt. Sonst würde ich niederknien und dir danken dafür, daß ich weiß, ob mir ein Mann guttut oder nicht. Was ich empfinde, ist heitere Trauer und Entsetzen darüber, wie die Bilder auf mich einstürmen und daß ich alles noch genau weiß. Ich trete dich vor dein Schienbein. Ich haue dir die Tasche mit dem Blumenkohl auf den Kopf, damit du verschwindest, ehe du noch einmal deine dunkle Seite zeigst. Es gibt dich noch, ich sehe es an deinem Lächeln. Du warst für mich wie das Stück Butter auf dem Stuhl als Kunstwerk von Beuys. Butter ist gut, der Stuhl ist gut, aber was sollen sie zusammen bedeuten?

Um die Augen herum siehst du ältlich aus. Das geht mich nichts an. Steck die Hände beide gleichzeitig wie früher in die Taschen, du riechst nach Tabak, das ist deine Sache. Rauch doch. Stirb doch.

Ich frage dich nicht einmal, ob du hier in der Nähe wohnst.

Du würdest sofort fragen: Warum hast du das jetzt gefragt? Und wenn ich sage, nur so, man fragt doch irgendwas, dann käme die Sache mit dem Unterbewußtsein, und du würdest vermuten, wie viele Fragen es auf der Welt zu stellen gibt, nach Sachgebieten geordnet, und daß es doch seltsam ist, wie sich mir gerade diese Nachfrage nach seinem wohnlichen Aufenthalt in den Vordergrund bis auf die Zunge gedrängt hat.

Fahr zur Hölle. In die ich damals gefahren bin, als du nicht mehr kamst, und ich hatte eine Zeitlang den Verdacht, du seist nur ein unsicherer, hyperaktiver Kerl gewesen und wolltest mir nur etwas beweisen, was niemand beweisen kann. Der Stärkere zu sein, der, der den anderen aus der Reserve locken und alle Visiere heben kann, nach Belieben. Vielleicht, habe ich damals gedacht, wollte er mir imponieren und hatte nichts dafür. Ich brauchte Zeit, mich selber wiederzufinden. Als ob ich mich neu zusammensetzen müßte. Aber dann warst du Geschichte, du warst Vergangenheit. Und das bleibe mal auch.

Ich lächle, schweige, lächle, und während du den Mund öffnest, um mich etwas zu fragen, gehe ich. Traurig, erleichtert, unsicher. Habe ich meinen Mann mit dieser unvermuteten Begegnung und innerhalb ihrer selbst betrogen? Natürlich nicht, denn es ist ja gar nichts gewesen. Äußerlich gesehen, andererseits zählen natürlich auch Gefühle, die man so oder so nicht einfach abtun kann. Und wenn es ein Ergebnis gibt, zum Beispiel als vergänglichen Anflug von Trauer, dann muß man die Sache unter dem Blickwinkel... o Gott! Weg hier, nach Hause und den eher schweigsamen, spöttischen, in sich ruhenden, fehlbaren, mackenreichen, aufmerksamen Mann umarmen. Guten Tag, hier bin ich wieder, und vermutlich werde ich dich immer lieben.

Alles muß so sein wie immer

Auf dem Scheitelpunkt unserer Abwendung von falscher Gemütlichkeit flog einiges in den Müll, wurde aussortiert, abgelegt, gestrichen. Wir waren vernünftige Leute, wollten uns das Leben erleichtern, Ballast abwerfen.

Zum Beispiel Weihnachten, wer braucht Weihnachten? Gut, wir haben eindrucksvolle Erinnerungen und hatten vorher immer ziemlich viel Bammel.

Die Begleiter der Töchter wechselten, und wir sollten rauskriegen, was die einen nicht essen, was den anderen zu schenken ist, und wir mußten ein Gesicht machen, wenn wir ihre Gabe entgegennahmen.

Wir naschen nicht mehr, Völlerei ist abgesagt, Stollen kommt uns nicht in die Wohnung, und von Februar bis zum letzten Tag vor dem Ereignis das Theater mit der Sammelei der vielen Geschenke, die bei wenig Platz aufbewahrt werden müssen.

Wir haben lange über die Nützlichkeit des Abschaffens gesprochen, wir einigten uns auf die Gründe dafür, und manches kam uns zu Hilfe. Die eine Tochter sagte, sie müsse schließlich auch mal zu den Eltern des Mannes, die andere wollte mit dem gerade aktuellen Gefährten nicht kommen, weil der höchstens zynische Bemerkungen macht und sie dann vor Pein stirbt.

Nur das Kind, das nun auch schon erwachsene, sagte: »Alles muß so sein wie immer.« Diese eine Stimme für Weihnachten zählte mehr als alle dagegen.

Aber Weihnachten weckt so viele Sehnsüchte, die niemand befriedigen kann: nach alten Genüssen und neuen Geborgenheiten. Das Fest macht viel Arbeit und geht so schnell vorüber. Und immer muß man zwei Bäume kaufen und in den einen Löcher bohren, die man mit Zweigen des anderen auffüllt.

Lametta ist giftig, ein Geschenk geht meist daneben, einen lieben Menschen haben wir erst nicht angetroffen und dann im Trubel vergessen, grade der hats nicht verdient.

Aber diese andere Person, die sich das ganze Jahr über leidtut, ist wieder enttäuscht und also ausgestattet mit neuen Gründen für alte Unerträglichkeit.

Hilft nichts, Weihnachten kann man nicht abschaffen, denn es findet statt. Es wird duften, auch wenn wir unsere aromatischen Düfte nicht dazutun. Die Glocken werden läuten, die Kinder singen, und du kannst keinen Fuß aus dem Haus setzen, ohne von Weihnachten überfallen zu werden. Natürlich sind sie auf dein Geld aus und wecken deshalb unverschämt dein Gemüt. Worauf bist du aus, wenn du das Gemüt deiner Angehörigen und deiner Freunde weckst, mit dem Nachweis, daß du wirklich an sie, nicht einfach an jemanden gedacht hast?

Weihnachten ist unersetzbar, und wir haben es nicht abgeschafft, obwohl wir bei Dunkelwerden nun weniger Leute sind. Aber immer hoffen wir, daß alle bedacht sind, daß wir kein uns getreues Herz vergessen haben.

Wir lassen es duften, schmecken und uns überwältigen, auch ohne Stollen, ohne Gans und ohne bunten Teller. Wir wollten uns schon lange neuen Baumschmuck kaufen, aber immer wieder schrecken wir davor zurück, hängen die alten silbernen Kugeln in die Zweige und geben zu, daß wir dem Licht erliegen. Wir träumen voraus, sinnen über die vergangene Zeit und denken jedes Mal, daß es diesmal schöner war als voriges Jahr.

Kein Weihnachten ohne den, wenn auch weggejagten, Gedanken: Wenn wir nun nicht mehr zusammenkommen könnten. Der Tod hat angeklopft, ist vorbeigegangen, aber so, daß wir sein Gewand rauschen hörten. Nein, er hat zugeschlagen, und das Leben hat uns dennoch nicht losgelassen. Wir hatten auch Glück, das ist gar nicht hoch genug zu werten, sag doch mal, daß wir Glück hatten, wir leben noch und wieder und trotzalledem.

Beim Fest verwandeln wir uns zurück in unseren Entwurf, in das Kind unserer Eltern.

Das ärmste vielleicht, dem Geburtstag und Weihnacht auf denselben Tag fallen, das kommt nun immer zu kurz, und wenn nicht, so wird es das doch immer glauben.

Vor Jahrzehnten erzählte mir ein Dichter, er habe einmal, im Krieg, als einziges Weihnachtsgeschenk einen leeren Karton bekommen.

Über den war er glücklich, er sah ihn schon als Tresor seiner Kostbarkeiten, möge die ein anderer als schäbig angesehen haben, für ihn waren es Reichtümer.

Im Laufe des Abends sprang der jüngere Bruder vom Tisch auf den Karton und zerbrach ihn so. Die Brüder prügelten sich deswegen, dann gingen die Eltern dazwischen, und beide wurden ins Bett geschickt. Eine so alte Mär, aber dem Dichter waren die Tränen wieder nahe, weil er mit der Ungerechtigkeit – und grade zu Weihnachten! – nie fertig geworden war. Er hatte sich doch nur gewehrt, aber ins Bett mußte er auch.

Am Heiligabend, sagte eine Freundin über eine schmerzliche Trennung, der ist am Heiligabend abgehaun. Das machte alles monströs.

Sie hatte recht. Und wäre er zurückgekommen am ersten Feiertag, die Untat vom Heiligabend war nicht heilbar.

Die alten Lieder sind nicht kostbar, außer durch unsere Erinnerungen. Es ist schon ziemlich abgelegen, was wir da besingen, manches den Jüngeren gar nicht mehr verständlich. Aber sie stellen keine Frage und bestehen auf der alten Platte, denn alles muß so sein wie immer, und so lange ist alles noch heilbar, fast gut.

Wenn wir das Jahr überdenken, wären wir gern ein bißchen mehr gut gewesen, als wir sein konnten. Wir sind ganz schön abgeschlafft zwischendurch, sagen wir über unser Mitfühlen und Mittragen.

Weihnachten im Krieg, da war mehr Licht am Himmel als in der Stube, die langen Finger der Scheinwerfer kündeten Verderben. Bomben, Armut und Trennung, der Tod jeden Tag gegenwärtig und kein Mann, oder nur einer, dem die Hände schon wehrlos gemacht worden waren.

Aber unsere Mütter haben es dennoch für uns Kinder Weihnacht werden lassen. Ein paar Lebensmittelmarken waren gehortet, ein kleines Quantum Zucker versteckt worden, und sie haben mit Papier und Wasserfarben, mit den letzten Gläsern vom Eingeweckten, mit ärmlich Zusammengerührtem, das dennoch wie Manna schmeckte, mit Zweig und Kerzenstummel die Stimmung geweckt, uns singen lassen und mit nassem Taschentuch in der Hand selber gesungen. Im Vergleich zur alltäglichen Armut war es ein Fest, auch mit trockenem Keks und Fondantersatz. Unsere Mütter haben uns glücklich gemacht, weil sie sich nicht herausgeredet haben auf das, was alles noch kommen könnte. Ich hatte es fast vergessen, und als es mir spät genug wieder einfiel, erinnerte ich mich an glückliche Gefühle und Geborgenheit, und es wäre uns nicht eingefallen, mehr und anderes zu begehren.

Damals haben wir noch alles geschenkt bekommen, auch den bunten Teller und später das ganze Schöne, als das wieder möglich wurde. Wir brauchten es nur zu nehmen und Dank zu sagen, wir mußen es noch nicht bezahlen und noch nicht besorgen.

Wenn du es Weihnachten nicht mehr pochen und bitten hörst, wenn die Pakete und Plakate wichtiger geworden sind als das Ausdenken und manchmal verwünschte Einpacken, dann wirst du nicht nur deshalb arm, weil du wieder zuviel Geld ausgegeben hast.

Ohne Baum, oder wenigstens einen Zweig, fehlt es an der Stille, die sogar über meine große, schon wieder verbaute, ekelhaft aufdringliche, angeberische, ratlose Stadt kommt.

Das Jahr könnte nicht abheilen. Immer ist an sein Ende gesetzt, daß unser Herz etwas empfindet, das im Alltag oft seinen Platz nicht behaupten kann.

Um Vertrautheit wiederherzustellen, braucht es mehr als ein Lied. Unsere traditionelle Abendmahlzeit muß auf den Tisch, ob Spirkel mit Grünkohl oder Kartoffelsalat mit Würstchen.

Das hats früher bei uns gegeben, das gibts jetzt bei uns auch. Die Jungen gucken an die Decke, und wenn sie ausziehen, nehmen sie sich fest vor, nie wieder Spirkel oder Grünkohl oder Würstchen. Und dann sind eines Abends sie die Gastgeber, und was bringen sie auf den Tisch? »Das hats bei uns immer gegeben ...«

Nichts davon ist kostbar, außer durch Tradition.

Wir waren einmal viel ärmer. Waren wir da auch gieriger? Es gab den Intershop, und einmal hatte ich von meiner Mutter aus Hamburg fünfzig harte Mark geschenkt bekommen. Das war ein Schatz, und er sollte mir für Weihnachten dienen.

Nein, das haben sie an uns nicht gutgetan, die Sache mit dem Termin für den Verkauf von Apfelsinen, und dann außerhalb Berlins für jede Familie nur eine Tüte, und daß es ausgerechnet in Sachsen an Zitronat und Mandeln fehlte, keinen Knoblauch gab es, zwei Sorten Äpfel, keinen Salat – und kein Holzspielzeug.

Es hat mir wehgetan, als ich im Intershop die schönen Kuscheltiere aus Sonneberg wiedersah, die ich dort in der Werkstatt entstehen sehen durfte. Aber im Laden nicht kaufen konnte, so wenig wie das Holzspielzeug von ebendort.

Für die fünfzig Demark habe ich den Töchtern Nagellack und Lippenstifte gekauft, einen billigen Whisky, Rasierschaum und Seife, Kaffee und Schokolade. Da hat der Schein nicht ganz gereicht, aber ein bißchen hohe Kante hat man als Frau doch.

Ja, aber die Petroleumlampe aus dem Trödelladen, das Jugendstilschreibzeug und zwei Stapel übers Jahr gesammelter Druckerzeugnisse, darunter heute schier unerschwingliche bunte Kinderbücher, von Künstlern illustriert, nicht von Kitschzwergen. Das dunkelblaue Steingutgeschirr, zufällig beim Verkauf des Jahresanteils hinzugekommen, und die Zwiebelzöpfe aus Weimar, das Auto hat noch lange nach Zwiebeln geduftet. Und die herrlichen Halbedelsteinketten aus Indien und China, die Jaderinge, daran erinnere ich mich noch.

Im HO-Warenhaus am Alexanderplatz stand eine lange Schlange. Wir haben uns angestellt, ehe wir noch wußten, »was es gab«.

Einer ging dann spähen, sie haben Jaderinge mit Tierkreiszeichen, auch schön, für die Töchter.

Das alles hat nur einen Teil seines heutigen Preises gekostet, und es barg mehr Erlebnis. In Frankfurt an der Oder, während des Chansonwettbewerbes, gab es einmal im Textilgeschäft Hausanzüge aus Samt in leuchtenden blauen und roten Farben.

Die eine der Töchter trägt ihren heute noch mit wechselnden Accessoires zum »guten Essengehen«. Freude, Freude, das war es.

Wohl auch ein bißchen Salbe auf anderes, das eigentlich nicht hätte besänftigt werden sollen, aber auch Triumph über die Nöligkeit, die wir alle beim Beklagen des Mangels an den Tag legten.

Zum »Ham wa nich« genervter Verkäuferinnen gehörte unser »Gibts ja sowieso nich«.

Zwei Gänse oder eine Gans, noch ein Gast am Tisch, das hat uns damals nicht reingerissen, uns nicht, wir rauchen nicht, trinken nicht und gehen fast nie aus.

Die ganze Freude wegen Gekauftem? Nicht wegen Bach und Mozart, Silbermann-Orgel, Schöbels Weihnachtsplatte? Doch auch, doch auch. Wenn jeder in seiner Ecke saß, mit seinen Geschenken beschäftigt, und die neurotischen Familienmitglieder fingen schon wieder an, die Bänder aufzudrehen und das Papier einzusammeln, dann war das Leben, war vieles gut. Was hat sich geändert? In diesem Jahr schmücke ich einen künstlichen Weihnachtsbaum, weil außer dem großen Kind alle vorher in die Sonne wollen, und sie fliegt auch am zweiten Feiertag weit fort. Das Kind hat zu tun, bei all den ausgeschiedenen Elternteilen und ehemaligen Großeltern die Teller zu leeren. Es gibt nicht viele »Kinder« in der Verwandtschaft, nicht viele. Die einen haben ihren Sohn an die Flasche verloren, die anderen an die Arbeit weit weg, vorübergehend, so hoffen sie. Meine Mutter, nun über neunzig, wartet mit früher nicht gekannter Ungeduld. Sie will nichts mehr und erwartet viel. Was sie braucht, kann ich ihr nicht einmal zu Weihnachten schenken. Daß sie andere Menschen noch mag, daß die sie ertragen. Aber wer in seinem ganzen Leben niemals Freundin noch Freund hatte, dem stehen nur noch die Götter bei, für ein paar Stunden die Kinder, aber niemand kann einen solchen alten Menschen davor bewahren, daß die Glocken in seine Einsamkeit klingen. Das muß nicht so sein, ich weiß. Da darf man selber nicht so sein, sage ich und lasse es dabei bewenden. Ich tue meine Pflicht, aber meine Liebe lebe ich anders aus.

Mit all den Gefühlen der Dankbarkeit für Liebe, Mittragen und Mitfühlen. Andere Antwort als Erwiderung gibt es nicht.

Der Apfel duftet, die Kerzen strahlen und zwischen den Äpfeln findet sogar die halbzerbrochene alte Weihnachtskugel noch glanzvollen Auftritt. Wir haben nichts weggeworfen von dem alten Plunder.

Möge niemand – außer zur Gans – in die Röhre gucken.

Eine Frau braucht Spielzeug

Er hat gesagt, du riechst so komisch.

Auch wieder sehr nett ausgedrückt. Wie, komisch?

Fremd. Fremd und teuer. Das ist immer der Anfang vom Ende in einer Ehe, wenn die eigene Frau anfängt, fremd und teuer zu riechen.

Ich hab gesagt, in einer Ehe kann es gar nicht fremd genug riechen. Und es hat keinen Pfennig gekostet. Sind lauter Duftproben aus der Boutique.

Er hat gesagt, da mußt du aber vorher ganz schön hingeblättert haben. Sonst rücken die für umsonst nichts raus.

Ich hab gesagt, du hast mir noch nie ein Parfüm geschenkt. Das wollte ich dir auch erst auf dem Sterbebett vorschmeißen, aber nun ist es raus.

Er hat gesagt, alles, was im Bad steht, hast du geschenkt gekriegt. Von dir?

Das ist doch egal. Von der Familie. Und von mir auch.

Ja, Kölnisch Wasser.

Is auch Parfüm.

Eau ist Wasser. Da steht nur Eau de toilette.

Er hat gesagt, das kriegst du fertig. Rennst durch die Stadt und erzählst den Leuten, daß ich dir zu Weihnachten ne Pulle Toilettenwasser geschenkt habe. Kann aber noch mal so kommen. Wenn die Preise weiter klettern, werden wir uns eines Tages jeder eine Pulle Toilettenwasser schenken und noch dankbar sein.

Ich hab gesagt, ich hatte noch nie ein französisches Parfüm. Berliner Luft, ja, und Pariser Nuite, wie wir damals gesagt haben. Und Anastasia. Wo du dann das Schlafzimmer gemalert hast. Du hast gesagt, es riecht, als ob man mit einer sowjetischen Delegation im Fahrstuhl fährt.

196

Er hat gesagt, du kannst doch mein Rasierwasser von Joop mit-
benutzen. Und irgendwo muß auch noch ne Pulle Irish Moos
aus dem Intershop rumstehen. Kannste auch haben.

Eine Frau braucht Spielzeug, hab ich gesagt. Sonst stirbt ihre
Seele. Düfte für den Vormittag, ein kampferprobter für eine
Bewerbung und ein ganz spezieller für gewisse Stunden.

Er hat gesagt, Stunden ist ja in letzter Zeit auch stark übertrieben.

Mit französischem Parfüm werden es vielleicht wieder Stunden, habe ich gesagt.

Bei so was sollte aber eine Frau am besten nach sich selber riechen, hat er gesagt.

Ach Gott! Ich! Das macht ja schon der Mann.

Er hat gesagt, wenn wir jetzt wegen Totalreko ein Jahr lang in
unserm Bad ohne Fenster keine Ablüftung haben, da werden
in diesem Haus 184 Familien ganz prima nach sich selber riechen. Das ist der Kapitalismus. Die Mücken werden immer
größer und die Ameisen immer kleiner. Das ganze Unglück
kommt daher, daß die Leute mit ihrem Hintern nicht zu Hause bleiben, sondern immer rumwuseln und was suchen, was sie
nachher gar nicht brauchen. Zum Beispiel Parfüm. Und Nagellack. Brauchen Männer auch nicht.

Nein, hab ich gesagt, Männer nehmen einen Hammer. Hält die
Farbe ja auch länger.

Das ist die Evolution, hat er gesagt. Dadran liegt das alles. Und
wer kriegt immer die Schuld? Er! Und du bist genauso wie die
andern. Suchst immer bloß, was dir fehlt. Such doch mal einen
Bäcker, der uns Sonntag früh Schrippen verkauft, die er nicht
am Abend vorher mit der Luftpumpe aufgepustet hat. Oder n
natürlichen Ersatz für Regenwürmer. Er opfert sich für die
Familie auf, aber das bemerkt keiner. Er haßt Angeln. Und er
ißt überhaupt keinen Fisch, weil im europäischen Mittel die
meisten Ehemänner an den Gräten sterben, die ihnen ihre Frau-
en hinterher noch in den Fisch reinbugsieren. Aber weil sein
Chef am Rhein immer geangelt hat und seine Frau nie mitge-
gangen ist, da nicht und hier nicht, und alleine geht er nicht, da
rennt er eben mit.

Ich hab gesagt, ich dachte, das ist dein neues Hobby. Hab mich schon gewundert. Daß du so lange stillesitzt und den Mund hältst.

Mein neues Hobby? Er mit Sopranstimme. Wo sein Chef die Regenwürmer immer solange mit den Fingern wuzzelt, bis die alles zugeben. Sauschlecht wird ihm da, und er muß spucken.

Ja, Frauen, die übergeben sich schnell mal. Da sind sie schwanger, oder er wagt es, mit dem großen Zeh an der Bremse zu tippen. Aber bei Männern ist das schon ein bißchen anders. Die kriegen davon Magenkrebs.

Das hatten wir auch noch nicht, hab ich gesagt. Man hat überhaupt sehr viel versäumt im Leben. Amarige, Femme, Laura Biagotti, Madame Rochard, Coolwater, Tresor ...

Kannst du mal aufhören? hat er gesagt. Du hast mir ja auch noch nie eins geschenkt.

Das ist schade, hab ich gesagt. Dabei haben sie ein besonders passendes für dich: Egoíst!

Er hat gesagt, das hat er eben gar nicht gehört, läßt er einfach an sich abperlen. Wenn zu ihm eins paßt, dann Hero. Das ist der richtige Duft für einen Mann, der Krebs riskiert, bloß um seinen Chef für die Familie bei Laune zu halten. Aber es bemerkt ja gar keiner, was er sich zumutet. Morgen wieder! Oder hab ich Fieber?

Ich hab gesagt, ja. 4711.

Das wird wieder ne Lungenentzündung, hat er gesagt.

Wieso wieder? Du hast doch noch nie ne Lungenentzündung gehabt.

Naja, er selber nicht, aber er kennt viele Männer, die schon viele Lungenentzündungen hatten, und die haben immer so angefangen. Die Tuberkulose geht auch wieder um. Neigt er auch sehr dazu. Dabei kommts doch gerade jetzt darauf an, daß man sich gut verkauft.

Ich hab gesagt, das ist für eine Frau ohne Parfüm auch schwer. Dabei hätt ich doch nachmittags immer ein paar Stunden Zeit für einen netten kleinen Nebenerwerb.

Er hat gesagt, damit scherzt man nicht. Gestern noch die ganze Menschheit befrein und heute unter die Vertreter kriechen.

198

Heute würde ein Mann eine Frau brauchen, die Geschirrspüler prinzipiell ablehnt und vor Mikrowellenherden Angst hat. Eine ohne Nase, die nicht dauernd was riechen will, was Geld kostet. Aber wir haben doch jetzt auf Arbeit Firmenjubiläum, ist ihm eingefallen.

Einjähriges, ich.

Ist ja egal. Sein Chef hat gesagt, er weiß nicht, was hier in der Taiga gut ankommt. Und da soll er ihm Vorschläge machen für die Damenspende und die Tombola. Kannste mal wissen, was ich dem vorschlage. Und er hätte mir sowieso schon dutzendweise Parfüms geschenkt, aber er hat immer Rücksicht auf meinen Heuschnupfen genommen.

Von echtem französischem Parfüm geht Heuschnupfen weg. Ist eine alte Bauernregel.

Tatsache? Warum gehst du dann nicht zur AOK und läßt dir das verschreiben?

Weil ichs von dir haben will. Und zu eurem Firmenjubiläum komm ich sowieso nicht mit.

Er hat gesagt: Schatz! das ist der halbe Satz. Die andre Hälfte heißt: Weil ich nichts anzuziehen habe. Aber wir werden mal in deinem Kleiderschrank die Bügel von hinten nach vorne räumen, und da wird sich was finden. Und sag nicht wieder, daß dir alles zu weit geworden ist. Da müßtest du schon als Fadennudel rumrennen. Nicht mitkommen?!!! Wozu hat er sich dann zu dem langen dunkelblauen Federleichtmantel überreden lassen, mit den dämlichen weißen Knöpfen, bis zu den Knöcheln runter, und der Mantel muß offenstehn, und der Schal soll schön außen rumwedeln, bloß damit man nicht aussieht wie ein verpimpelter Heini, der Angst hat, daß er sich einen Schnupfen holt? In dem Mantel friert er wie Sau, aber er macht alles, bloß um die Familie obenzuhalten, und dann komme ich nicht mit? Dabei kochen die auch bloß mit Wasser. Mantel offen, Portemonnaie zwischen den Beinen, reinkommen. Wo wir sind, ist die Mitte, das mußt du dir erst mal auf den Hut malen. Und renn nicht wieder als erste zum Büffet, ja, das machst du, grapscht dir einen großen Teller, löffelst dir Kartoffelsalat rauf, Würstchen, Mostrich, und in die andere Hand Serviette,

Besteck und möglichst noch n Glas, und dann will ich dir die
wichtigsten Leute vorstellen, aber du hast keine Hand frei, und
alles platscht auf die Erde und Madam hinterher ...
Ist das schon einmal passiert? hab ich gefragt und mich gewundert, wie ruhig meine Stimme klingt.
Schon dreimal! jedesmal wenn er einschlafen wollte, ist genau
das vor seinen inneren Augen passiert und immer hab ich ihn
mitgerissen. Weil ich mich an seinem Mantel festgehalten habe.
Verstehe! hab ich gesagt. Und dann bist du entlassen worden,
trotz Lungenentzündung und Aufopferung beim Angeln?
Genau! So wars.
Aber wie kann ich mich an deinem Mantel festhalten, wo ich
doch krampfhaft in der einen Hand die große Vorlegeplatte mit
Häppchen halte, in der anderen das halbe Inventar mit Glas
und Besteck? Das kann nicht stattfinden, hab ich gesagt. Und
genau das würden sie dir in der Selbsthilfegruppe für lungen-
entzündete Verfolgte auch sagen. Ich würde allein hinfliegen.
Und wieder aufstehen. Und lachen. Oder ich würde deinen
wichtigsten Leuten nur mal eben zunicken, oder schon lange
mit deinem Chef tanzen und ihm anbieten, daß ich ihm ganz
persönliche Würmchen häkele und sie ganz persönlich anprobiere. Ja, so wirds sein. Vielleicht stellst du dir erst mal das im
Dunkeln vor. Und woher weißt du, daß es zum Jubiläum Würstchen mit Mostrich gibt? Sind wir in der alten Betriebskantine?
Langusten, hat er gesagt, wahrscheinlich gibts Langusten.
Na gut, hab ich gesagt, mit denen werden wir auch fertig. Eine
steck ich dir in die Tasche, eine zerreiß ich gleich in der Luft,
Problem auch vom Tisch.
Aber deine große Klappe, hat er gesagt. Wenn ich mich darauf
verlassen könnte, daß du dir bei mir abguckst, wie man es macht.
Die müssen merken, zwischen den beiden hat kein Blatt Platz,
bei denen ist zu Hause alles in Ordnung. Wenn ich lache, so
modern breit, weil einer fragt, ob man auch hier ist, dann mußt
du mitlachen, aber wenn ich aufhöre, darfst du nicht weiter-
scheppern, sonst denken alle, du lachst über mich, und dadrum
gehts ja grade, was wir fürn Bild hinterlassen. Die sagen eben
Telllefon und Spaßßß und machen Fotttos. Könn sie doch. Wenn

du alles so machst wie ich, dann wirst du merken, daß die meisten Probleme im Leben bloß Fusseln sind. Guckstn so?

Ich hab gesagt, ich wollte immer schon mal einen großen dicken Fussel kennenlernen. Vielleicht guck ich grade wie ne Kleiderbürste?

Einen großen dicken Fussel kann ein Mann von Welt mit einem dunkelblauen langen Wollmantel nicht auf sich sitzen lassen.

Ich dachte, jetzt wirds spannend. Aber von den Bayern läßt er zwei Dinge gelten. Die gebackenen Schweinshaxen und die Fußballer. Die sollten gleich spielen. Haben sie auch gemacht. Fantastisch. Einmalig. Raffiniert. Viel besser als ihre Feinde. Also, ich hab das nicht so gesehn. Der Schiedsrichter auch nicht. Aber der war ja gekauft. Diese 5:2-Niederlage war eine internationale Intrige.

Er hatte nun keine Lungenentzündung mehr, und von Magenkrebs war auch nicht die Rede, aber es ging ihm schlecht. Er hatte sich Kopfschmerzen angeärgert. Das hat mir leid getan, Kopfschmerzen kenn ich, da mach ich keine Witze. Ich hab ihm die Stirn mit Franzbranntwein eingerieben.

Na siehste, hat er gesagt. Riecht doch auch ganz prima.

Aus Rache habe ich ihn gefragt, was ne Abseitsfalle ist.

Er wollte es mir das achthundertste Mal erklärn, aber ich habe abgewinkt. Weiß ich, weiß ich. Aber ich meine eine ganz persönliche, was ist eine intime Abseitsfalle in der Ehe? Das wüßte ich gerne mal.

Und dann habe ich ihn da stehen lassen, wie er so abseits guckte und nicht vor und nicht dribbeln oder vom Spielfeld rennen konnte.

Er hat gesagt, wenn man versucht, mit einer Frau mal ein richtiges Gespräch über das Leben zu führen und Standpunkte herauszuarbeiten, dann landet man immer im Bett. Er wollte noch hinzufügen, daß Frauen und Regenwürmer eben sehr niedrige Wesen sind, die man nicht genug wuzzeln kann, aber da hatte er schon ein Kopfkissen auf dem Gesicht und mußte um sein Leben winseln.

Ich dachte noch, na, ob der Alptraum weg ist? Ja, den hatten wir gedeckelt. War endlich wieder Platz für einen neuen.

In den wichtigsten Jahren
seines Lebens

bemerkt der Mann, daß seine Füße platter geworden sind. Er hat sie sich für die Familie flachgetreten, aber so gucken ihn die Seinen nicht an. Dankbarkeit kann er nicht entdecken.

Ich wünschte mir ein Denkmal für diesen ganz normalen Mann und seine Geduld mit der weit über Mittellage klingenden Frauenstimme, die leider nicht nur ertönt, wenn er ohnehin gerade Ärger sucht.

Manchmal sitzt er da und möchte einmal nichts anders sein als ein fluchender, ungerechter Kotzbrocken, vertieft in den Anblick von fünfzig rennenden Männerbeinen, Schiedsrichter und Linienseppel mitgerechnet. Da wünscht er sich eine Tarnkappe und daß von ihm einmal keinerlei Manieren erwartet werden. Es soll sich auch niemand kauend neben ihn flegeln und fragen, wie das Spiel denn steht und wie es dazu kommen konnte.

Seine Kinder liebt dieser Mann über alles, sofern sie gerade gekidnappt worden sind, und er weiß nicht, ob er das Lösegeld aufbringen kann oder will, jedenfalls nicht umgehend. Seine Angst um die Lieben wird durchkreuzt von dem Verdacht, daß sie selber hinter der Entführung stecken und nur an sein bißchen Kohle ranwollen.

Die Familie besteht aus Personen, die es nur sehr schlecht ertragen, etwas gefragt zu werden, und sei es, daß jemand wissen will, ob es vorhin geregnet hat. Solche Auskunft geht schon über das hinaus, was einer dem anderen mitzuteilen gedenkt.

Aber ihm tritt ständig jemand zu nahe. Sie sind zu faul, auf die eigene Armbanduhr zu gucken, trinken mit vorwurfsvollen

Blicken kaltgewordenen Kaffee, weil kein frischgebrühter sie erwartet, und zerklingeln ihm telefonisch jede Versunkenheit, um mitzuteilen, daß sie jetzt noch nicht kommen und sich wieder melden, wenn was ist.

Das werden sie vielleicht tun oder lassen, aber er denkt, daß sie sich heimlich den Kopf zudröhnen und ihm ins Gesicht immer Cola statt Coca behaupten werden. Sie bummeln rücksichtslos herum, statt sich auf den Punkt bei den Spaghetti al dente einzufinden, die sie al dente und auf den Punkt bestellt haben. Nicht bei ihm, aber er muß sich nun alle drei Minuten die Frage gefallen lassen, wann sie denn kommen, wo doch die Spaghetti al dente sein sollten. Sie würden wohl auch, denkt er, ohne Führerschein ein Auto lenken, das sie mit offenen Türen und steckenden Schlüsseln zufällig gefunden haben und gerade bei der Polizei abliefern wollten, als diese Idioten sie wegen überhöhter Geschwindigkeit vorzeitig gestoppt haben. Ein wenig Erlösung aus seinen schrecklichen Visionen findet der Mann beim Anblick von bewadelten Männerbeinen, die eine Schwalbe bauen, dribbeln und ihn reinkriegen oder auch nicht.

Er liebt seine Kinder, wenn sie einmal lächeln. Aber zu Hause lächeln die nicht. Das Freundliche fällt ihnen aus dem Gesicht, sobald sie ihn sehen. Der Charme, den andere an seinen Kindern rühmen, blitzt nur manchmal auf und erlischt gleich wieder. Sie blocken ab. Stellen sich vielleicht dümmer, als sie wahrscheinlich sind. Der Mann kann nicht begreifen, warum sie lustlos einen Schein einstecken und ihm gleichzeitig erklären, sie wollen von ihm keinen Tip, keine Hilfe und keinen Schein. Freilich ahnt er, der Schein müsse von ihm demütig und schweigend gegeben werden, aber das schafft er nicht. Mindestens läßt er gucken oder sagt sogar etwas über die Herkunft der Scheine, und daß sie nicht auf Bäumen wachsen.

Es gibt Versäumnisse, deren er sich schuldig fühlt. Die haben mit Zeit und Zuwendung zu tun, mit zu wenig Übermut am Abend und gebrochenen Versprechungen für das Wochenende, aber das bedeutet nicht so viel, wie er glaubt und sie ihn getrost glauben lassen.

Er hat ja die Zeit nicht im Rotlichtmilieu verpraßt, sondern gearbeitet, und das wissen die so gut wie er.

Hätte er ihnen viel mehr Zeit gewidmet, würden sie ihm heute vorwerfen, daß sie nicht erwachsen werden konnten, weil er so geklammert hat. Er ist ihnen dauernd zuvorgekommen, ehe sie eine eigene Entscheidung treffen konnten.

Einen Grund, den eigenen Vater unzulänglich zu finden, gibt es immer. Sie können ihren eben begonnenen eigenen Weg mehrmals wegen Verdruß oder Irrtum oder Aussichtslosigkeit abbrechen, noch umsatteln oder sich neu orientieren, aber er kann das nicht. Er steckt in Verpflichtungen, die sind nicht aufzukündigen. Der Lebensstandard ist gestiegen, das schleicht sich in Garagen, Schubladen und bis auf den Frühstückstisch, auf den sehr wenig von Aldi und viel aus dem Bioladen gelangt. Die Familie meint, er spare doch eine Menge Geld, weil sie kein Fleisch mehr essen. Dafür schlagen sie sich voll mit Vogelfutter und mit Produkten aus fauler Milch, Feld, Wald und Flur. Seine Lieblinge sind Tierfreunde. Ohne dafür je einen Finger zu krümmen und sich andere Mühe aufzuladen als die, ihm ein Schnitzel zum Wurm zu glotzen. »Wenn man sich vorstellt, wie niedlich dieses Schnitzel mal war, als Kälbchen bei seiner Mami.«

»Is Schwein«, sagt er, aber das war auch mal niedlich, denk an Babe, und ein gescheiter Wortwechsel ist darüber nicht zu führen.

Der Mann geht auf fast jeden Vorschlag ein, technische Erleichterungen in den Haushalt zu bringen. Immer in der Hoffnung, sein von den anderen starrsinnig ertrotzter Anteil könnte dadurch geringer werden. Aber das gelingt nie.

Jeder in der Familie ist unzufrieden und verlangt zugleich, alles müsse so weiterlaufen wie bisher.

Der Mann denkt, vorne türmt sich alles, und hinten wird es nicht weniger. Wem soll er das klagen? Schon bei dem Versuch tun sie, als wäre er schließlich der Vormann und Vordenker und alleinig Entscheidende, nach dem sich alle andern richten. Er verdient einfach zu wenig, daran liegt es.

Jeder hat an ihm auszusetzen. Wenn er mit der Tochter mal

übermütig loswalzen will, bloß so zum Spaß, dann macht sie ihn auf seinen Bauch aufmerksam und bringt Ermahnungen an. Wie sein Arzt, der sagt, ein Pfund Bauch zieht am Rücken zehn Pfund. Er soll kein Bier mehr trinken und endlich Sport machen. Aber den guckt er sich lieber an. Er weiß, daß Übergewicht ein Risiko mehr am Arbeitsplatz bedeutet, aber wer wiegt denn seine Seele. Die hat das meiste Übergewicht.

Das Geld, das er verdient, müßte reichen. Nur sieht in seiner Familie niemand ein, warum dieser Mann von ihnen verlangt, daß sie auf ihre Bits und Boots, Snikkers und Snakkers, Shirts und Shorts verzichten sollen, wo sie doch schon auf New York und auf die Privataudienz beim Dalai Lama verzichtet haben. Das bringts heutzutage, davon hängt das meiste ab. Sollen sie out sein, bevor sie in waren? Schuhbesohlt und selbstbestrickt laufen, von weitem als Looser zu erkennen?

Sie suchen Ferienjobs, und manchmal finden sie auch einen, aber sollen sie sich den ganzen Tag von Idioten mobben lassen? Nein, da müssen sie schmeißen.

Die Frau kann nichts dafür, daß sie ihre Arbeit verloren hat und in einem Alter ist, in dem sie sich unauffällig in die Rente schleichen soll.

Im Herzen des Mannes hängen von dieser Frau zwei sehr verschiedene Bilder. Auf dem einen ist sie eine hochverehrte Glucke. Sie liebt die Kinder auch dann, wenn er sich gerade mal nicht vorstellen kann, auch nur eins von ihnen auf eine einsame Insel mitnehmen zu wollen. Das ist verehrungswürdig für ihn und allein ihr zu danken. Da leimt sie geduldig etwas, was alle andern, auch er, immer kleinweis zerhacken.

Aber auf dem anderen Bild ist sie jenes Weib, das Anspruch hat auf das Mark in seinen Knochen und die Hälfte von allem, wovon er sich manchmal zu denken wagt, es gehöre ihm ein bißchen mehr als ihr.

Sie spukt ihm längst nicht mehr als Ziel wilder Begierden durch sein Hirn. Manchmal fragt er sich, ob er sie je so begehrt hat wie jetzt seine Ruhe, auch vor ihr.

Sie waren einmal verliebt, sehr unerfahren, wortarm und verklemmt. Beide neigten zur Eifersucht und wollten deswegen nichts tun, was auf Erfahrung schließen ließ. Er kann sich nicht erinnern, daß sie einmal unbefangen gewesen wären.

Das Bett haben sie so hingestellt, daß man überall mit dem Staubsauger gut rankommt. Und daß keine toten Ecken entstehen. Da fehlt eine Wand zum Kuscheln und Fliehen, zum Schmiegen und lustvoll derberem Zugriff. Das Schlafzimmer halten sie immer, auch im Winter, schön kalt, weil das gesund ist, außer für die Liebe. Und die Decke ist zu schwer, diese blöde Decke, von der er seinen Anteil im Lauf der Nacht immer mehrmals von ihr wegziehen muß. Wenn nur die Kopfkissen genügend oft gelüftet, geschüttelt und gereinigt werden, weil die am ehesten naßgeschwitzt sind, und dann bilden sich Bakterien, eine furchtbare Vorstellung, aber wenn sie das vermeiden, ist schon alles für die Ehe getan.

Einen Spiegel über dem Bett würde sie ablehnen. Nicht wegen der Kinder, die reden über allsowas viel zu unbefangen. Nein, aber schon die Vorstellung, er könnte mit seinem Schlagbohrer angerückt kommen, für einen Spiegel, in der Decke. Das ist doch unmöglich.

Wenn allerdings ein Wunder geschehen würde, wenn auf einmal ein venezianischer Spiegel oder einer aus Muranoglas da oben wäre?

Muranoglas ist ein wunderschönes Wort, obwohl sie nicht genau weiß, wofür es steht. Also, wenn sie dann allein zu Haus wäre, vielleicht würde sie mal blinzeln, oder so wie die Maja auf dem Bild in der Ausstellung, o Gott, aber vielleicht auch nicht, ach, das sind dumme Gedanken.

Vorspiel, sagt er, aus dem Alter sind wir raus. Wir wissen doch, wie es geht, daß beide auf ihre Kosten kommen. Und wegen der Magensäure ja auch. Sekt ist sauer, da kriegt er immer Sodbrennen, und Champagner können wir uns wegen unserm bißchen nicht extra leisten. Den müßte man dann auch vorher in den Kühlschrank legen. Wer soll das machen? Du würdest schön durch die Nase pusten, wenn ich dich von Arbeit anrufe und sage, leg mal schon immer den Champagner rein. Und dann brauchen wir ihn vielleicht an dem Abend gar nicht. Oder wir gucken Fernsehn, und du schleichst mit der Flasche unterm

Arm an mir vorbei zum Tiefkühlfach. Dann ist die Stimmung hin, und vielleicht explodiert die Flasche sowieso.

Der Hirtenteppich rutscht, da kann man sich mit dem nackten Hintern leicht Milben aufsammeln, und dann muß man mit denen zum Hausarzt. Stell dir das mal vor, beide mit Milben, da weiß der doch, was gelaufen ist, und nächstes Mal muß man ihm mit Grippe in die Augen gucken.

Das meiste von dem, was er gern einmal täte, machen sie beide nicht.

Überhaupt darf er vieles nicht. Er darf nicht stören. Nicht mit der Brille auf der Nase beim Lesen einschlafen. Das kann er sehr gut. Aber dann kriegt er einen leichten Stoß, und sie sagt: »Wenn du gar nicht liest, dann kannst du auch das Licht ausmachen.«

Wenn er die Nachttischlampe ausknipst, ist er wieder wach.

Er ist ein nervöser, zappliger Schläfer, und es fällt ihm schwer, die Gedanken abzustellen. Am ehesten kann er einschlafen, wenn der Krimi am spannendsten ist. Die könnte die Mörderin sein, aber nein, die ist nicht berühmt, er kennt sie jedenfalls nicht, oder der, der ist auch so unverdächtig ... weg ist er ... und kriegt wieder eins mit dem Ellenbogen. »Wolln wir uns den Film ansehen oder schlafengehen?« Ist er auch wieder munter.

Sie versteht das nicht. Für sie ist das Leben so oder so, nicht so und so.

Sie hats ja auch gut. Sie kann auch mal so tun. Er nicht, er muß es bringen. Manchmal denkt er, wenn er nur einfach so daliegen würde und ließe sie machen, als ob er ein guter Kunde wäre und bald wiederkommen soll. Oder daß er sich hinterher einfach umdrehen dürfte und einschlafen, das geht auch ganz prima, ganz leicht, wegkullern, gähnen, einschlafen.

Aber das darf er nicht. Er muß mindestens noch eine halbe Stunde dankbar sein und so, als ob es über alle Erwartungen gewesen wäre. Und er könnte die ganze Welt umarmen. Wenn er das nicht tut, legt sie ihm am nächsten Tag angestrichene Stellen in Weiberzeitungen hin. Da kann er nachlesen, wie taktlos, wie unliebenswürdig, wie eheschädigend, wenn er einfach einpennt.

Nur einmal möchte er dieser Frau eine Rede halten. Etwa so: Warum bist du zwei Frauen? Wenn wir eingeladen sind und das Haus verlassen, dann schwingen sich deine Wimpern nach oben, dein Saum wippt, deine Augen strahlen, du flirrst, und deine Lippen stehen feucht ein bißchen offen. Du bist erwartungsvoll und wirkst so leicht und duftig wie dein Haar, das wunderbar schimmert und irgendwie kürzer oder irgendwie länger aussieht. Du sprühst dann kleine Funken.

Ich weiß, daß du keine Kittelschürze hast. Aber warum guckst du zu Hause oft wie eine? Du gibst mir nichts, was mich den Tag über zwischen all meinen neidischen, mißgünstigen Kollegen aufrichtet, in all dem Mobbing. Du umkränzt mich nicht mit Rosen, so daß sie denken: Dieser da strahlt in den Augen seiner Geliebten und mag sein, er ist ein ganz anderer. Wir sollten uns ihm gegenüber anders benehmen, denn vielleicht sind wir ihm bald nicht nur unterlegen, sondern auch unterstellt.

Auf Dauer lieben wir Menschen uns nicht, wenn wir nicht geliebt werden, möchte er sagen. Ich fange schon an, mich zu sehen, wie du mich anguckst.

Sagen wird er das alles nicht. Er kennt ihre Antworten, er fürchtet ihre Tränen und Vorwürfe, weiß um seinen eigenen Anteil am Verwelken und hat Angst davor, daß sie ihm dann wieder so leidtut, mehr noch als sie sich selber. Und dieses Nachtragen hält er nicht aus, da schwindet das bißchen Lebensfreude gänzlich. Und im Zurückschlagen ist sie verdammt geübt. Sie will den Ball nicht in ihrem Feld, gönnt dem keinen Blick, pfeffert ihn sofort zurück. Advantage!

Zudem hat er immer ein schlechtes Gewissen. Wegen seiner Fluchtgedanken, wegen der paar Mark, die er sich monatlich beiseitebringt, wegen der heimlich verzehrten Schweinebeine und wegen der schlanken seiner Kollegin, die ihm oft Kaffee auftischt und das zum Erotical gedeihen läßt. Diese Frau möchte er so gern einmal auf den Schreibtisch legen, aber die Folgen fürchtet er noch mehr als den Vorgang. Nachher klammert die, und es wird eine verhängnisvolle Affäre. Vielleicht kocht die dann unsern Kater?

Davor hat er Angst, aber er will vor allem den Traum nicht verlieren. Sonst hat er gar nichts mehr, woran er denken kann, wenn sich der Schlaf nicht einstellen will.

Dieser ganz normale Durchschnittsmann würde nie denken, daß er ein Denkmal verdient, weil die Kinder genügend Vitamine gekriegt haben, weil er sie weder mißbraucht noch je geschlagen hat, kaum gestraft. Er hat sie gewickelt und geknuddelt. Später ließ er sie schweren Herzens eigene Wege gehen und hat lange gehofft, da würde ihm eine Kumpeline heranwachsen, im Sohn ein Freund, mit dem man mal ein Bier trinken geht und über alles redet, worüber ein Mann nur mit einem Mann bei einem Bier reden kann.

Er kommt den Seinen unzulänglich vor. Wie wer? Wie Clinton, oder wie einer von den schlitzohrigen Politikern, die früher mal ganz passable Pastoren gewesen sein sollen? Wie Martin Luther im Bauernkrieg, Gustav Adolf, nachdem er die unersetzbaren Eichen auf Hiddensee abgefackelt hatte?

Was können denn andere Männer besser als dieser?

Dieser ganz normale Mann ist der nächste, für den ich auf die Barrikaden gehe. Sobald wir die Unterdrückung der Frauen durch ihn und seinesgleichen aus der Welt geschafft haben.

Silberdistel

Er hat gesagt, vor unsrer sogenannten Silberhochzeit muß in unserm ganzen Umgang stark ausgemistet werden. Sonst kommen alle die, die wir sowieso nicht leiden können und fressen sich dune. Wir schleppen einen Haufen Leute mit uns rum, die bloß gratuliern und kosten. Silberdistel ist unsere Sache.

Tritt doch aus dem Schützenverein aus, hab ich gesagt. Und löse deinen Skatverein auf. Die kommen alle mit Kind und Kegel, und wenn wir nicht aufpassen, feiern sie gleich ihrn Geburtstag mit. Aber deine Loide aus Dieringen, die kämma ni abblasn. Sogar wenn mar denen nich sagt, wo's stottfindet, die sind die Erschten. Das kriene Dieringen, deine Mudder ihr goanza Onhang, die müssen nei, wemma's Glas arhebn.

Lästere du nur. Aber deine aus Hanau, die immer mit ihrm Dinnstag und Tellefon und dann fahrn sie in den Schossegraben. Wir fahren hier immer noch ordentlich in den Chausseegraben.

Ich hab gesagt, wenn sie in den Chausseegraben fahrn, dann können sie ja nicht pünktlich bei Tische sein. Auch ein Vorteil.

Er hat gesagt, und die alle aus Bayern? Die Bayern will ich auch nicht haben. Wonns glei zu uns kumma wats, do hättses hoit a zu was brocht. Oba mir hölfn eich schon weida, sads jo wieder dahoam.

Ich hab gemerkt, daß ich schlechte Laune kriege und meinte, ach am Ende wirds oft viel schöner, als man denkt.

Klar, sagte er, wenn wir unsere drei Schwiegersöhne als Geste guten Willens an die Mormonen übergeben und unsere drei Töchter als Altenpflegerin oder Hebamme zu den Tschutschuken, dann ist Gustls Hühnerstube schon halb leer. Unsern Enkel übernehmen wir endlich ganz, und wenn du dann nicht immer das letzte Wort haben willst, können wir leben wie die Fritten bei McDonalds.

Wie leben denn Fritten bei McDonalds?

Die dürfen nicht gestukst werden, so wie er immer.

Es gibt Probleme, hab ich gesagt. Welchen unserer Schwiegersöhne möchten wir denn bei den Mormonen abladen, und welchen brauchen wir, um die ganze Feier vorzubereiten?

Er hat gesagt, besser zu den Zoes, alle drei, das sind die mit dem Pflock in der Unterlippe, den kriegt der, der seine Lieblingstochter ins ewige Eis nach Schweden verschleppt hat, in die Dunkelheit.

In Schweden ist es dunkel und in Stockholm ewiges Eis? Ich! Wenn eine Tochter so weit weg ist von ihrem Vater, der sich immer um alles gekümmert hat, dann muß es dunkel sein und kalt auch, und dieser Moritz war hier schon zu faul, die Heizung aufzudrehen.

Ich hab gesagt, sobald eine weg ist, wird sie sofort dein Liebling. Solltest du mich in den nächsten Tagen suchen, ist das der Grund. Und du mußt deinen Chef einladen. Sonst sagt er wieder, daß er als Rheinländer hier diskriminiert wird.

Ich dachte nicht, daß er das merkt. Aber er mag uns. Er sagt, hier wird die Familie noch hochgehalten. Dadurch, daß keiner rauskonnte, sind sie drin zusammengekommen. So nahe am Kaukasus stimmen die alten Werte noch.

Kaukasus?

Du immer! Mit deiner Lanze auf jeden falschen Zungenschlag aus. Da fängts eben an, ihm Spaß zu machen.

Ich hab gesagt, gestern am Telefon hat der gefragt, ob das am Sonntag mit dem Barbecue o.k. gecheckt ist und ob da die Lucie glatt abgeht. Ist der zwölf?

Das ist seine Art zu flirten. Immer noch besser, als wenn son Perser mit dir *Let it be* loswalzt. Is auchn armes Schwein, sein Chef mit seiner Hosentaschendetektivin Hänna. Aber Jens sind wir los. Der hat sich ja abgemeldet zum Saufen und alles mitgenommen, was wir in den reingesteckt haben von unserem bißchen, hat er gesagt.

Nein, hab ich gesagt, der bleibt uns vorerst erhalten. Er hat ein

Magengeschwür. Das hilft gegen Alkohol mehr als alle Liebesschwüre.

Dann kommt meine Tochter Babette also mit zweien? Ich hab gedacht, unser Enkel krabbelt rückwärts zum Säugling, weil er immer Mkwomo gesagt hat. Und das soll ich jetzt bei unserer Silberhochzeit auch dauernd? Abwechselnd Prost Jens und Prost Mkwomo?

Ich hab gesagt, wenn du bei unserm Fest siebenmal weniger Prost sagst, dann wird das unserem Familienglück sehr gut bekommen. Und bis dahin hat sich Babette entschieden. Sie kommt mit einem.

Mit welchem?

Das weiß sie noch nicht.

Soll sie mit dem kommen, der weniger ißt. Das wird sie ja wohl wissen.

Ich hab gesagt, olle Holzen gehört auch in unser Leben. Freunde sind ein Muß!

Er hat gesagt, soooo! Er hat schon lange den Eindruck, daß ich mit dem loswalzen will in ein schöneres Leben.

Ach! Ich! Das erfindest du, weil du neuerdings immer mit seiner Lusemie im Winkel verschwindest und dort die eigentlichen Werte suchst.

Er hat gesagt, die hat sich verändert. Hat Ahnung. Steht im Leben.

Nein, hab ich gesagt, die steht nicht, die sitzt. Im Landtag. Und mit soviel Kohle würde ich mich auch verändern, da würdest du mich gar nicht wiedererkennen. Aber deswegen brauchst du nicht immer mit dem Zeigefinger an ihrem Glas rumzuklingeln. Das hat ja nichts mit den bevorstehenden Kommunalwahlen zu tun. Wenn du zu weit gehst, bin ich die erste, der sie alles brühwarm erzählt, und dann kannst du die Silberkerzen auspusten, aber für immer.

Er hat gesagt, heutzutage erzählt keiner mehr leichtfertig einem andern was. Kann er Lieder von singen. Die Menschen werden Austern, weil die Verhältnisse dann beherrschbarer sind. Aber er kennt ja sein mieses Achtellos. Er soll ein guter Hausvater sein, die Stores beim Waschen nicht zotteln, seinen Töchtern nix verbieten, seinem Enkel nix erlauben, mutig seinen Mann stehen, schön karrieregeil, und zu Hause rumms unter den Pantoffel, bis er als Liebhaber mal vorgeholt wird, wenn in der Frauenzeitung steht, daß Männer gut sind für den Teint.

Na und?

Er hat gesagt, dir kann ich erzähln, was ich will, du sagst immer Na und?

Na und?

Er hat gesagt, jeder Mensch hat im Leben sechstausend Chancen. Die fünftausendneunhundertneunundneunzigste ist eben an dir vorbeigelatscht.

Fünftausendneunhundertneunundneunzig? Alle Menschen? Ossis auch?

Klar. Alle. Hansen auch. Der hat auch grade ne sehr appetitliche neue Chance. Kein Wort weiter, weil ich alles weiterquatsche und die Hälfte noch dazumache. Wird zwar sowieso rauskommen, so leichtsinnig wie die sind, wo sie doch das einzige Mädel in dem Büro ist, und er steht dauernd vor ihr rum, und dann fahrn die zusammen bloß 10 km weiter nach – Ruhe! Vertrau mir. Ich! Sprich!

Er hat gesagt, kommt sowieso alles bloß davon, daß ich die Weiber immer so aufputsche, da sind sie nicht nett zu ihren Männern, und die kriegen dann einen Blick für nettere Mädels.

Schönen Klatsch verschweigen ist auch ein Attentat. Ich! Du neigst zu Gewalt in der Ehe. Du wolltest schon mal Babette ihrn Hamster aus dem Fenster werfen.

Als er mich gebissen hat, in meinem Schuh drin.

An deinem Zeh war nichts zu sehen, bloß an dem armen Jungen.

Die Silberhochzeit fällt aus.

Das ist nun zu spät. Du hast sie schon alle eingeladen. Da muß es auch sein. Ich wär ja viel lieber mit ihm weggefahren.

Er hat gesagt, er hat überhaupt niemanden eingeladen. Du wolltest doch Karten mit Silberrand drucken lassen.

Weil wir nun eben an ganz anderes Niveau angeschlossen sind. Hätten die uns nicht an Monaco anschließen können? Son schönes Reich. Da passiert bloß schöner Klatsch mit Liebe. Wieso ich? Die Silberkarten wollte ich zugunsten von Drinks sparen. Ich bin davon ausgegangen, daß Anrufe genügen. Und die solltest du machen. Lusemie hast du doch bestimmt Bescheid gesagt.

Er hat gesagt, ohne Karten? Ohne Namensliste? Ohne organisatorische Absprache? Nie! Von ihm weiß keiner was. Mit Lusemie kann er sich ja auch so unterhalten. Wenn du darauf schon dauernd rumhackst. Mit ihr muß er sich nicht immer erst durch den ganzen Familienquatsch durcharbeiten, sie beide können gleich darüber reden, ob man nicht endlich Shell abfackeln soll, wegen Nigeria. Son Vorschlag kommt ja von dir nie. Und was machen wir nun?

Wir haben gar nichts gemacht, das heißt, ich habe uns den Tag natürlich vorbereitet. Wir waren essen, ganz alleine, beim Inder, und dann sind wir früh ins Bett gegangen und haben uns drei Stunden lang »Vom Winde verweht« angeguckt. Da hat er immer Zeit, sich über diese Zicke aufzupusten, die würde er die Treppe runterschubsen, nicht hochtragen, und er ist gegen den ganzen Kitsch: bis Melanie stirbt. Melanie ist seine Lieblingsfigur in der ganzen Filmkunst. Jedesmal hofft er, daß sie diesmal nicht stirbt. Aber das ist wie in Casablanca, wenn man denkt, diesmal wird die Bergmann doch bei Ricky bleiben, aber nein, sie steigt wieder mit dem Langweiler ins Flugzeug.

Wenn Melanie stirbt, kommen ihm die Tränen. Dann dreht er sich zu mir um, und ich sehe, wie froh er ist, daß wenigstens ich noch lebe.

Der absehbare Fall

Sie will nicht mehr leben.

Warum schreibt sie mir das? Soll ich mich unter den Baum stellen, damit sie keinen Strick über seinen stärksten Ast werfen kann?

Bei ihrem Gewicht würde es der schwächere auch tun. Soll ich hingehn und ihr Medizinschränkchen sortieren, damit die gar nicht so harmlosen Gutis zum Einschlafen sich nicht in Sterbehelfer verwandeln?

Ich kann sie nicht schützen vor einer spontanen Handlung gegen ihr Leben. Ich versteh sie ja auch. Bis zu einer gewissen Grenze. Sie möchte jetzt alle Macht anderen Räten überlassen. Dabei bezweifle ich, daß es ihr etwa schlechter geht als vor Wochen.

Schlecht geht es ihr.

Aber sie hat sich den Ärzten bewundernswert gefaßt und folgsam überlassen. Die haben ihr nichts geschenkt, das ist heute so.

Es war ein vorhersehbares Ereignis, hat der gesagt, zu dem sie starkes Zutrauen hat, das sich nicht begründen läßt. Hört vielleicht mal zu, denkt erst nach, bevor er redet.

Daß sie aber auf einmal dagelegen hat, weil all die zusammengenommene benötigte Kraft eben doch nicht ausreichte, war kein Blitzschlag, kein böses Wunder. Sie hat die Symptome mißachtet, und erst recht, als ihr die Nerven durchgingen, verstörten Gäulen gleich, weil sie sich schikaniert fühlte, als sie die Anträge das dritte Mal dem Amt zuliebe neu gefaßt hatte.

Auf der einen Seite die täglichen Anrufe von Frauen, ob sie »Wieder reinkommen«, und auf der anderen die willkürlichen Hürden, diese ständige Vergeblichkeit.

Sie kam mit neuen Auflagen von den Ämtern, und auf einmal sank sie hin, und ihr Herz geriet in den »absehbaren« Infarkt. Sie ist nicht bleichsüchtig, hat sich ihren Leib nicht zu fest geschnürt, mußte nicht elterlicher Gewalt gehorchen und litt nicht an unerwiderter Liebe.

Sie hat immer auf Ja gehofft und zuviel Nein gekriegt. Und das Ja von vorigem Monat wurde morgen ein Vielleicht und übermorgen neu in Frage gestellt. Sie mußte den Frauen sagen, daß sie in die Arbeitslosigkeit gehen würden, zunächst für ein halbes, aber bald schon für ein Jahr. Sie wußte, was das für die Familien bedeutete, wenn der Mann an ähnlichen dünnen Fäden geschwenkt wurde.

Sie hat alle Not, Verzweiflung und Freude zu dicht an sich herangelassen. Vor dem abgemachten Termin überkam sie jedesmal die große Unruhe, die sie nur durch Disziplin im Zaun gehalten hat.

»Sie haben geraucht.«

Ja.

»Zuviel.«

Nicht immer.

»Aber bei Aufregungen?«

Ja, da immer.

»Haben Sie denn mal keine Aufregung gehabt? Sie können ruhig weinen.«

Warum soll ich weinen? Im Garten, da war manchmal keine Aufregung.

»Wo haben Sie Ihren Urlaub verbracht? Im Ganzen? Gestückelt?«

Im Urlaub waren wir im Garten, mit Handy, so daß ich leicht losfahren konnte, wenn was war.

»War mal nichts?«

Das kam eigentlich nicht vor. War immer was.

»Sie wiegen auch zuviel. Wenn wir operieren müssen, ist das ein Risiko. Sie müssen Ihre Ernährung umstellen und aufhören, zu rauchen. Das ist das erste. Sie hätten mehr wegdelegieren müssen und nicht soviel arbeiten. Jetzt gehts ja auch ohne Sie.«

Es war dieser Neinbrei, hat sie gesagt. Wenn alles richtig gemacht worden war, die Termine eingehalten wurden, die Formulierungen stimmten bis aufs I-Tüpfelchen, die Verordnungen waren sorgfältigst umgesetzt, und dann ruft man an und hört immer dies Nein, noch nicht, kann das heißen, oder überhaupt nicht, oder so nicht.

Es ist immer für einen Moment das Ende, es ist die Unmöglichkeit, die Vorgänge anders als absichtsvoll zu sehen. Und wieder die Nötigung, anderen das Nein weiterzugeben, oder eben die Unsicherheit. Was das heißt, kann man doch niemandem erklären, der selber nicht in solcher Lage ist.

Nun sind Sie aber in der Lage, hat der Arzt gesagt. Wenn wir Sie nicht wieder auf die Beine kriegen, werden Sie niemandem mehr helfen.

Werde ich wieder arbeiten können?

Das wußte er noch nicht. Jedenfalls nicht so viel wie früher. Wenn Sie nicht kürzer treten, brauchen Sie gar nicht erst anzutreten.

Es war, so wie nun alle mit ihr redeten, eine Strafe, ihre Strafe, aber sie hatte keine verdient.

Wir hatten sie oft ermahnt. Und mitgeraucht, noch eine Tasse Kaffee gegen die Erschöpfung mit ihr getrunken, wir hatten sie, mit Gläsern in der Hand, gerühmt. Wie sie das alles in die Reihe gekriegt hat, wie sie sich nicht entmutigen läßt, Absagen hinnimmt und wieder rangeht, wie vielen Menschen sie Mut gemacht und aus der Patsche geholfen hat.

Aber gegen das, was ihr jetzt widerfahren ist, kann sie nichts tun. Das will ihr Kopf nicht hinnehmen und der Kampf zwischen dem Zustand und der Ergebung treibt die Werte in die falsche Richtung.

Und ihn? Wohin hat es ihn getrieben, daß er auf einmal sagt, mit so einer Frau kann kein Mann leben. Die ist nicht für ihn da, sondern immer für die ganze Welt. Sie läßt sich ausnutzen und sich nichts sagen.

Auch er hatte sie früher bewundert. Er war stolz auf sie, ich erinnere mich.

Es müßte ein Wunder geschehen, daß von ihr wieder großer

Aufschwung zu erwarten wäre. Das Wunder könnte darin bestehen, daß sie tut, was ihr gesagt wird, sich gegen jede Belästigung und Ungeduld von außen schützt und einmal in ihrem Leben aufhört, sich für unersetzbar zu halten. So benimmt sie sich nie, so handelt sie immer. Sie sollte denken, die andern werden auf die Termine achten, in die Gänge kommen und um ihres eigenen Vorteils willen die Arbeit machen.

Aber etwas ist geschehen, das hat sie wirklich nicht gemerkt. Mit ihrem Gewicht hat sie gekämpft, ohne dauernden Erfolg, und so sieht sie halt hübsch und ein bißchen zu rund aus. Sie hätte längst ihre Zigarillos weglegen müssen, in den Orkus. Die Angst um die weitere Existenz der großen Kinder war auch immer berechtigt und auch immer übertrieben.

Sie hätte richtigen Urlaub gebraucht, nicht so eine Mischform von Alltag und abends herumsitzen und gegrilltes Fleisch essen. Mit Nachbarn und Mücken.

Er hat aufgegeben, daran zu glauben, daß sie sich noch ändern könnte. Seine Kraft reicht nicht mehr, den Kampf der Ärzte zu unterstützen. Jetzt, wo sie ihn so sehr braucht, ist er innerlich ausgebrannt. Was ihn selber die paar Meter aus seiner Talsohle gekostet haben, gesellt sich zu dem, was das Mittragen an Abschabung gebracht hat.

Die Ärzte wollten ihm in den ersten beiden Nächten eine Liege neben ihr Bett stellen. Sie war gerührt, als er es ablehnte, bei ihr zu bleiben. Er würde sie nur stören, sei viel zu unruhig. Sie hat aber kaum geschlafen, und es wäre schön gewesen, ihn nahe zu haben.

Er dachte daran, mit einem Töpfchen ihrer Lieblingssuppe zu erscheinen, selbst wenn sie davon nur ein paar Teelöffelchen genießt. Er hats aber nicht gemacht. Hat die Arme nicht hochgekriegt dafür, und als er allein war und alles Bittere aus ihm herausbrach, war viel Selbstmitleid darin, aber nicht nur und nicht unbegründet. Er dachte, daß ihre ganze Ehe so war, so nach außen gerichtet, eine Ehe in Zeitnot und mit viel zuviel Aufgaben. Da war Fernstudium, erst zu Hause und einmal auch wirklich für ein Jahr fern, und die Kinder, ihrer beider Eltern, die Brotarbeit. Kaum Atemholen und fast nie Zeit füreinander.

Sie hat jedem ihr Mitgefühl und mir zu wenig Liebe gezeigt, hat er gedacht, und obwohl er es gern unterdrücken wollte, war er zornig auf sie. Da liegt sie nun und hätte es verhindern können.

Es wurde absurd. Er nahm ihr die Butter auf dem Sonntagsbrötchen übel, die dicken Aktenberge am Wochenende, und daß sie innerhalb von Sekunden einschlief, sobald sie im Bett lagen.

Was für ein Schweineleben, dachte er, und alle Dankbarkeit für ihre Hilfe bei den vielen und schmerzhaften Übergängen seines Lebens in den letzten zehn Jahren verließ ihn. Da war kein Raum außer für eine Wut, daß alles vergeblich gewesen sein könnte. Und er hatte es doch hundertmal gesagt, zuerst ernst, dann mit immer bissigeren Bemerkungen, das waren Sätze wie abwinken.

Er ist nicht da, und die intelligente Person in ihrem weißen Bett hatte nur vorübergehend den Kontakt zu seinem Unterbewußtsein verloren.

Sie weint noch immer nicht. Aber in der einzigen Stunde am Tag, in der sie sicher sein kann, daß nicht dauernd die Tür aufgeht, empfängt ihre Antenne seine Aussendung. Sie weiß alles, was er jetzt denken muß und daß er es denkt.

Es gibt Menschen, die übersteigen in vergleichbarer Situation aus ihrer Liebe heraus Berge, in deren Nähe sie vorher nicht gefahren wären. Sie klettern trotz Todesangst ins Flugzeug und bringen etwas ans Krankenbett, das gibt Zuversicht und Kraft, das macht Hoffnung auf Weiterleben.

Er hat sich verschlossen. Er wirkte, als sei es ihm gleich, ob sie überlebt oder nicht.

Dies ist für sie mehr als alle Ungerechtigkeit und Anmaßung von Ämtern, Petzern und Unterstellern.

Am Telefon klingt er wie jemand, der aus der Betäubung erwachen will und nicht kann. Er hat die Gefahr immer angedroht, aber vermutlich hat er nicht wirklich daran geglaubt, daß alles so kommen kann, wie er es zugespitzt androht.

Sie wird schon weiterleben. Ich erwähne seinen Brief nicht, und sie redet auch nicht über den Tiefpunkt, der ihn diktiert hat.

Sie hat aufgehört, zu rauchen, als mache ihr das nichts aus. Er wußte, daß auch er es unterlassen muß, ihr zuliebe und für sich selber. Aber ihm fiel es fast unerträglich schwer. Die Umstellung der Nahrung haben sie gut hingekriegt. Und zuerst hat sie auch weniger gearbeitet und ist dem Rat gefolgt, jeden Tag wenigstens für eine halbe Stunde die Beine hochzulegen.

Merkwürdig ist das mit den Weibern. Sie sah danach schöner aus als vorher und kaufte sich ein paar edle Klamotten.

Als sie wieder hinter ihrem Schreibtisch saß, waren alle zufrieden.

Und dann kippte er um.

Als ich die beiden wiedersah, suchten sich ihre Blicke, seine Hand lag an ihrem Arm, sie lachten und amüsierten sich über die Tricks, mit denen sie den Hunger überlisten, und ich sah, daß sie einander nach über dreißig Jahren Ehe erkannt hatten, und der Tod war um die Ecke gebogen.

Ehe wir auseinandergehn
jeder in sein Leben und da wir uns
vielleicht nie mehr begegnen oder
zufällig oder du siehst mich und ich übersehe dich
ehe du dich in deinen nächsten Irrtum stürzt
und ich mich kopfüber
in meinen nächsten Aberglauben
die nächste Gläubigkeit
ehe du wieder sagst, das können die mit uns nicht machen
oder was immer du fälschlich hoffst
ehe du dich neu verliebst oder endlich
die Schere nimmst für den fälligen Schnitt
Sieh die Architektur der Rose
unzugänglich wie eine geschlossene Hand ist die Knospe
sie deckt ihr Innerstes zu, schützt es vor Kälte, vor Licht
bewahrt es vor der Frevelhaftigkeit
Schön ist diese sanfte Verschlossene, aber
sie überwältigt nicht
Bis sie auf einmal nicht mehr widerstehn kann
der Zeit, die vergangen ist
der ständigen leichten Bewegung, all den
Berührungen und Verführungen, der eigenen Neugier
Da tut sie sich auf, da zeigt sie alles
was sie hat und was sie ist
Mehr als alles hat niemand, auch die Rose nicht
Wir sind Menschen
Wir können die Arme verschränken
und unser Inneres verbergen, vor Licht, vor Bewegung
der ständigen leichten Bewegung und
vor der eigenen Neugier
wir müssen uns nicht öffnen,
aber die ganze Liebe und das ganze Leben
ist es dann eben nicht

Inhalt

ISBN 3-360-00898-7

1. Auflage
© 1999 Das Neue Berlin Verlagsgesellschaft mbH
Rosa-Luxemburg-Str. 39, 10178 Berlin
Umschlaggestaltung: Jens Prockat
Druck und Bindung:
Wiener Verlag, Himberg